John Matthews (Hrsg.):
Der Gralsweg

Aus dem Englischen von Erika Ifang

Knaur®

Im Andenken an
Hannah Margaret Closs (1905–1953)
und
Nathan Comfort Starr (1896–1981)

Esoterik

Herausgegeben von Gerhard Riemann

Der Gral! Eines der Hauptthemen westlicher esoterischer Tradition – und das, obwohl die Wahrscheinlichkeit einer äußeren historischen Gralssuche eher gering erscheint. Nein, das Sehnen nach dem Gral läßt sich wohl eher vergleichen mit der alchemistischen Suche nach dem Stein der Weisen oder mit dem östlichen Streben nach Erleuchtung. Aber gerade die Tatsache, daß der Westen über eine derart alte esoterische Weisheitstradition verfügt, macht das Gralsthema so wertvoll.
John Matthews hat sich intensiv mit dem Studium der Artus-Sage befaßt und viele Vorträge zu diesem Thema wie überhaupt der gesamten westlichen Geheimtradition gehalten. In diesem Buch beschäftigen sich unter seiner Schirmherrschaft zwölf Experten mit den mannigfaltigen Aspekten der Gralslegende und dem ihr zugrunde liegenden Mythos. Sie führen den Leser von den vielschichtigen literarischen und historischen Quellen der Gralslegende zum Bereich des Esoterischen, Magischen, dorthin also, wo das Mysterium und die Macht des Grals persönlich erlebt und gewürdigt werden können. Zusätzlich enthält der Text praktische Hinweise für den Leser, die diesen in die Lage versetzen, den eigenen Weg in die phantastische Welt der Gralssuche zu finden.

Deutsche Erstausgabe 1989

Titel der Originalausgabe »At the Table of the Grail«

Umschlaggestaltung Dieter Bonhorst
Satz IBV Satz- und Datentechnik GmbH, Berlin
Druck und Bindung Elsnerdruck, Berlin
Printed in Germany 5 4 3 2 1
ISBN 3-426-04197-9

INHALT

EINLEITUNG

John Matthews

Der Gralsroman *Perlesvaus* endet damit, daß das wundersame Gefäß entschwindet, um nie mehr am bisherigen Platz aufzutauchen, während der Ritter Perceval fortzieht in unbekannte Länder und die Gralsburg fortan leersteht und langsam verfällt. Die Leute fragen sich noch eine Weile, was das wohl für eine Burg gewesen ist, aber die Wahrheit verbleicht mit der Erinnerung, und schließlich ist nur noch von einem gespenstischen Ort die Rede. Niemand wagt sich dorthin, nur zwei walisische Ritter:

> Die Ritter waren wahrlich schön anzusehen, sehr jung und hohen Mutes, und sie schworen, hinzugehen, und betraten die Burg voll Spannung. Lange blieben sie dort. Nach ihrem Aufenthalt lebten sie als Einsiedler, trugen härene Kleider, wanderten durch die Wälder und ernährten sich nur von Wurzeln. Es war ein hartes Leben, das ihnen jedoch wohlgefiel, und wenn die Leute sie fragten, warum sie so lebten, antworteten sie einfach: »Geht dahin, wohin wir gegangen sind, und ihr werdet erfahren, warum.«[1]

Jeder, der nicht in der Gralsrunde gesessen hat, wird über Menschen, die sich in einer solchen baufälligen Ruine niederlassen, wie sie die Gralsburg offensichtlich ist, staunen oder gar spot-

Anmerkungen (hochgestellte Ziffern) jeweils am Schluß des Kapitels

ten. Bei anderen hingegen erwacht vielmehr der gleiche Tatendrang, die gleiche Abenteuerlust wie bei den beiden walisischen Rittern. Aber wie diese können wir dem Leser kaum sagen, was ihn erwartet; wir können nur vorschlagen, »dahinzugehen, wohin wir gegangen sind«, dann wird er es selbst erfahren.
Die Gralssucher sind nicht etwa alle auf einem geheimnisvollen Schiff zu den Gestaden von Sarras aufgebrochen, wie der Gral auch nicht plötzlich unerreichbar für die Späterkommenden geworden ist. Die Ruinen der Gralsburg befinden sich nicht an einem versteckten Ort, man kann sie auch nicht mit Hilfe einer Karte finden, und dennoch weisen Zeichen den Weg dorthin.
Die Gralsrunde ist hier unter uns, in dieser Welt. Zu ihren Mitgliedern gehören sicherlich sowohl ganz normale Menschen als auch tiefmystische Persönlichkeiten aus mächtigen esoterischen Orden. Bekanntermaßen haben sich die Festen der Gralsburg über Städte und Länder jenseits von Großbritannien hinaus ausgedehnt, ist die Gralsrunde gewaltig angewachsen; aber wie steht es mit dem Gral selbst? Die Aussicht, den Kelch des letzten Abendmahls zu finden, hat bestimmt für viele keinen Reiz, da sie ihrer eigenen religiösen Tradition fremd ist. Und was ist mit denen, die sich zu gar keiner Religion bekennen? Sind sie von der Runde und der Suche ausgeschlossen? Ihnen sei gesagt, daß der Gral zwar irgendwann eng mit der christlichen Tradition verknüpft wurde, aber mehr als nur diese Bedeutung hat
Die verschiedenen Teile der Gralssage stammen aus vielen Quellen und bilden sozusagen ein multireligiöses Hologramm, das so vielschichtig ist wie die Angehörigen der Tafelrunde. Wer ohne eine feste Tradition aufgewachsen ist oder etablierten Traditionsformen ablehnend gegenübersteht, mag allerdings Schwierigkeiten haben, sich die Bedeutung des Grals klarzumachen. Er sollte aber bedenken, daß die ganze Form der

Erzählung, obschon christlich angehaucht, im farbenfrohen Kontext der mittelalterlichen Welt gesehen werden muß, in der man den alten heidnischen Traditionen nahestand und viel bereitwilliger auf eine lebhaft erzählte Geschichte einging als die Menschen heute.

Es führen ebenso viele Wege zum Gral wie nach Rom, und jeder hat seine Gültigkeit. Artus mag ein christlicher König gewesen sein, aber er war sich stets bewußt, daß in seinem Reich auch noch andere Vorstellungen herrschten, die die Tafelrunde in ihrem gemeinsamen Ziel nur mehr bestärken konnten. Wenn wir an der Tafelrunde im Schloß des Fischerkönigs teilnehmen, sind auch wir uns dessen bewußt, daß neben uns viele sitzen, die in fremden Ländern geboren sind. Mit ihren eigenen Erfahrungen bringen sie neue Ideen ein, und durch ihre engagierte, aktive Teilnahme fördern sie das spirituelle Wohlergehen aller auf der Gralssuche. Wir spüren bald, daß ein instinktives Zusammengehörigkeitsgefühl unter den Gralssuchern besteht, ebenso wie unter den Anhängern anderer mystischer Traditionen. Es gibt so etwas wie eine gemeinsame Sprache, einen Bewußtseinsmodus, ja fast ein Geheimzeichen, das alle lesen und entziffern können, die sich in ähnlicher Weise engagieren. Wird einem das klar, schwindet das Gefühl der Isolation, das manchmal die Schritte dessen lähmt, der auf der Suche nach dem Gral ist.

Wir sollten also nicht den Fehler machen, in der Gralssage nur eine bezaubernde mittelalterliche Legende zu sehen. Sie gehört zu einer viel größeren Tradition, an der wir alle teilhaben. Die mystische Tradition eines Volkes ist meist durch eine Reihe von Schriften belegt – heilige Schriften, in denen von einem Helden und einer Suche die Rede ist. Solche Schriften werden oft als die einzig gültige Quelle mystischer Forschungen betrachtet, dabei dürfen wir eigentlich die Mythen und Volkssagen nicht vergessen, die schon vorher bestanden haben oder sich um diese Geschichten gerankt haben. Sie erzählen uns in einer ganz eigenen Art von unserer spirituellen Suche und sind Teil unseres kulturellen Erbes. Dadurch werden sie allerdings nicht leichter verständlich, denn sie sind oft sehr vielschichtig in ihrer Bedeutung: ein Konglomerat jahrhundertelanger Entwicklung, Veränderung und Erneuerung. In diesem Buch wird der Gral immer wieder anders beschrieben: als Kelch oder Stein, Gefäß oder Leib, als Schale, »aus der jedes einzelne Leben die ihm nötige Nahrung erhält« (siehe Kapitel 5), oder als Sinnbild des weiblichen Prinzips. Für manche ist er nur ein Gefäß unter vielen; für andere existiert er nicht wirklich, sondern ist eine brillante Idee, die nach dem Willen des einzelnen die ihm entsprechende Gestalt annimmt. Wieder andere halten ihn für einen andauernden Vorgang der Umwandlung: einen alchemistischen Traum von der nach Evolution oder Einssein mit Gott strebenden Seele.

Doch sosehr sich diese Vorstellungen auch unterscheiden mögen, sind sie doch darin einig, daß der Gral als Führer dient, als Ratgeber und Helfer und als Tor zum eigenen Innern, zur inneren Reise, auf der wir alle trotz Gefahr und Zweifeln, Angst und Glaubensverlust dem Ziel entgegengehen. Solange wir ein lauteres Ziel vor Augen haben, das von keinem Bösen getrübt wird, bleibt der Gral immer in der Nähe wie ein Licht in der Finsternis.

Vielleicht lernen wir manches aus diesem Buch, und wenn wir nichts anderes lernen als das, den Gral in uns selbst zu finden, dann sind wir auf eine Wahrheit gestoßen, die uns nie verlorengehen wird, die uns leuchten wird auf unserem Weg und uns zur Selbstverwirklichung hinleiten wird.

»Wir machen jede Menge emotionale Erfahrungen um ihrer selbst willen und haben theoretische Erkenntnisse die Fülle,

wohingegen das wahre Empfinden, das zur Wahrnehmung unvergänglicher Werte führt, in unserer Zeit noch selten ist« (Kapitel 5). Niemand, der sich auf die Gralssuche begibt, bleibt unverändert.
Vielleicht geschieht nur unmerklich etwas, und doch steigen die Bilder dieses Erlebnisses immer wieder auf und bilden bedeutungsvolle Beziehungsketten und Muster, in denen wir uns selbst auf mannigfache Weise wiederfinden.
Wer dieses Buch mit Herz und Verstand liest, wird mit Sicherheit die Bilder sehen, die entstehen und mit jeder neuen Definition, jeder folgenden Auswertung der Gralsbotschaft wieder vergehen. Doch immer wieder klingt das Echo in ihm nach, zuerst vielleicht schwach, aber beim Weiterlesen immer deutlicher, bis die Gralsbotschaft schließlich jedem von uns klar in der Seele widerhallt.
Einige der Autoren, die Beiträge zu dem vorliegenden Buch geleistet haben, widmen sich mit besonderem Nachdruck dem Verlust und mehr noch der voraussichtlichen Wiederkehr des weiblichen Prinzips. Wie wichtig das ist, liegt auf der Hand. In einem Jahrhundert, das mehr denn je von einer männlich orientierten Lust am Krieg und an der Zerstörung gekennzeichnet ist, besteht ein zunehmender Bedarf an sanfteren, nach innen führenden weiblichen Energien, die gleichermaßen vorhanden sind und nur darauf warten, in Männern wie in Frauen geweckt zu werden. Im Bild des Grals treten sie in der Episode vom Schiff des Salomo zutage, auf dem sich Galahad, der Gralsgewinner, und seine beiden Gefährten nach Sarras, der heiligen Stadt, einschiffen. Mit sich führen sie die Leiche der Dindran, die ihr Blut hingab, damit ein anderer leben könne (siehe Kap. 5). Sie verkörpert das verlorene weibliche Prinzip, das aus der Welt gegangen ist und eine Wunde zurückgelassen hat. Jeder heutige Gralssucher sollte den Wunsch haben, das

Gefäß von Sarras zurückzuholen und damit auch die Gestalt der Dindran, die nicht tot ist, sondern lebt für unsere Zeit, die ihrer bedarf.

Gegen Ende des Buches findet sich eine Meditationsanleitung, die dazu dienen soll, einen jeden, der es wünscht, auf seinem eigenen Gralsweg zu begleiten, und eine Geschichte über Palamydes den Sarazener, in der manch einer den Keim neuer Denkweisen angelegt finden wird, Formen, in denen die Gralssymbolik sein eigenes Denken widerspiegelt. Doch sollten die anderen Essays zuerst gelesen werden; sie stammen von Menschen, die sich der Reise nach innen verschrieben haben und dabei immer wieder neue Aspekte dieser Reise entdecken. Unter Umständen erkennen wir beim Lesen längst vergessene Ideen wieder. Das ist vielleicht unser Pfad in die Welt des Grals. Wenn wir einmal dort gewesen sind, werden wir unweigerlich mit neuen Einsichten in unser Dasein zurückkehren, mit Erkenntnissen, die das Leben größer und lichter machen als zuvor, denn auf dieser Reise suchen wir das Absolute.

Wir alle sind eingeladen, wie die anfangs erwähnten walisischen Ritter in die Burg einzutreten und in der großen Tafelrunde des Grals Platz zu nehmen, die zugleich in den Raum unseres eigenen Herzens hineinpaßt und die Weite der Sternenwelt umfaßt. Von da an bleibt es uns überlassen, dem Weg zu folgen, wie und wohin wir wollen.

Die Geschichte des Grals: eine Kurzübersicht

Es gibt fast so viele Geschichten über den Gral wie Traditionen – und das ist eine ganze Menge. Während die meisten Engländer von heute den Gral aus dem Werk Alfred Lord Tennysons kennen, ist er hierzulande durch den *Parzival* des mittelhochdeutschen Dichters Wolfram von Eschenbach ein Begriff. Im 15. Jahrhundert war es Malorys *Le Morte D'Arthur*, der die Menschen bewegte. Dabei war Malorys Werk nur eine Zusammenfassung früherer Sagenzyklen aus dem Französischen. Ihnen gehen jedoch die keltischen Mythen voraus, die das früheste Zeugnis vom Gral – als wunderwirkendem Gefäß – ablegen, und sie haben erstaunlicherweise annähernd die gleiche Vorstellung vom Gral wie wir heute. Um etwaige Schwierigkeiten zu beseitigen, die durch die Vielzahl von Texten heraufbeschworen werden könnten, wollen wir an dieser Stelle eine kurze Grundversion der Geschichte wiedergeben. Vieles muß dabei natürlich übergangen werden, aber wir hoffen doch, daß der kleine Überblick dem Leser hilft, sich auf das Thema einzustimmen und sich seinen Weg durch die folgenden Kapitel zu suchen.

Manchen Überlieferungen zufolge ist der Gral ein Kleinod – ein Smaragd – aus der Krone des Lichtbringers Luzifer, des Engels des Morgens, der im Krieg zwischen den Engeln vom Himmel fiel. Nach Überzeugung anderer kehrte Seth, das Kind Adams und Evas, in den Garten Eden zurück und empfing dort den Gral als Zeichen für die Menschen, daß Gott sie nicht vergessen hatte. Abgesehen von solchen unterschiedlichen Traditionen ist der Gral in der Geschichte zum ersten Mal zur Zeit der Kreuzigung Jesu aufgetaucht. Damals soll Joseph von Arimathia in den Besitz des Kelches vom letzten Abendmahl gelangt sein und darin ein paar Tropfen Blut und Schweiß vom Körper des Messias aufgefangen haben, woraufhin der Kelch zum Sakralgegenstand wurde. Joseph und seine Anhänger – die erste Tafelrunde – brachten ihn nach England, wo sie Glastonbury, eine der Mutter Jesu geweihte Kirche gründeten und dem heiligen Kelch einen Schrein bauten. Dann hören wir erst wieder zur Zeit des Königs Arthur oder Artus vom Gral und der ersten großen Gralssuche. Da hieß es, er befinde sich in einer Burg, die verschiedene Namen, Munsalvaesche oder Carbonek, habe und an einem Ort liege, der nicht ganz von dieser Welt sei und wohin die Ritter, die geschworen hatten, den Gral zu suchen, ziehen müßten, wobei sie große Gefahren und Prüfungen zu bestehen hätten. Die Berichte von dieser Suche mit all ihren Abenteuern sind unsere Hauptinformationsquellen über den Gral und seine Wirkung. Am Artushof auf Camelot erschien er in strahlendem Licht, und die ganze Gesellschaft erhielt Speis und Trank nach ihrer Wahl – ein Symbol für die geistige Nahrung, die der Gral spendet. In einem anderen Text wird er als fünfgestaltig oder fünffach wandelbar beschrieben und birgt ein unerklärliches Geheimnis. Alle suchen danach, manche mit guten, andere mit bösen Absichten. Doch nur die Guten und Wahrhaften finden ihn. Drei Ritter werden genannt: Galahad, Parzival und Bors. Unter allen Artusrittern finden nur sie den Weg zur Burg und zum geheimnisvollen Fischerkönig, der verwundet darniederliegt und nur geheilt werden kann, wenn eine bestimmte rituelle Frage gestellt wird – etwa: »Wem dient der Gral?« oder gelegentlich auch: »Wer ist es, der dem Gral dient?« Dann werden der König und das wüste Land, das er regiert, wiederhergestellt. Die drei Ritter schiffen sich mit dem Gral nach Sarras ein, der heiligen Stadt im Osten, wo die höchsten Mysterienfeiern des Grals stattfinden, und

Galahad, der Lauterste der drei, stirbt dort als Heiliger. Parzival kehrt zur Gralsburg zurück, um dort neuer König zu werden, während Bors nach Camelot weiterreist und von den Wundern der Gralssuche berichtet

Das ist in groben Umrissen der Inhalt der Sage. Es gibt zahllose Versionen der Geschichte, in denen von ebenso zahllosen Abenteuern der Ritter auf der Suche nach dem Gral die Rede ist, aber sie stimmen in den wesentlichen Punkten überein, denn die Botschaft des Grals bleibt immer die gleiche, damals wie heute, wie vielleicht in diesem Buch deutlich werden wird.

ANMERKUNGEN

1 *The High Book of the Holy Grail (Perlesvaus)*, Brewer/Rowman & Littlefield 1978, S. 264 f.

Teil I

Quellen und Muster

1

DER GRAL UND DAS GOLDENE ZEITALTER

Geoffrey Ashe

Die Hauptquelle für den Reiz, den die Gralssagen unverändert ausüben, ist wahrscheinlich eine ungestillte Sehnsucht. Der Gral verkörpert das Verlangen, glückliche Zeiten wiederzuentdecken, seien es die fernen Tage unserer Kindheit oder eine längstvergangene Zeit, die auf immer entschwunden ist. So ist die Suche eines jeden, welche Form sie auch annehmen mag, ein Herzenssehnen nach etwas scheinbar Unerreichbarem, das jedoch zugleich eine eigene Wirklichkeit hat. Genau dafür steht der Gral, und dieses Bild spiegelt sich in fast allen Geschichten wider – von den heidnischen Spoils of Annwn *bis hin zur christlichen* Queste del Saint Graal. *Geoffrey Ashe sieht darin die wehmütige Erinnerung an eine Zeit, in der sich Heidentum und Christenheit noch in gewisser Harmonie begegnen konnten – wie vermutlich in der Artus-Zeit. Die vorchristlichen Vorstellungen vom Gral als einem Gefäß der Wiedergeburt und geistigen Erhöhung formten die späteren christianisierten Bilder mit, in denen der Inhalt des Gefäßes größere Bedeutung gewann. Aber die Vergangenheit, in der sich der Nährboden bildete, blieb im Unterbewußtsein der Menschen erhalten wie ein schwacher goldener Schimmer auf fernen Bergen. Darin spiegelt sich eine Sehnsucht wider, die von der Gralssuche gestillt wird, auch heute noch, die Sehnsucht nach etwas ewig Gegenwärtigem, an das man glauben kann – eine Sehnsucht, die die Menschen immer wieder auf die Suche nach dem Gral schickt.*

Zu allen Zeiten haben christliche Lehre und Mythologie eine Menge vorchristliches Gedankengut in sich aufgenommen. Das gilt in besonderem Maße für den Gralsmythos. Die Übernahme selbst ist nicht das Eigentümliche daran, sondern ihre besondere Art und ihre Folgen. Hier liegt nämlich ein typisches Beispiel dafür vor, daß die Übernahme nicht recht gelang. Es entstand ein Mythos, aber kein voll und ganz akzeptierter christlicher Mythos. Das Gralssystem fand Eingang in die christliche Gedankenwelt, wurde jedoch von den Vertretern der Kirche nie richtig gebilligt oder definiert.

Selbst in der Abtei von Glastonbury ist zwar der Gralsbringer Joseph von Arimathia Bestandteil der Tradition, nicht aber der Gral als solcher. Der Chronist der Abtei berichtet im 14. Jahrhundert von der Ankunft Josephs. Er übernimmt sogar Episoden aus zwei Gralslegenden. Aber er ersetzt das wunderwirkende Gefäß durch zwei »Meßkännchen«, die Bluts- und Schweißtropfen von Christus enthielten – unverdächtige heilige Reliquien (aber siehe auch Kap. 10). Die Vermutung liegt nahe, daß die Geschichte in einem frühen Zusammenhang mit Glastonbury steht; und doch wird im gesamten Mittelalter nie eindeutig gesagt, daß Joseph den Gral dorthin brachte. Soweit ich weiß, hat niemand vor Tennyson davon gesprochen.

Außer den heidnischen Elementen gab es noch verschiedene andere Gründe dafür, daß der Gral keine Nische innerhalb der Orthodoxie fand. Zum Beispiel war er mit keiner der bekann-

ten Reliquien gleichzusetzen. Er war in allen Geschichten wieder anders und hatte nie eine eindeutige Verbindung zum Christentum. Die Kirche wußte nicht viel zu sagen zum Tafelgeschirr des letzten Abendmahls, und es gab auch kaum Berührungspunkte zwischen ihr und Ritterromanen wie Robert de Borons *Joseph d'Arimathie* oder der *Queste del Saint Graal.*
Außerdem war der Geist der Geschichte der mittelalterlichen Begriffswelt fremd. Das heißt nicht, daß er als ketzerisch gegolten hätte. Der Autor der *Queste* läßt in seiner Geschichte die orthodoxe Lehre zu Wort kommen – und zwar ausgesprochen langatmig; das erhabenste Erlebnis des tugendhaften Galahad ist offenbar eine christliche Vision Gottes und der Menschwerdung. Doch selbst in diesem frommen Text ist die Gralssuche ein persönliches Abenteuer jenseits der kirchlichen Gemeinschaft. Sie führt zwar zum rechten Glauben, aber in einer Atmosphäre der Verzauberung, des geheimen Wissens, der Initiation. Ein solcher Glauben ist esoterisch und daher suspekt (siehe Kap. 6).
Wenn dieser Glauben von den Hauptvertretern des Christentums abgelehnt wurde, so kann dies also nicht ausschließlich den heidnischen Elementen und ihrer Mißbilligung durch den Klerus zugeschrieben werden. Gewiß, diese Elemente waren da, aber sie wurden nie der eigenen Kultur einverleibt, und die Ablehnung spiegelt nur die Tatsache wider, daß sie nicht mit dieser verschmolzen werden konnten, obwohl das nicht allein an ihnen lag.
Worin diese Elemente eigentlich bestanden, hat viele Diskussionen entfacht. Die älteste existierende und einzige rein heidnische Version der Gralssage ist ein kryptisches walisisches Gedicht mit dem Titel *The Spoils of Annwn.* Der Verfasser ist vermutlich der Barde Taliesin aus dem 6. Jahrhundert, aber der erhaltene Text ist etwa 400 Jahre jünger. Es geht darin um einen

Raubzug von Männern unter der Führung von Artus nach Annwn, einer Jenseits- oder Unterwelt der Kelten. Sie fahren übers Meer und bestehen drohende Gefahren; nur sieben kehren zurück. Ihr Ziel ist es offenbar, einen Zauberkessel zu finden, den neun Jungfrauen bewachen (siehe Kap. 10).

Das Gedicht gibt zweifellos etwas von der keltischen Religion wieder. Geweihte Kessel waren allgemein bekannte Kultgegenstände; ein besonders schönes Exemplar ist in Gundestrup in Dänemark gefunden worden. Der römische Schriftsteller Pomponius Mela erwähnt eine Schwesternschaft von neun jungfräulichen Priesterinnen auf der Ile de Sein vor der Küste der heutigen Bretagne. Sie waren Heilerinnen und Wahrsagerinnen, konnten sich angeblich in Tiere verwandeln und hatten Macht über das Wetter. Neun Frauen der jenseitigen Welt tauchen dann wieder im 12. Jahrhundert auf, in der *Vita Merlini* von Geoffrey of Monmouth (Galfredus Monemuthensis). Sie leben auf der Apfel-Insel, auf Avalon. Ihre Oberin ist die Zauberin Morgan le Fay, die ähnliche Kräfte besitzt wie die Frauen auf der Ile de Sein und die in ihrem Vorleben die keltische Göttin Matrona war.

In den Gralssagen selbst macht die heidnische Vorstellungswelt von 1180 an allmählich einer christlichen Platz, ohne jedoch ganz zu verschwinden. Wie bei dem Kessel spielen Frauen auch im Mysterium des wunderbaren Gefäßes eine große Rolle, selbst dann noch, als es eindeutig christlichen Charakter bekommen hat (siehe Kap. 5). Ursprünglich ist es wohl mit Fruchtbarkeitsriten und den »Quellen des Lebens« verbunden, wie W. B. Yeats sagt. Manchmal befindet sich die Gralsburg in einem wüsten Land und beherbergt einen dahinsiechenden König. Wenn der Gralssucher eine bestimmte rituelle Frage stellt, wird der König geheilt und das wüste Land wiederbelebt, eine Idee, die für Frazers *Golden Bough* typisch ist.

Gegen Ende des 12. Jahrhunderts hat Robert de Boron als erster bekannter Schriftsteller den Gral als Gefäß des letzten Abendmahls bezeichnet und ihn damit zum Sakrament Christi erklärt. Er spricht von einem Kelch oder einer Schale, andere sprechen von einer Schüssel. Auf jeden Fall verklärt sich das »Leben« der vorchristlichen Magie, das »wüste Land« der gefallenen Natur, zum ewigen Leben der Christen. Aber selbst in der zutiefst gläubigen *Queste del Saint Graal* mit dem reinen Helden Galahad produziert das Gefäß noch wirkliche Nahrung. Wenn es sich verhüllt der versammelten Artus-Ritterschaft zeigt, wird es zum Anlaß für ein übernatürliches Festmahl. Im *Parzival* – wo es übrigens die Form eines Edelsteins annimmt – labt es regelmäßig die, die ihm dienen. Der anonyme Autor des *Perlesvaus* deutet ein Wandlungsmysterium an und sagt vom Gral, er manifestiere sich in fünf aufeinanderfolgenden Formen, deren letzte ein Kelch sei. Welche Gestalt hatte er die anderen Male, und wie konnte sich daraus der Kelch entwickeln? Darüber schweigt er sich aus.
Derselbe Autor behauptet, ein Dokument aus der Abtei von Glastonbury verwendet zu haben. Er ist nicht der erste, der in diese Richtung blickt: Robert de Boron sagt in seiner christlichen Version vom Ursprung des Grals, dieser sei in die Täler von Avalon gebracht worden, das heißt nach Somerset. Die Gelehrten halten die Behauptung des *Perlesvaus*-Verfassers für unhaltbar, weil er in seiner Geschichte Glastonbury völlig falsch beschrieben habe und folglich gar nicht dort gewesen sein könne. Dabei hatte er doch recht. Die Kritiker machten sich nie die Mühe, richtig hinzuschauen, und übersahen den Teil von den dichtgedrängten Hügeln Glastonburys, den er meint. Gewiß kannte er den Ort und hatte Grund für seine Behauptung.
Unter dem Gesichtspunkt, daß die Abtei den Gral ablehnte,

liegt die Vermutung nahe, daß ihr Beitrag lediglich in Legenden von den frühen Christen und König Artus bestand – in erster Linie also in Material für den Kontext und die Charaktere, aber nicht für das Hauptmotiv. In diesem Zusammenhang verdient die Theorie Geoffrey Russells besondere Beachtung, daß die Christianisierung der heidnischen Gralssuche, wie sie die Verfasser vornahmen, auf aktuelle Geschehnisse zurückging, zu denen Glastonbury den Schlüssel besaß. Danach wären die Texte etwas verworrene Wiedergaben einer viel früheren Fassung, in der das Heidentum noch richtig verstanden wurde und die Christen es bewußt in eine neue Form gossen. Ähnliche Vermutungen hat auch schon Jessie Weston angestellt, deren Arbeiten T. S. Eliot und sein Werk *Das wüste Land* beeinflußten. Sie hat allerdings Glastonbury gar nicht erwähnt. Russell hingegen führt es sehr genau an und stellt Behauptungen auf, die zum Teil nachgeprüft werden können.
Er konzentrierte sich nicht auf die Abtei, sondern auf den *Tor*, den höchsten Berg in der Hügelkette, von der die Stadt umgeben ist. Dieser Berg wirkt so fremdartig, daß Besucher oft fragen, ob er künstlich angelegt sei. Er ist es nicht, aber es gibt ein paar Anhaltspunkte dafür, daß er in einer bestimmten Form bearbeitet wurde. Auf sieben Ebenen sind rundum alte, verwitterte Terrassen zu erkennen, mit merkwürdigen Windungen und plötzlichen Vertiefungen. Auf dem Gipfel steht eine Turmruine, Überrest einer dem Erzengel Michael geweihten Kirche. Versuche, die Terrassenbildung durch Erosion oder landwirtschaftliche Bearbeitung zu erklären, haben zu keinem befriedigenden Ergebnis geführt. 1966 kam Russell auf die überraschende Idee, es handle sich um die Reste eines riesigen prähistorischen Irrgartens mit komplizierten labyrinthischen Wegen und Windungen, wie er auch aus anderen Kulturen bekannt sei – etwa aus Griechenland, Kreta, Italien oder von an-

deren Orten auf den Britischen Inseln –, und er habe ganz klar eine magische Bedeutung gehabt. Wer sich in den Irrgarten hineinwagte, wanderte demnach immer wieder um den Tor herum, bis er nach Vollendung der letzten Runde schließlich zeremoniell initiiert wurde. Russell behauptete, die ersten Christen in Glastonbury – deren Oberhaupt der Legende nach Joseph von Arimathia war – hätten die Symbolik des Irrgartens ihrer Missionsarbeit angepaßt und den Gegenstand, der im vorchristlichen Ritual verwendet wurde, durch ein christliches Symbol, vielleicht einen wirklichen Kelch, ersetzt. Das erinnert tatsächlich an die Gralssagen, wobei die Gralssuche dem mühsamen Weg durch den Irrgarten entspricht.

Russells Theorie wird unterstützt durch die Tatsache, daß der Tor in früheren Jahrhunderten als Eingang nach Annwn, der Jenseits- oder Unterwelt, betrachtet wurde und den Kessel in sich barg, den ältesten bekannten »Gral«. Das belegt auch eine Legende von St. Collen, der in den Berg eingedrungen und dort dem keltischen Halbgott Gwyn ap Nudd begegnet sein soll, dem Herrscher von Annwn. Bis zum heutigen Tag hat sich der Volksglaube erhalten, daß im Innern des Tor eine Höhle ist, die betreten werden kann, in der jedoch Gefahren lauern. Irrgärten stehen in den verschiedensten Mythologien mit der Unterwelt in Zusammenhang, und es könnte durchaus sein, daß Leute nach ihrem Weg durch den Irrgarten des Tor zuletzt von dem Pfad am Berghang aus in eine unterirdische Kammer gelangten.

Das sind sicher nur vage Spekulationen, und Annwn ist ein zu nebelhafter Begriff, um irgend etwas zu beweisen. Russells Vermutung, daß heidnische Rituale zu christlichen Zwecken verwandt wurden, ist nicht mehr nachprüfbar. Dennoch hatte er im Hauptpunkt recht. Feldforschungen haben 1979 Beweise dafür erbracht, daß wirklich ein Irrgarten am Tor bestand und daß Glastonbury eine heilige Stätte des keltischen Heidentums und noch älterer Kulte gewesen ist. Damit öffnen sich Fenster zu einer vorchristlichen Welt, die sowohl die christliche Mythologie als auch die christliche Lebenspraxis durchdrungen haben könnte, und neues Licht fällt auf den Gral, wiewohl der Zusammenhang vielleicht nicht so konkret und pointiert ist, wie Russell gemeint hatte.

Zum Beispiel ist das gleiche spiralförmige Irrgartenmuster im Labyrinth auf Kreta zu finden. In mythischer Vorzeit regierte dort eine Gottheit, die Herrin des Labyrinths, die in klassischer Zeit vielleicht als Ariadne, die Führerin des Theseus, wiederkehrt. Es spricht einiges dafür, daß über den Irrgarten des Tor ebenfalls eine Göttin herrschte, daß *Chalice Well* am Fuß des Berges die ihr geweihte heilige Quelle war und daß sie die heilige Mutter war, die die Kelten Matrona nannten. Sie ist die gleiche Gottheit, die sich in der Gestalt der Zauberin Morgan le Fay wiederverkörpert, der Herrin von Avalon und Führerin der neun Schwestern.

Wahrscheinlich war ihr Kult schließlich ausschlaggebend dafür, daß die erste Kirche Glastonburys Maria, der Mutter Jesu, geweiht wurde. Das war in jener Zeit noch völlig ungewöhnlich; solche Weihungen sind auf den Britischen Inseln nachweislich erst Jahrhunderte später vorgenommen worden. Aber Glastonbury hatte wohl seine eigenen Gründe dafür. Bedeutsam ist, daß nur hier, im Nordwesten Europas, die Weihung früh genug stattgefunden hat, um sich in die erste Phase des Marienkults einzufügen, der in Italien und im christlichen Osten dazu führte, daß Maria an die Stelle unvergessener Gottheiten wie Artemis, Athene, Aphrodite, Isis und Kybele trat. In Glastonbury ist sie vermutlich in ähnlicher Weise an die Stelle der Matrona getreten, die eine Zeitlang der Quelle am Fuß des Berges in Erinnerung geblieben war. Im *Perlesvaus*, dem

Gralsroman, der Glastonbury ins Spiel bringt, tritt die Rolle der Maria unübersehbar stark hervor.
Um den Gedanken noch ein wenig weiterzuspinnen: Russell wies darauf hin, daß der siebenstufige Tor (wie viele heilige Berge) vielleicht die mystische Entsprechung eines »kosmischen Berges« sein sollte, der in etlichen Mythologien vorkommt (siehe auch Kap. 2). Dieser soll angeblich Erde und Himmel vereinen und von einem Paradies der Götter gekrönt sein. Die Verfasser der Gralsromane greifen diesen Mythos nicht auf. Aber ein Größerer, Dante Alighieri, entdeckte den Berg in der islamischen Literatur. Er gab ihm eine christliche Gestalt und formte ihn poetisch um in den siebenstufigen Läuterungsberg, der zum irdischen Paradies empor und weiter über das himmlische Paradies zur letzten Vision der *Göttlichen Komödie* führt... die, nach Beobachtungen von Charles Williams, im wesentlichen wohl die gleiche Vision ist, die Galahad im Gral erschaut. Jedes Forschen nach direkten Einflüssen – beispielsweise Spekulationen über Geheimlehren der Templer – bleibt letztlich ergebnislos. Wir können lediglich feststellen, daß in der mittelalterlichen Vorstellungswelt gewisse Dinge geschahen, die in die gleiche Richtung wiesen, die gleiche Logik des Glaubens zum Ausdruck brachten. Aber das können wir immerhin sagen.

Dante war allerdings ein Genie und hätte aus allem etwas machen können. Hinter dem Gralsmythos steht kein vergleichbarer Genius. Auch durch ihn ist etwas von einer älteren Welt in die christliche Vorstellung gedrungen, ob in Glastonbury oder anderswo. Es war jedoch verwirrend und unklar. Da der große schöpferische Genius fehlte, hing die Rezeption damals von einer besonderen Atmosphäre ab – der Atmosphäre des keltischen Christentums auf den Britischen Inseln.

Die »Andersartigkeit« der keltischen Kirche ist oft mißverstanden und übertrieben worden. Protestanten behaupteten, sie sei deutlich von der katholischen Kirche getrennt, vertrete eine abweichende Lehre und habe keine Bindung an Rom. Das ist falsch. Die keltische Christenheit früher Jahrhunderte war weder schismatisch noch unorthodox. Aber Barbareneinfälle und andere Faktoren bewirkten, daß sie jahrelang auf sich selbst gestellt blieb und eigene Bräuche entwickelte. Dadurch entstand ein bitterer Streit mit Rom, das endlich einschritt, um die Einheit der Kirche wiederherzustellen. Doch selbst Bischöfe wie Colman, der sich auf der Synode zu Whitby (664) den päpstlichen Anordnungen nicht fügen wollte, bestritten weder den Alleinvertretungsanspruch des Papstes noch den göttlichen Auftrag, auf den er sich gründete.
Diese Streitigkeiten deuten nicht etwa auf eine fehlgeschlagene Reformation hin. Aber sie drücken beredt etwas aus, was ungesagt blieb; sie gingen nämlich tiefer, als es den Anschein hatte. Die strittigen Fragen wie etwa die Festlegung des Osterdatums wurden in einem grundlegenden Streit nur als Parolen benutzt. Die Kelten waren Katholiken eines anderen Schlags, sie waren weniger festlegbar, weniger autoritätsgläubig. Und ein wesentlicher Unterschied, den die Sprecher Roms vielleicht nicht bemerkten oder bemerken wollten, war die andere Einstellung der Kelten zu den alten Göttern und der heidnischen, magischen Welt vor dem Christentum. Das ist der tiefere Hintergrund für die Entwicklung des Gralsmythos.
Die Kelten von Britannien und Irland sahen nicht alles Vorchristliche als etwas Unchristliches an, das unterdrückt, ersetzt oder unkenntlich gemacht werden müßte. Nach ihrer Auffassung konnte die alte Mythologie ruhig als Teil der neuen Ordnung erhalten bleiben, ohne ihren Charakter völlig zu verlieren. Anderswo verdrängten Heilige die Götter des Volksglau-

bens, trat Maria an die Stelle der Göttinnen, wobei die neuen Gestalten im wesentlichen die angenehmeren Züge der alten übernahmen, die dadurch der Vergessenheit oder der Poesie anheimfielen. Bei den Kelten waren die Übergänge viel feiner, die Veränderungen weniger drastisch. Viele Geister und Wesen standen weiterhin in hohem Ansehen, die von den Christen anderer Länder verdammt worden wären.

Es wird manchmal gesagt, das läge daran, daß tatsächlich eine Art Wesensverwandtschaft bestand. Noch heute lebt eine Behauptung aus dem 18. Jahrhundert fort, daß die Druiden eigentlich Urchristen gewesen seien und das Christentum im Grunde eine Form des Druidentums war. Solche Phantasievorstellungen sind gar nicht nötig, und der einleuchtendste Grund ist ein geschichtlicher Zufall. Überall sonst im alten Römischen Reich war die Kirche von der heidnischen Obrigkeit verfolgt worden; deshalb galten die alten Götter als feindselig. Sie waren verkappte arglistige Dämonen, die die Menschheit getäuscht und die Verfolgung der Christen inszeniert hatten. In Britannien war das anders, die Christenverfolgung hielt sich dort in Grenzen und dauerte nur kurze Zeit. Auf Irland griff sie nie über, denn Irland lag außerhalb des Reiches, und außerdem gab es dort zur Zeit der Verfolgung keine oder nur wenige Christen.

Für die Christen dieser Insel hatten die einheimischen Götter und Halbgötter deshalb kaum furchterregende Züge. Die Kleriker konnten sie ableugnen, ohne sie deshalb zu Feinden zu erklären. Die mit ihnen verbundene Mythologie war nicht teuflisch. Es blieb ein gewisser Spielraum von »leben und leben lassen«. Zwar wurde ihnen ihre Göttlichkeit abgesprochen, aber sie durften wenigstens in den Legenden prächtig weiterleben als Könige und Königinnen, Helden und Zauberer. Die Götter bekamen menschliche Züge, verwandelten sich etwa in die

Monarchen Lud und Lear. Der neuen Religion hefteten sich auch heidnische Elemente an, selbst wenn sie nicht mit ihr verschmolzen werden konnten. Die heilige Brigitta beispielsweise wurde mit den Attributen einer irischen Göttin gleichen Namens ausgestattet. Sie wurde am 1. Februar gefeiert, dem Tag des Feuerfestes der Göttin, und in ihrem Kloster in Kildare wurde ein heiliges Feuer unterhalten. Irische Dichter nannten sie die »Mutter des großen Königssohns« oder gar »Mutter Jesu« und deuteten damit an, daß sie eine Wiederverkörperung Marias sei; zudem wurde sie als Priesterin oder Bischof bezeichnet, obwohl die Kirche grundsätzlich keine Frauen weihte. Das alles erinnert an das Druidentum, in dem Frauen geweiht wurden und wahrscheinlich auch der Reinkarnationsgedanke in irgendeiner Form geläufig war. Wir sehen also, daß die Göttin Matrona offenbar doppelt überlebte. Einige ihrer Wesenszüge nahm die Jungfrau Maria in Glastonbury an, in der Legende hingegen wurde sie zu Morgan le Fay, keiner richtigen Göttin mehr, aber doch einer gütigen, übermenschlichen Zauberin.

Die keltischen Christen vermochten unter anderem darum Wesen mit ihrer Religion in Einklang zu bringen, die andere Christen vollkommen ablehnten, weil sie die Existenz »neutraler« Engel zuließen. Nach herkömmlicher Auffassung waren die Engel entweder Gott treu geblieben oder mit Luzifer gefallen, das heißt entweder gut und im Himmel oder böse und in der Hölle. Demnach gab es nur himmlische oder dämonische Geistwesen. Dante Alighieri erwähnt Engel, die weder der einen noch der anderen Kategorie angehören, aber ein trostloses Dasein in der Vorhölle fristen müssen. Sie sind im Grunde ebenso verloren wie die Teufel. Bei manchen Kelten hatten sie jedoch einen Zwischenstatus inne. St. Brendan soll auf seiner berühmten Atlantikreise gesehen haben, wie Hunderte von ihnen in Vogelgestalt über eine blühende Insel flogen.

Neutrale Engel, vieldeutige Wesen, treten auch im Gralssystem in Erscheinung. Ihre Anwesenheit ist ein Zeichen für die Ursprünge der Sage – für ihre Verwurzelung im keltischen Christentum, das Zauberkessel, Fruchtbarkeitsriten und vieles mehr in sich aufnehmen konnte. Ähnlich verhält es sich mit etlichen der menschlichen Charaktere. Bron, ein maßgeblicher Gefährte Josephs, der in einigen Textversionen mit dem Fischerkönig gleichgesetzt wird, ist der britische Gott Bran – Bran der Gesegnete, wie er im *Mabinogion* genannt wird. Der große Merlin, der in der gesamten Artussage erscheint, verkörpert mit seiner Person in exemplarischer Weise die besondere Situation. Er ist der Sohn einer menschlichen Mutter und eines bösen Geistes, dessen Böswilligkeit neutralisiert worden ist. Wie C. S. Lewis bemerkt, ist er eine Art Druide und doch zugleich auch Christ. Er hat okkulte Fähigkeiten und ist doch zugleich auch verantwortlich für die Tafelrunde, deren Vorbild das letzte Abendmahl Christi war.

Die Verfasser dieser Geschichten und Charaktere schilderten vermutlich das, was bis zu einem gewissen Grad die britische Wirklichkeit im 5. und 6. Jahrhundert war. Es ist nicht anzunehmen, daß wirklich jemand auf Gralssuche auszog. Aber die spirituelle Zweideutigkeit, die Vermischung heidnischer und christlicher Elemente, kann durchaus ein Faktum gewesen sein. Ein Merlin konnte tatsächlich von beidem etwas haben.

Andererseits war das Britannien, wie es die Verfasser in ihrer eigenen Zeit erlebten, ganz anders, und Frankreich, das Herkunftsland der Mehrzahl der Gralsromane, hat das keltische Christentum überhaupt nie unmittelbar erlebt – der engste Kontakt bestand durch die Bretonen, die Jahrhunderte zuvor ihre Religion und Mythologie aus Britannien mitgebracht hatten, aber diese wiesen inzwischen erhebliche Abweichungen auf. Die Gralssage entstand in einer christlichen Umgebung, in der die keltische Vorstellungswelt nur noch andeutungsweise existierte. Alles, was dieser Vorstellung entsprang, war widersprüchlich und wollte sich nicht einfügen lassen. Viele haben versucht, den Gral mit wirklicher Ketzerei in Verbindung zu bringen, meist mit den Katharern. Ein direkter Zusammenhang mit dem Ketzertum ist jedoch unwahrscheinlich. Die Orthodoxie hatte zwar nie einen Platz für den Gral, aber es gibt auch keinen Hinweis auf tätliche Feindseligkeiten oder Versuche, die betreffende Literatur zu unterdrücken. Andererseits verhärtete sich die Orthodoxie nicht zuletzt wegen der zunehmenden Ketzerei. Alles, was sich dem Anschein nach außerhalb des offiziellen Katholizismus befand, war suspekt, ja unheilvoll. Bald war die Magie tabu und nur noch eine üble, verbotene Kunst – ein Wandel, der hier und da in der Artusliteratur zu erkennen ist. So ist die Morgan des Geoffrey of Monmouth bei ihrem ersten Erscheinen »gut«, eine weise Heilerin. Aber die Idee einer »guten« keltischen Zauberin, die beiden Welten angehört, wird unhaltbar, und Morgan verwandelt sich in eine Hexe und Unruhestifterin. Unter dem Druck der Verhältnisse verlieren sogar die Gralsgeschichten etwas von ihrer früheren Fremdartigkeit und werden zu harmlosen christlichen Allegorien.

Aber das kam erst später. Die Blütezeit des Gralsgedankens war eine Zeit, in der sich die Verhärtung gerade erst abzuzeichnen begann. Was aus den Romanen herauszuspüren ist, ist keine versteckte Hinwendung zur Ketzerei oder zum Heidentum, sondern eine halbbewußte, schlummernde Sehnsucht nach einer früheren Welt, in der Christliches und Heidnisches nebeneinander existierten. Die Verfasser waren Christen; trotzdem träumten sie von einem Christentum mit einer »besonderen Note«, von der religiösen Suche in einer Welt des Geheimnisvollen und Magischen, einer Welt voller Möglichkeiten, die die

Kirche mehr und mehr auslöschte. Sie waren letztlich keltisch inspiriert, und dadurch konnte der Gral mit seinem keltischen Ursprung das zentrale Thema ihrer Werke werden.
Eine weniger bedeutsame, aber bemerkenswerte Parallele dazu findet sich in der mittelalterlichen Mode der Romane über St. Brendan, der Engeln in Gestalt von Vögeln begegnete. Die Iren kannten Sagen von Fahrten über das westliche Meer, die sie *Immrama* nannten und die von vorchristlichen Wunderdingen berichteten – von seltsamen Inseln, See-Ungeheuern und Gefilden ewiger Jugend. Brendan war ein irischer Heiliger des 6. Jahrhunderts und für seine Seefahrten berühmt. Er soll in seinem legendären Leben auf der Suche nach dem irdischen Paradies viele Abenteuer im Atlantik bestanden haben. Aber die Beziehung zwischen St. Brendans Seefahrt und den erhalten gebliebenen *Immram*-Geschichten wirft Probleme auf. Offenbar fand eine gegenseitige Durchdringung statt, und das literarische Endprodukt, wenngleich christlich, greift auf viele Themen nichtchristlichen Ursprungs zurück. Im Mittelalter entstanden Versionen dieser Geschichte in fast allen europäischen Sprachen. Das Thema war nicht nur ebenso beliebt wie das Gralsthema, sondern vermischte sich damit. Beide gingen auf die keltische Jenseitsreise zu Wasser zurück; beide verleibten einer christlichen Handlung heidnische Ideen und Vorstellungen ein. Im *Perlesvaus* gibt es sogar eine Episode, die eine *Immram*-Geschichte sein könnte.
Die Verfasser der Gralsromane wollten eine Sowohl-als-auch-Welt wiederaufleben lassen, die sie, zu Recht oder Unrecht, mit einer vergangenen regionalen Erscheinungsform des Christentums in Verbindung brachten. Sie wußten, daß es Jahrhunderte vor ihrer Zeit bestanden haben mußte, in den Tagen des keltischen Britanniens, dessen oberster König Artus vermutlich gewesen ist, wenn auch wohl, historisch gesehen, noch ehe

die keltische Kirche ihre charakteristische Form annahm. In ihren Berichten ist der Gral zwar ein christlicher Gegenstand, jedoch in geheimnisvolles Dunkel gehüllt und keineswegs eine Reliquie im herkömmlichen Sinne. Dementsprechend werden seine späteren Erscheinungsformen geschildert. Normalerweise wird Artus' Welt christlich dargestellt, aber seltsame Dinge geschehen darin, und es gibt durchaus Abweichungen von der Norm: Im *Perlesvaus* hat die alte Religion noch ihre beunruhigende Macht, und einige der Ritter führen Kreuzzüge gegen die Heiden.

Diese mehrdeutige Welt, deren charakteristisches Sinnbild der Gral ist, ist nicht »gut« im Sinne eines ersehnten Utopias; sie ist eine Welt hoher Ideale, aber auch vielen Übels. Die Gralssuche deckt letztlich ihre Fehler auf und schwächt die Ritterlichkeit der Tafelrunde. Die Verfasser zeichnen, absolut gesehen, kein Bild eines goldenen Zeitalters. Sie porträtieren eine Welt mit einer reicheren spirituellen Atmosphäre, in der eine verborgene Herrlichkeit schlummert, die denen, die in der richtigen Verfassung dort Einlaß finden, flüchtigen Einblick gewährt in etwas weit jenseits der normalen alltäglichen »Wüste«. Der Gral ist ein Berührungspunkt zu einer spirituellen, übernatürlichen Welt (siehe auch Kap. 4). In seiner vollkommen christlichen Form wird er zum Unterpfand einer besonderen göttlichen Freundschaft, einer besonderen Nähe zu Gott. Manchmal ist er das Medium für ein besonderes Sakrament, das das Geheimnis der Menschwerdung Gottes offenbart und das ewige Leben mit sich bringt. Wer den Gral sieht, erfährt das Ewige mit seinen Sinnen, mit einer Gewißheit, die dem normalen Menschen versagt bleibt.

Dieses letzte Motiv steht im Grunde dem Heidentum und den Mysterienkulten näher als dem Christentum. Die Kirche schrieb und schreibt noch heute den Glauben an etwas Unsichtbares vor. Dabei hatten die Menschen das starke Verlangen, etwas zu sehen. Neben den Gralsromanen existieren noch mittelalterliche Legenden von der geweihten Hostie, die sich sichtbar in ein Abbild Christi verwandelte und das Dogma von der leibhaftigen Gegenwart bekräftigte. Visionäre Erlebnisse ähnlicher Art kommen auch in den Gralsromanen vor. Die Verfasser deuten jedoch an, daß es in Artus' Welt dabei nicht um seltene Wunder ging, sondern um einen Kontakt mit dem Göttlichen, den der Gral andauernd gewährleistete. Mit dem Gral verschwand auch die verborgene Herrlichkeit, und Artus' Reich, nun seines transzendenten Glanzes beraubt, verfiel. In dieser Vorstellung kommt der weitverbreitete Glaube an ein vergangenes goldenes Zeitalter zum Ausdruck, obgleich die Artuszeit für die Menschen allgemein nicht als solches dargestellt wird.

Das Gefühl des Verlustes und der Versuch einer literarischen Wiederherstellung hängen mit dem Schwinden der keltischen Spiritualität zusammen. Gibt es noch andere Zusammenhänge?

Vielleicht ja. Ein Phänomen im 12. Jahrhundert war die tiefgreifende Veränderung im Status der Frau und der männlichen Einstellung zu Frauen. Der stärkste konkrete Faktor war die durch Kreuzzüge bedingte ständige Abwesenheit der Adeligen. Ihre Frauen übernahmen einige ihrer Funktionen im Hause und erlangten dadurch eine größere soziale Bedeutung. Auf dem Gebiet des literarischen Mäzenatentums spielte sogar eine Königin die Hauptrolle. Eleonore von Aquitanien förderte die Artus-Romantik und den Minnekult der Troubadoure mit seiner Idealisierung der angebeteten Dame, aus dem sich solche Themen wie die Liebesaffäre zwischen Lanzelot und Ginevra entwickelten (siehe Kap. 3).

Diese Dinge betrafen allerdings nur eine Minderheit. Eine Veränderung, von der die ganze Gesellschaft ergriffen werden sollte, war religiöser Natur – die zunehmende Verehrung der gebenedeiten Jungfrau, aus der heraus ungeheuer viel Geld und Arbeit in den Kirchenbau investiert wurde, und eine anwachsende Volksmythologie über ihre einzigartige Rolle und ihre Wundertaten. Es ist schwer zu sagen, welcher Zusammenhang zwischen der Marienverehrung und dem tatsächlichen Status der Frau oder einem von beidem und der ritterlichen Minne bestand. Deutlich wird, daß die zunehmende Verherrlichung Mariens offenbar das Gefühl von etwas in der männlichen Kirche Fehlendem widerspiegelte; dabei handelte es sich nicht allein um eine sentimentale Regung, sondern um die im stillen ersehnte Wiedereinsetzung der weiblichen Gottheit, wie sie in vergangenen Jahrhunderten verehrt worden war, soweit die Theologie das zuließ (siehe auch Kap. 6).

Ein ähnlicher Impuls ist in einigen Gralstexten erkennbar. Die »andere« religiöse Vergangenheit, die sie dunkel ans Licht zurückbrachten, trug deutliche weibliche Züge. Es gab sowohl weibliche als auch männliche Druiden, der Urkessel befand sich unter weiblicher Obhut, und der Gral selbst war ursprünglich ein weibliches Symbol, wenn ihm überhaupt ein Geschlecht zugeordnet werden kann. Die Verbindung zu Glastonbury stellt ein alter Marienschrein her, wahrscheinlich der einzige diesseits der Alpen, der einen unmittelbaren oder zumindest fast nahtlosen Übergang von der Göttinnenverehrung, der Anbetung von Matrona-Morgan, der Herrin von Avalon, zu Maria aufzeigt.

In Übereinstimmung mit alledem schildern mehrere Gralsromane den Gral als vom Weibe geboren – geradezu eine Verhöhnung der mittelalterlichen Kirchenpraxis. Auch *Perlesvaus* hat seinen Bezug zu Glastonbury in den häufigen frommen Anspielungen auf Maria sowie in einer Vision, der zufolge sie in der Offenbarung eine Rolle spielte, und in der schlichten Feststellung, daß sie während des Rituals persönlich die Gralskapelle besuchte. In der *Queste* erreicht Galahad das erstrebte Ziel in einer Zeremonie, die »Messe der herrlichen Mutter Gottes« genannt wird. Abgesehen von den Romanen ist von Maria auch in Litaneien und anderswo in einer Weise die Rede, die der Bilderwelt des Grals entspricht. Dichter nennen sie sogar wörtlich »den Gral« oder, wie in einem bemerkenswerten walisischen Text, »den Kessel«. Sie ist es, die Dante am Schluß der *Göttlichen Komödie* zu seiner Vision verhilft, die der Galahads gleicht. Wieder sind die Zusammenhänge nicht ganz klar. Aber es entsteht der lebhafte Eindruck einer unerforschten Verflochtenheit.

Das Bild des wüsten Landes – einer Gegend, die unfruchtbar geworden ist, aber durch den Gral wiederbelebt werden kann – deutet auf einen tieferen Sinn des Themas als solchen hin, und zwar auf das Verlieren und Wiedergewinnen. Der Gral ist zuerst bekannt und vielen zugänglich – Joseph, seinen Gefährten und allen Bekehrten in Glastonbury. Dann entzieht er sich dem Blickfeld eine Weile, ist nur seinen Hütern bekannt, und Britannien leidet. Dann entdecken ihn die Gralsritter aufs neue und erhaschen zumindest einen flüchtigen Blick auf das, was so lange verborgen war.

Was geschieht danach? Die Berichte sind widersprüchlich. Der Gral entschwindet in den Himmel oder gelangt von Britannien aus auf eine Insel oder an einen abgeschiedenen Ort in Asien. In einem gewissen Sinne kann er jedoch noch immer erlebt und erfahren werden. Romanverfasser, die die Legende seines Ursprungs erzählen, behaupten, daß seine Geheimnisse in einem Buch aufbewahrt sind. Sie selbst tragen gewissermaßen dazu bei, ihn der Welt zurückzugeben. Jeder, der heute durch die

Meditation oder eine andere geistige Übung wieder auf die Gralssuche geht, befindet sich im Einklang mit dem Mythos. Dabei handelt es sich im Grunde nur um eine weitere Version des zeitlosen Archetyps eines goldenen Zeitalters (siehe auch Kap. 11).

Das menschliche Vorstellungsvermögen ist normalerweise von sich aus dem Gedanken einer kontinuierlichen Entwicklung abgeneigt. Einen viel größeren Reiz übt die Idee einer Herrlichkeit oder Verheißung aus, die einst existierte und dann verblaßte, aber nicht unwiderruflich verloren ist; einer Herrlichkeit oder Verheißung, die aufs neue wiedererlangt oder wiederhergestellt werden kann und die zuvor herrschende Verderbtheit hinwegfegt. Der Gral, besessen, verloren und wiedergefunden, ist der Mittelpunkt und das Symbol einer ersehnten Art des spirituellen Lebens, das mit dem keltischen Christentum in Verbindung steht. Nach Auffassung der Romandichter blühte dieses einst und ging dann unter – um jedoch vielleicht wiederbelebt zu werden, und sei es nur in der Phantasie.

Die gleiche Denkweise tritt auch in der wirklichen Geschichte des Christentums in Erscheinung, und zwar in einem viel größeren Umfang. Die Reformatoren zur Zeit von Erasmus von Rotterdam, Luther und Calvin wußten nichts von der Gralssuche. Dennoch bewegten sie sich geistig, wie sehr sie sich auch voneinander unterschieden, in ähnlichen Bahnen wie die Romanverfasser. Die Kirche hatte einstmals, in der apostolischen Reinheit der ersten Jahrhunderte, ihr goldenes Zeitalter; dann breitete sich die Sittenverderbnis aus. Aber das Schrifttum und die fortlaufenden Zeugnisse einiger weniger, die den Glauben bewahrt hatten, bereiteten den Boden für die Wiederherstellung des ursprünglichen Zustandes und damit für einen Neuanfang.

Der Symptomenkomplex ist auch nicht auf das Christentum

beschränkt; seine Kraft, in verwandelter Form wiederzuerstehen, ist erstaunlich. Im heutigen Judentum zum Beispiel haben die reformerischen Liberalisierungsbestrebungen nie die dynamische Kraft des Zionismus (in seiner ideologischen, prächauvinistischen Phase) erreicht. Der Zionismus wollte, daß Israel sein längst verlorenes Land wiedererlangte, wo einst David als Gesalbter des Herrn regierte und wo der Tempel auf dem heiligen Berg stand. Im 19. Jahrhundert war der Zustand Israels desolat, der Tempel zerstört und das Volk Israel über die ganze Welt verstreut. So war es lange, lange gewesen, und fast alle »aufgeklärten« und »vernünftigen« Juden schickten sich in dieses Los und suchten sich anzupassen. Und doch war es letztlich der scheinbar verrückte Traum einer Wiederherstellung des früheren Zustandes – daß die Juden das Gelobte Land zurückerobern und sich nirgendwo anders mehr niederlassen würden –, der seine Wirkung zeigte, der allmählich, über die Jahrzehnte, greifbare Gestalt annahm und sich damit wider alle Vernunft als realistisch erwies. Etwas Ähnliches gab es im viktorianischen Indien: Die ersten, von den Briten geschulten Nationalisten redeten ständig von Parlament und Industrialisation, ohne das Land damit voranzubringen. Der einzige, der Indiens Millionen wachzurütteln vermochte, war Gandhi, der den westlichen Fortschritt als Perversion verdammte. Statt dessen wollte er das Ideal eines vorkolonialen Indiens der Heiligen, der Gelehrsamkeit, des dörflichen Lebens und des Handwerks wiedererstehen lassen. Nachdem es unabhängig geworden war, ging Indien zwar einen anderen Weg, aber der massive Drang hin zur Unabhängigkeit entstand zunächst einmal durch die Wiederbelebung der Vorstellung vom goldenen Zeitalter und nicht durch eine fortschrittliche Denkungsart.

Beispiele dafür gibt es mehr als genug. Das Vorbild der französischen Revolutionäre war Rousseau mit seiner These von einer in ferner Vergangenheit bestehenden guten, natürlichen Gesellschaftsform, die durch schlechte Institutionen geschwächt, durch gute jedoch wiederherstellbar war. Die russischen Revolutionäre orientierten sich nicht etwa (und das ist hochinteressant) hundertprozentig am Marxismus des Kommunistischen Manifestes, sondern an der umfassenderen Idee von Engels und Lenin, nach der die Gesellschaft in einer Idylle des »Urkommunismus« begonnen hatte, den die Revolution auf einer höheren Stufe wiederaufleben lassen könnte, indem sie allen Formen der Klassentyrannei, die seitdem einander abgelöst hatten, ein Ende bereitete.

In der Poesie tritt das Thema bei William Blake wieder auf. Er behandelt es in seinem Mythos vom Urwesen Albion, dessen Schlaf die Erniedrigung und Auflösung der göttlichen Menschheit bedeutete und dessen Erwachen deren Wiedergeburt sein wird. Blake stellte mit großer Eindringlichkeit fest, daß die »Artussagen die Taten Albions sind«. Der legendäre Werdegang des Königs spiegelt Grundwahrheiten der Conditio humana wider – womit wir wieder beim Gral wären. Wie der nicht ganz so bedeutende, aber scharfsichtige A. E. Waite bemerkte, wird der Gral nicht nur in ein Artusmilieu eingebettet, sondern bestehen auch wirkliche Parallelen in den grundlegenden Ideen. Das Auffinden des Grals ist das Gegenstück zur verheißenen Rückkehr Artus'. Der Kern der Artuslegende ist letztlich eine bildhafte Darstellung des Mythos vom goldenen Zeitalter, und deshalb wird der Gral auch in diesen Kontext gestellt, nicht nur weil man das keltische Christentum mit einem Geschichtsabschnitt assoziierte, in dem Artus in Erscheinung trat.

Das Element des goldenen Zeitalters ist eine Konstante in der legendären Artusherrschaft, auch wenn es in unterschiedlichen Formen auftritt. In den Gralssagen geht es um seine spirituelle

Herrlichkeit, die sich dem weltlichen Leben entzieht. In den übrigen literarischen Zeugnissen, die natürlich in der Mehrzahl sind, nimmt es in den verschiedenen Traditionen unterschiedliche Gestalt an. In den alten walisischen Sagen, die ihren Ursprung in den einstigen Siegen über die sächsischen Eindringlinge haben, ist Artus der große Held einer heroischen Zeit Britanniens, der oberste Herrscher der Insel der Mächtigen, eines Reiches heldenhafter Krieger und romantischer, märchenhafter Abenteuer. Geoffrey of Monmouth, der erste Dichter, der ihn als quasi historischen Monarchen darstellt, behält zwar die Kriegskunst bei und entwickelt sie sogar noch, zivilisiert jedoch das goldene Zeitalter. Nach ihm hatte Britannien zu Artus' Zeit eine solche Blüte erreicht, daß es andere Königreiche »an Wohlstand, kunsthandwerklicher Schönheit und feiner Sitte« übertraf. In den späteren Romanen des höfischen französischen Stils bleibt das goldene Zeitalter überwiegend auf die Oberschicht beschränkt. Pracht und Herrlichkeit konzentrieren sich auf die Tafelrunde, und die ritterlichen Ideale gelten nur für den Adel. Artus ist hier ein Muster an aristokratischem Mut und Anstand. Wenig wird darüber gesagt, wie gut er als Herrscher ist und ob es seinen Untertanen generell wohlergeht.

Verständlicherweise besteht eine gewisse Tendenz zur Diskontinuität. Wenn der Gral ins Spiel kommt und sich selbst Lanzelot als unwürdig erweist, wird die Ehre des Rittertums in Frage gestellt. Das goldene Zeitalter wird erst bei Malory deutlich greifbar. Er hält allerdings in seiner großartigen mittelenglischen Version alles durch eine dreistufige Werteskala, wie C. S. Lewis es nennt, zusammen. Das Böse ist einfach böse. Aber das Gute ist von zweierlei Art: Einmal ist es das irdische Gute der Ritterschaft und besitzt auf dieser Ebene Gültigkeit; zum zweiten ist es das himmlische Gute des Grals, das einen

Galahad vom ersten fortzuziehen vermag, es darum jedoch nicht ungültig macht.
So heißt es bei Malory, daß während Artus' Regierungszeit in Britannien vorwiegend edle Sitten herrschten. Durch menschliche Schwäche gehen sie schließlich verloren, und zum Schluß kommt es zur Tragödie. Die Ritterschaft zerstört sich durch interne Kämpfe selbst, und Artus stirbt. Aber nach Malory bleibt sein Tod ungewiß. »In vielen Teilen Englands sagen manche, daß König Artus nicht tot sei, sondern kraft des Willens unseres Herrn Jesu an einem anderen Ort weile; und die Menschen sagen, daß er wiederkommen wird.« Er ist der *rex quondam, rexque futurus*, der König war und König sein wird.
Auch hier ist also die verlorene Herrlichkeit nicht unwiederbringlich verloren. Artus bewahrt sie in seiner geheimnisvollen Untersterblichkeit und wird zurückkehren, wenn die Stunde der Erneuerung gekommen ist. Über seine Unsterblichkeit gibt es zwei Versionen: Entweder lebt er auf einer Zauberinsel, von Morgan le Fay geheilt, oder er schläft in einer Höhle. Letztere ist die volkstümliche Version. Seine Höhle soll in den verschiedensten Landstrichen sein, von Somerset über Wales bis hin zum Norden Englands und sogar Schottland. Beide Sagen gehen unter anderem auf den keltischen Mythos von einem Gott zurück, der auf einer westlichen Insel in einer Höhle im Schlafe liegt. Wie beim Gral bricht auch hier das Heidnische durch.

Im Hinblick auf alle Facetten dieses Denkmusters – von denen es noch viel mehr gibt, alte wie neue – stellt sich die Frage, woher es eigentlich kommt. Auf die historischen Gegebenheiten bezogen läßt es sich nicht gerade überzeugend mit Wissen und Erfahrung in Übereinstimmung bringen. Goldene Zeitalter waren nur selten wirklich golden (wahrscheinlich nie, außer auf begrenzten Gebieten wie etwa dem der Kunst), und die künstlich forcierte Wiederherstellung eines glücklichen Zustandes verkehrt sich meist ins Gegenteil, wie Rousseaus Schüler Robespierre beweist, dessen Methode der Wiedereinführung natürlicher Tugenden darin bestand, Köpfe abzuschlagen. Dennoch hält sich das angesprochene Denkmuster hartnäckig in Sagen und Legenden, zeigt es sich im religiösen und politischen Handeln. Mit Sicherheit hängt es mit etwas Grundlegendem zusammen.

Das traditionelle Christentum würde wohl darauf hinweisen, daß dem Denkmuster ein Element der Conditio humana zugrunde liegt, das tief in die Psyche eingeprägt ist: das, was als Sündenfall bezeichnet wird. Die Menschheit weilte einst in einem irdischen Paradies, und erst der Bruch eines Gesetzes des paradiesischen Zustandes führte zur Vertreibung, »brachte den Tod in die Welt und alle unsere Not« – das verlorene Paradies. Aber es gibt einen Weg zurück, einen Weg der Erlösung – das wiedergewonnene Paradies (siehe Kap. 4).

Wenn dies als wahr angesehen wird, in welchem Sinne auch immer, ergibt sich das übrige von selbst. Die Menschen schaffen ihre Mythen nach dem gleichen Muster: Herrlichkeit, Niedergang, Wiederkehr. Darin liegt eine betörende, motivierende Macht, auch wenn ihm die rechte Grundlage fehlt. Der Gral geht verloren und wird wiedergefunden; Artus scheidet, kehrt jedoch wieder. Das reine, unverfälschte Christentum wurde nach Luthers Ansicht von einer korrupten Kirche zu Boden getreten, aber der Geist der Apostel soll wiedergeboren werden und die Priestermacht besiegen. Mutter Indien war nach Gandhis Ansicht in einem britischen Gefängnis eingekerkert, aber ihre Kinder sollten sie befreien, und jugendfrisch würde sie daraus hervorgehen. Selbst das Programm verschworener russischer Atheisten, die die alte klassenlose Gesellschaft nach jahrtausendelanger Knechtschaft wiederherstellen wollten, spiegelt letztlich den Gedanken des verlorenen und wiedergewonnenen Paradieses wider. Wenn das Bild vom Sündenfall und der Erlösung hinter solchen Vorstellungen steht, haben wir einen Schlüssel zu ihnen. Aber dann führen sie zu der einen Frage zurück, die ihnen allen zugrunde liegt: Welchen Sinn haben Sündenfall und Erlösung?

2

WO DIE STRÖME SICH TREFFEN

Hannah Closs

Die vielen Theorien über den Ursprung der Gralssage schaffen mehr Verwirrung als Klarheit: Einer der häufigsten Zankäpfel ist die Frage, ob die Gralssage aus östlichen oder westlichen Quellen stammt, und daran scheiden sich die Geister. Selten ist der Versuch gemacht worden, einen Denkansatz zu finden, der die beiden miteinander versöhnt, indem er auf einen doppelten Ursprung hindeutet oder gar darauf, daß ein ähnlicher Geist in den verschiedensten Teilen der damaligen Welt gleichzeitig erwachte. Dabei ist der harmonisierende Einfluß des Grals selbst diesem einheitlichen Ursprung zu verdanken und erinnert uns daran, daß erst der Ausgleich der Gegensätze zur Ruhe und zur Erkenntnis des wahren Selbst führt. Die einfache Kraft der Gralssymbole zeigt, wie das erreicht werden kann. Über die Gralssymbole zu meditieren heißt, sie zu aktivieren. Einmal aktiviert, werden sie zu Wegweisern unserer persönlichen Suche und zeigen uns den eigenen Ort der Harmonie und Aussöhnung an.

I

Es sind nur wenige poetische Bilder, in denen der Gral beschrieben wird, und dennoch beschwören sie eine unendlich vielfältige Welt herauf – ob es die grünen Täler von Usk oder der dunkle Wald Broceliande sind –, eine Welt, in der wir bei jeder Wegbiegung damit rechnen müssen, auf den Zauberquell aus Owains Abenteuer zu stoßen oder zwischen den Bäumen einen flüchtigen Blick auf Guigemer bei der Jagd auf den verhängnisvollen Hirsch zu erhaschen. Endlos ist der Weg des Suchenden durch den gefahrvollen Wald. Dürfen wir zaghaft und zweifelnd hoffen, daß wir zuletzt dort, wo sich das Dickicht lichtet, die Klause Trevrizents finden, auch wenn noch immer Wolken den Horizont verhüllen, hinter dem uns der verheißene Blick auf den Gral erwartet?
Die Gralssuche ist bisher ergebnislos geblieben – auch für die Gelehrten. Zu denen, die am meisten zur Klärung der mit dem Gral verbundenen Fragen beigetragen haben, gehört Jessie Weston, der T. S. Eliot einen großen Teil des Materials für sein Werk *Das wüste Land* verdankt. Insbesondere führt er ihr Buch *From Ritual to Romance*[1] an, in dem sie sich, wie auch in anderen ihrer Werke, zum Ziel gesetzt hat, die tatsächliche Existenz eines eindeutigen Gralsmysteriums nachzuweisen. Nach ihrer Überzeugung handelte es sich um einen alten Fruchtbarkeitskult, wie er noch immer in Volksbräuchen auf der ganzen Welt erkennbar ist, allerdings mit einer auf die hellenistischen Mysterienkulte des Orients zurückzuführenden esoterischen Bedeutung, die sich schließlich zur christlichen Gnosis sublimierte; dieser Kult wurde ihrer Ansicht nach von Legionären bis an die äußersten Grenzen des Römischen Reiches getragen. Im Einflußbereich der druidischen Überlieferung fiel er auf fruchtbaren Boden und wurde von den Bretonen übernom-

men. Irgendwann jedoch wurden die Kulthandlungen wegen der Schändung einer der Gralsjungfrauen in die verborgenen Bergfesten verlegt.
Wie im Osten beinhaltete auch diese Suche nach den tiefsten Geheimnissen des Lebens Initiationen und Prüfungen auf verschiedenen Daseinsstufen. Der Text, der nach Jessie Westons Auffassung die älteste existierende Fassung der Gralssage[2] widerspiegelt, beschreibt solche Prüfungen. Der Held dieser Geschichte, der vor der Einweihung steht und auf höherer Ebene versagt, ist Gawain. Was ursprünglich die Wiedergabe eines tatsächlichen Ereignisses war, wurde jedoch allmählich durch christliche Einflüsse (Glastonbury und Fescamp) in einen Romanstoff umgewandelt, dessen Held jetzt Parzival ist. In ihm sieht Jessie Weston eine volkstümliche Sagengestalt, die eigentlich nichts mit dem Gral zu tun hatte. Ihrer Ansicht nach wird der ursprüngliche Ritualmythos mit Chrétien de Troyes und Wolfram von Eschenbach zur reinen Literatur.
Jessie Weston stellt sich gegen die Befürworter der rein keltischen Schule und weist uns zu Recht darauf hin, daß Besuche in einer jenseitigen Welt nicht immer der keltischen Sagenwelt entspringen (siehe auch Kap. 10). Doch sie selbst hat, besessen von der Idee des Fruchtbarkeitskults, die der König auf der Totenbahre, das wüste Land und die Sexualsymbolik von Lanze und Speer nahelegen, manchen anderen Fassungen, die von ihrem Schema abwichen, ebenfalls keine Gerechtigkeit widerfahren lassen. Daß sie diese ins Reich der literarischen Phantasie und Verworrenheit verweist, ist unbefriedigend. Besteht beispielsweise wirklich kein grundlegender Zusammenhang zwischen den fraglichen Texten, in denen der Gral einmal als Gefäß und dann wieder als Edelstein betrachtet wird, und kein tieferer Grund für den »Auftritt« Parzivals? Jessie Weston wollte, wie sie selbst zugibt, nicht auf Abwege geraten, die

zwangsläufig in eine nebelhafte, zwielichtige keltische Vergangenheit führen mußten. Es ist möglich, daß wir in ein Reich viel tieferer Schatten vordringen müssen, um ans Ziel zu kommen und das ständige Wiederauftreten von bestimmten Formen zu erklären, denen offenbar zwei Grundmuster zugrunde liegen, die trotz aller örtlichen und zeitlichen Unterschiede eine tiefgründige Affinität aufweisen. Dann werden wir auch erkennen, daß die Wiederholung solcher Symbole nicht unbedingt nur vom bewußten Aufgreifen vorhandenen Materials oder von der faktischen Überlieferung abhängt, sondern ihre Ursache im Unterbewußtsein haben könnte, in dem immer wieder das längst vergessene Erbe aufsteigt, sei es individuell oder kollektiv.

Im folgenden einige Anregungen in dieser Richtung. Bei unserer eigenen Untersuchung werden wir außer der einschlägigen Literatur auch Werke der bildenden Kunst und des Kunsthandwerks berücksichtigen müssen. Im Idealfall hätten wir natürlich auch den musikalischen Bereich nicht auslassen dürfen.

Ein zentrales Thema der keltischen Sagen und Legenden, das immer wiederkehrt, ist ein Besuch in oder aus der Unterwelt. Bedeutsam erscheint hierbei, daß die geschilderte Landschaft oftmals gleiche oder zumindest ähnliche Züge trägt, die, obwohl sie in verschiedener Zusammenstellung und nicht immer alle zugleich in Erscheinung treten, doch eine Besonderheit gemeinsam haben: Sie beschreiben ein Reich, das irgendwie von dieser Welt getrennt ist. Meistens ist es, außer für einige wenige Auserwählte, unsichtbar. Die sichtbare Grenze bildet oft ein Meer, Fluß oder See, Felsen oder Nebel, oder es liegt in einem Berg verborgen. Manchmal gelangt nur der hinein, der zuvor eine Prüfung bestanden oder eine tödliche Wunde empfangen hat. Aber immer ist es durch irgendeine Schranke von der normalen Alltagswelt abgeschnitten. So werden Tristan und Guigemer, beide tödlich verwundet, von einem ruderlosen Zauberboot über unbekannte Meere getragen; so muß im Lied des Ivonek die Herrin der Blutspur ihres Elfengeliebten bis tief ins Innere des Berges folgen, um die Zauberwelt auf der anderen Seite zu erreichen. Owain muß am Brunnen den magischen Ritus ausführen und dann die Folgen tragen. Die Gralsburg selbst ist eine Bergfeste jenseits des Meeres am Ufer eines unüberquerbaren Flusses oder eines geheimnisvollen Sees. An dieser Stelle können unmöglich alle Variationen angeführt werden, nicht einmal die der Gralslandschaft. Aber es genügt, darauf hinzuweisen, daß das gleiche Bild immer wieder erscheint in all den verschiedenen Vorstellungen, die ein weites Spektrum umfassen – vom Raubüberfall zur Erlangung des Zauberkessels in *Harrowing of Annwn*, wo das Zauberland einmal als Inselfestung, ein andermal als dunkles unterirdisches Gefilde, von Lampen erhellt, dann wieder als Hölle dargestellt wird, bis zur christianisierten Mystik des *Perlesvaus*. Sehr klar ist die Beschreibung im *Book of Taliesin:*[3]

> Vollkommen ist meine Stätte in Kaer Siddi,
> weder Krankheit noch Alter quälen den, der hier weilt.
> Manawyd und Pryderi kennen sie.
> Drei Worte wird er zuvor am Feuer singen.
> Und ringsumher sind Meereswogen,
> und oben ist die nie versiegende (zauberkräftige) Quelle,
> süßer als Wein der Trunk daraus.

Die Ähnlichkeit mit *Perlesvaus* ist verblüffend:

> La nef a tant coru e par jor e par nuit, issue com a Deu plot, que il virent un chastel en une isle de mer... Il esgarde desous un molt bel arbre... e voit la plus bele fontaine...

> (Der Jüngling war Tag und Nacht geritten, wie Gott es vorgesehen, als er eine Feste auf einer Meeresinsel erblickte... Er hielt an unter einem wunderschönen Baum... und sah einen lieblichen Quell...)

Wir müssen uns nun überlegen, ob dieses Land ewiger Jugend, dieses Zauberreich der Fülle oder der spirituellen Segnungen wirklich so ganz und gar keltisch ist.

Ein Ausflug in den Bereich der Kunst zeigt uns sogleich, daß es in der asiatischen Kunst ebenfalls zahllose Beispiele symbolischer oder stilisierter Darstellungen von Bergspitzen gibt, die von Wasserwogen umgeben sind. Hierauf werden wir später noch einmal zurückkommen. Fürs erste wollen wir uns mit den sogenannten byzantinischen Reliefs befassen, die einen Quell oder Brunnen darstellen, der von Blätterwerk eingerahmt ist, auf dessen Früchten und Ranken Vögel sitzen oder aus dem wilde Tiere und Vögel trinken. Oder ein Baum wird, wie auf einem sassanidischen Bronzeteller zu sehen ist, von zwei Antilopen flankiert. Um ihre Füße spielt Wasser, das sich in dieser und anderen Abbildungen aus den Baumwurzeln ergießt.

Hier haben wir es ganz offensichtlich mit dem Baum oder Quell des Lebens zu tun. Dank der Forschungsarbeit von Joseph Strzygowski und Heinrich Glück[4] können wir uns inzwischen ein klares Bild von der Fortdauer der persischen Paradiesvorstellung machen, von der Idee einer jenseitigen Welt, die das frühe Christentum dem Mazdaismus entlehnte (und den eigenen Zwecken anpaßte) – jener alten Religion, in der sich die Natur in Symbolen ausdrückte. Die Vorstellung ist womöglich lange vorher schon mit den keltischen Wanderungen in den Westen gelangt. Ihre Wurzeln liegen tief in der indoeuropäischen Tradition begraben. Ist es da verwunderlich, daß sie in den mittelalterlichen Legenden sowohl des Westens wie des Ostens wieder aufgegriffen wird?

Franz Kampers[5], der die Gralssage bis zu den orientalischen Mythen und arabischen Legenden zurückverfolgt hat, die die legendäre Gestalt des Königs Salomo umranken, macht auf zahlreiche Hinweise und kunstvolle Beschreibungen des Lebensbaums im Garten des Paradieses aufmerksam, die so häufig in den Geschichten vom östlichen Königreich des legendären »Priester Johannes« vorkommen. Das eine Mal hängt dieser Baum voller saftiger Früchte, das andere Mal blitzt er vor lauter Edelsteinen, oder er wird gar als hell erleuchtet geschildert. Als solcher ist er auch in die Gralssage selbst eingegangen, zum Beispiel in eine seltsame Anekdote in Gautier de Doulens' *Fortsetzung des Grals*, in der erzählt wird, wie Parzival (Perceval) an einen Baum kommt, in dem er ein Kind sieht, das ihm keine Antwort auf seine Frage nach dem Fischerkönig gibt. Später sieht er einen mit brennenden Kerzen besteckten Baum, der sich dann in eine Kapelle verwandelt. Kampers sagt dazu:

> Die beiden Bäume sind wahrscheinlich identisch. Die bekannte Erklärung, das Kind sei auf den Baum und wieder hinab geklettert, weil es Parzival zeigen wollte, wie weit die Welt ist, war eigentlich unnötig, um uns deutlich zu machen, daß wir es hier mit dem Sonnenbaum zu tun haben... dessen Zweige die ganze Welt umspannen.

Für diese Übereinstimmung liefert eine Passage aus Robert de Borons Gralsroman den Beweis, in dem Parzival wieder auf einen ähnlichen Baum mit zwei Kindern trifft, diesmal an einer Wegkreuzung, und die vier Ströme des Paradieses gehen von dem Baum aus. Die Wurzeln dieser Vorstellung sind aber offenbar noch viel älter. Findet die Baum-Episode nicht eine verblüffende Entsprechung in einer Legende aus der *Bhagavata-Purana*[6], in der der Einsiedler Markandeya auf einem Berggipfel einen jungen Feigenbaum im schönsten Laub und voller Früchte erblickt?

> Auf einem seiner Äste, der nach Nordosten wies, sah er ein kleines Kind in einem gewölbten Blatt liegen, das mit seinem Glanz die Dunkelheit verzehrte... Dann holte das Kind Luft, und Markandeya ging wie eine Mücke in seinen Körper ein. Und er erblickte darinnen das Universum in seiner ganzen Fülle... Während er so das Universum betrachtete, stieß ihn das Kind mit seinem Atem wieder aus... und er fiel in das Meer der sich auflösenden Welt.

Legenden wie Kunstwerke belegen gleichermaßen, daß das Paradies, in dem der Baum steht, oft als auf dem kosmischen »Weltenberg« gelegen gedacht wird. Wenn indische Mythen in diesem Zusammenhang schon als weit hergeholt gelten, so wirkt das buddhistische Japan auf viele sicher noch abwegiger. Doch genau hier stoßen wir auf mehrere treffende Abbildungen des Berges, die vielleicht Licht in das Gralsdunkel bringen, wie seltsam das auch erscheinen mag. Im Augenblick wollen wir uns nur mit dem Tamamushi-Schrein im Horijushi-Kloster in Nara beschäftigen, dessen eine Seite mit einem wundervollen Bild des mystischen Berges Meru geschmückt ist. Von sich windenden Drachen umgeben, die um seinen Fuß kreisen, ragt der Berg in vier Stufen wie ein ausladender Tannenbaum zum Himmel empor, wo zwischen zwei Scheiben, die offenbar Sonne und Mond darstellen, geflügelte Wesen und gute Geister auf dem Rücken von Vögeln umherschweben. Unterhalb der untersten der Stufen oder Felsplateaus, auf denen jeweils Buschwerk sprießt und Pavillons stehen, ist ein kleiner Tempel zu sehen, in dem Buddha zwischen zwei Jüngern oder Bodhisattvas auf einem Thron sitzt.

Auf jeder Seite dieses unterirdischen Tempels steht ein Vogel mit ausgebreiteten Schwingen – vielleicht ein Phönix –, umgeben von einer unterbrochenen Linie. Anscheinend ist hier die alte indogermanische Vorstellung eines rotierenden Universums in die Sprache des Buddhismus übertragen worden. Aber wenn wir uns schon an das Vishnu-Urbild des Berges Meru, um den Sonne und Mond kreisen, erinnert fühlen, kommt uns dann nicht auch das keltische Volksgut in den Sinn – die kreisende Insel Malduins und die Festung des Sonnenhelden Curoi, vor allem aber die kreisenden Burgen aus *Der Aventiure Crone* des Heinrich von dem Türlin[7] und dem *Perlesvaus?* Nicht minder denken wir an den Gralstempel, den Albrecht von Scharfenberg mit soviel Phantasie und Können in seinem Werk *Jüngerer Titurel* ausmalt; seine Kuppel ist mit blauen Saphiren bedeckt und von leuchtenden Karfunkelsteinen übersät, und davor nehmen Sonne und Mond ihren Lauf, als hielte sie ein verborgener Mechanismus in Gang (siehe Kap. 4). Auch an die magische Säule im verzauberten Schloß der Orgeluse aus Wolframs *Parzival* wird man erinnert, von der er selbst behauptet, Klingsor habe sie aus Indien mitgebracht – aus dem Land des Feirefiz.

Auffälligerweise gibt es in der Legende von »Priester Johannes« ein ähnliches Bild. Der sich drehende Palast und Tempel, die in dieser Legende den Terrassenbau wie das Firmament krönen, sind folglich nicht unbedingt den astrologischen Monumenten der Babylonier vorbehalten. Was die runde Artustafel betrifft, die sich laut F. Kampers[8] ebenfalls drehte, so können natürlich auch die arabische und babylonische Kosmogonie oder semitische Legenden über den sagenhaften Schatz König Salomos bei der Entwicklung des Gralsromans eine Rolle gespielt haben; aber je vertrauter wir mit der Entwicklung der Kunst des Nordens und Persiens werden, um so deutlicher tre-

ten die verborgenen indoeuropäischen Wurzeln zutage und vielleicht sogar *noch tiefere Wurzeln*, von denen die Bildvorstellung herrührt. Womöglich war es keineswegs bloß künstlerisches Genie, aus dem heraus Scharfenberg sich seinen Gralstempel als rundes, strahlendes Gebäude ausmalte.[9]
Auch der Einfluß der Templerarchitektur mag sich geltend gemacht haben, aber wir kommen trotzdem unweigerlich auf die armenischen Kuppelkirchen zurück und von da auf die persischen Feuertempel. Wie diese inmitten eines heiligen Gartens oder Paradieses gedacht wurden, ist sehr wahrscheinlich an der Verzierung sassanidischer Teller zu erkennen.[10] Es ist durchaus möglich, daß die Idee, das angebetete Symbol mit einer rituellen Kreisprozession zu umgeben, letztlich einem religiösen Urzustand des menschlichen Bewußtseins entspringt. Andererseits ist darauf hingewiesen worden, daß diese Drehbewegung im arischen Ritual, ebenso wie Verweise in den Veden auf die 30-Tage-Dämmerung, wohl auf den arktischen Ursprung der nordischen Völker in der Zwischenzeit hindeuten können.[11] (Der Begriff »nordisch« sollte hier nicht politisch mißverstanden oder nur auf indoeuropäische Stämme bezogen werden. Er umfaßt ebenso die »amer-asiatischen« und die »atlantischen« Rassen, die schon vor ihnen nach Süden gezogen sind. Daher gibt es beispielsweise gewisse »nordische« Tendenzen in der Kunst und Kultur Ägyptens.)
Im hohen Norden, wo die Sonne nicht am Himmel emporsteigt, sondern wirklich *um* die Erde[12] wandert und dann sechs Monate lang der Dunkelheit Platz macht, ist die Dämmerung nicht etwas, das jeden Tag beobachtet werden könnte, sondern kündigt eine ganze Jahreszeit an. Dort ist der Sonnenaufgang vielleicht tatsächlich gleichbedeutend mit der physischen und spirituellen Wiedergeburt. Unter Umständen sind es solche unbewußten Erinnerungen, von denen in den Veden die Rede ist:

> Sie, die Tochter des Himmels, ist danach erschienen, die Jungfrau in weißen Gewändern... Sie folgt dem Lauf der Dämmerungen, die vergangen sind, erste der endlosen künftigen Dämmerungen... steht auf. Das lebendige Leben ist zu uns gekommen, die Dunkelheit ist gewichen, das Licht kommt. Sie hat den Weg der Sonne überlassen. Wir sind da angekommen, wo die Menschen ihr Leben verlängern.[13]

Nebenbei bemerkt wird die altenglische Göttin des Frühlings, Eostre, gelegentlich mit der arischen Göttin der Morgenröte gleichgesetzt.

Wie dem auch sei, mit Gewißheit läßt sich sagen, daß noch lange nach den Wanderungen südwärts und dem Wechsel zur täglichen Wiederkehr des Phänomens die Vorstellung von der aufgehenden Sonne mit solcher Intensität erhalten blieb, daß selbst die Christenheit sie von den Persern übernahm: »Beim Auflodern der Morgenröte, wenn weit die Tore des Himmels sich öffnen... erhebt sich der Erlöser im fernen Osten, der Quelle und Wohnstätte des Lichts.«

Es ist durchaus möglich, daß die Sonne, das Licht, die strahlende Helle, wirklich als Quelle des Lebens selbst empfunden wurde.

Zuerst sind solche Ideen wahrscheinlich nur in abstrakten Sinnbildern zum Ausdruck gekommen. Mit der Zeit nehmen sie jedoch anthropomorphe Formen an, die Sonne wird zur Gottheit – Surya, Mitra, Vishnu. Aber die Urvorstellungen halten sich. Das Licht, die Sonne, ist jetzt etwas Greifbares, um das sich kämpfen läßt, das zu Heldentaten herausfordert. Indra stiehlt den nahrungspendenden Suppenkessel, und Artus zieht mit seinen Rittern nach Annwn, ins Land der ewigen Jugend, um den perlengeschmückten Kessel zu erlangen, der neben anderen Qualitäten auch die eines nie versiegenden Füllhorns haben soll. In den Veden wird geschildert, wie Indra den Gandharva in den grenzenlosen Weiten des Himmels durchbohrt, um Nahrung für seine Anbeter zu erhalten. »Aus den Bergen schoß er, sein Ziel die fertig gekochte Suppe. Indra schoß den niemals fehlenden Pfeil.«

Aus den Quellen im keltischen Land der Jugend sprudeln Wein und Met. Im vedischen Sonnenreich fließen ebenfalls nicht nur Milch und Suppe, sondern auch Met. Er wird allerdings oft als Soma bezeichnet – der Trunk der Götter. »Wo Vishnus höchster Schritt hinführt, dort liegt der Metbrunnen. Möge ich an diesen teuren Ort gelangen, wo Menschen, den Göttern ergeben, sich gütlich tun (trunken werden); sie, die Trinkbrüder dessen, der große Schritte macht.«

Der dritte oder »höchste« Schritt Vishnus, von dem in den Veden so häufig die Rede ist, hat zu vielen Spekulationen Anlaß gegeben. Sehr wahrscheinlich beziehen sich die drei Schritte eher auf kosmische Regionen als auf die Tageszeit. Die folgende vedische Hymne regt zu Vermutungen an. (Indu ist eine oft gebrauchte Bezeichnung für Soma.)

> Wo das Licht nie erlischt, in das Reich, wo die Sonne ihren Sitz hat, zu dieser unsterblichen Welt bring mich, Pavamana; fließe, Indu, für Indra.
>
> Wo Vivasvats Sohn König ist, wo die innere Kammer der Sonne ist, wo die ewigen Wasser sind, dort mache mich unsterblich; fließe, Indu, für Indra.
>
> Wo im dritten Himmel, in der dritten Sphäre, die Sonne nach ihrer Lust wandelt, wo die Gefilde von Licht erfüllt sind, dort mache mich unsterblich; fließe, Indu, für Indra.
>
> Wo Sehnsucht und Begierde gestillt sind, dort, wo das Gefilde der Sonne ist, wo Entzücken und Wohlergehen zu

> finden sind, dort mache mich unsterblich; fließe, Indu, für Indra.
> Wo Freude und Lust herrschen, Frohsinn und Glückseligkeit, wo die Wünsche des Wünschenden erfüllt werden, dort mache mich unsterblich; fließe, Indu, für Indra.

Wir sind sicherlich im »Land der ewigen Jugend«, das Wolfram von Eschenbachs Beschreibung des Grals entspricht als »*Wunsch von Pardis, ... Erden Wunsches überwal*« (des Paradieses Vollkommenheit..., die der Erde Vollkommenheit übertraf).
Der Somatrank ist oft mit dem Mond in Verbindung gebracht worden (abgesehen davon läßt aber nichts in den Veden auf einen Mondkult schließen). Wir haben jedoch gerade vom Soma im Zusammenhang mit Vishnus, des Sonnengottes, »höchstem Schritt« gelesen, und dieses Bild ist ein deutlicher Hinweis auf das *innere Reich der Sonne*. Vishnus höchster Schritt bezieht sich demnach wohl auf das unsterbliche Reich des Lichts – und damit im Grunde auf ein Land der unsterblichen Toten.[14] Das läßt sich aus der Tatsache ableiten, daß der Soma von den Gandharvas bewacht wird, seltsamen Geschöpfen, die Vogel- oder Tiergestalt annehmen können und die zugleich die Schar der Totengeister repräsentieren.

II

Nach und nach treten die Übereinstimmungen zwischen der alten indoeuropäischen Vorstellungswelt und dem Gral immer deutlicher hervor. Das Land der Unsterblichkeit, in dem jeder Wunsch erfüllt wird, wo die Gandharvas (sie erinnern uns an den »Vogel«-Vater Invoneks, außerdem denke man in diesem

Zusammenhang an Lohengrin) für das »heilige Gefäß« verantwortlich sind: die Sonne, vielleicht aber auch den Mond (in der Gralssage ist ebenfalls oft von zwei Gefäßen die Rede).
Sogar die Lanze hat ihren Platz, denn Indra, der Sonne und Soma stiehlt, führt nicht nur Blitz und Pfeil, sondern auch den Speer. Er wird von Maruts begleitet, einer flinken Schar junger Leute in schimmernder Rüstung, die oft als Sturmwinde gedeutet werden, aber auch wie die Gandharvas[15] als Geister der Toten.
Jessie Weston interpretiert sie natürlich mit Nachdruck als Helfer Indras, die durch Öffnen der Schleusen das Land fruchtbar machen. In ihrem traditionellen Tanz (den Priester rituell darstellen) sieht sie den Keim für den volkstümlichen Schwerttanz und sogar Elemente für die Urform der Gralsritterschaft. Gewiß ist die Fähigkeit Indras, Regen zu machen, von größter Bedeutung für die Bewohner der Ebenen gewesen, und es könnte durchaus gerechtfertigt sein, Schritt für Schritt eine Theorie des Gralsromans zu entwickeln, in deren Mittelpunkt das wüste Land steht, nur ist das Problem damit noch immer nicht gelöst. Wie sie selbst zugibt, ist das Thema des wüsten Landes in manchen Versionen der Gralssage von nebensächlicher oder, wie in Wolfram von Eschenbachs *Parzival*, von gar keiner Bedeutung. In dessen Text klingt allerdings etwas an, das vielleicht den Überrest eines ursprünglichen Ersatzmotivs darstellt. Zuerst einmal weist, wie sie feststellt, die Art der Verwundung des Anfortas, deren Sexualsymbolik Wolfram von Eschenbach mit keinem Wort beschönigt, auf ein Fruchtbarkeitsmotiv hin, das ihre Theorie unterstützt. Zudem wirft vielleicht ein weiterer Punkt in Wolframs Text, der große Verwirrung unter den Gelehrten gestiftet hat, ein neues Schlaglicht auf die Frage, nämlich die Behandlung der Wunde.
Die heftigen Schmerzen der Wunde Anfortas' verschlimmer-

ten sich durch Frost bis zur Unerträglichkeit. Nun hat anscheinend kein Geringerer als Hillebrandt die Auffassung vertreten, daß zu der Zeit, da die vedischen Völker noch in kälteren Gebieten wohnten, Indra ein Sonnengott war, der bei Anbruch des Frühlings *das Eis zum Schmelzen* brachte. So betrachtet ergibt die merkwürdige Idee, Anfortas den Speer (Indras Waffe) auf die Wunde zu legen, um die Schmerzen zu lindern, einen gewissen Sinn, denn Bruchstücke der alten Überzeugungen flossen in die mittelalterliche Alchemie und in das Brauchtum ein, wie Suhtschek ausgeführt hat (auf dessen Theorien wir später noch zurückkommen werden); noch heute wird ein ähnliches Ritual von den Einwohnern Sistans zur Behandlung der Pest durchgeführt.

Die Figur des Fischerkönigs hat ebenfalls eine Flut von Spekulationen ausgelöst. Auch wenn man mögliche Einflüsse durch babylonische, semitische, christliche und hellenistische Legenden anerkennt, bleibt dennoch die Verwandtschaft zwischen dem Gralsfischer einerseits und indoeuropäischen und buddhistischen Metaphern andererseits erstaunlich. Der goldene Fisch ist zum Beispiel ein Sinnbild des ersten Avatars, der ersten Inkarnation Vishnus. Im Mahayana-Buddhismus Tibets symbolisiert der goldene Fisch die Kostbarkeit der Wesen im Samsara, die von der Unwissenheit befreit werden müssen; im Meer des Samsara versunken, werden sie vom Fischer ans Licht der Befreiung gezogen. Allerdings habe ich wieder einmal durch einen der Schätze des buddhistischen Japans[16] eine noch tiefere Sinnebene dieses Symbols gefunden. Hier stoßen wir auf die wirkliche Gestalt des Fischers, die mitten im Meer treibt, das wie ein großer, von baumbestandenen Felsufern gesäumter See die zentrale, den Berg Meru darstellende Hauptfigur umgibt. Wie in den bildhaften Vorstellungen vom Gral bilden die Unterweltlandschaft und der Fischer eine Einheit.

Wir haben demnach eine Gruppe von immer wiederkehrenden Motiven, die mit der zentralen Idee des *lebenspendenden Lichts* zusammenhängen: das Sonnengefäß (den Kessel oder Topf) und die Waffe, die zur Rückeroberung verwendet wird, den kosmischen Berg und Baum in einer geheimnisvollen Landschaft, wohin sich das Licht zurückzieht und wo sich auch der Quell der Unsterblichkeit befindet. Verlangen und Sehnsucht nach einem glückseligeren, höheren Seinszustand nötigen zu einer Suche nach diesem geheimnisvollen Reich, das offensichtlich mit dem Land der unsterblichen Toten assoziiert wird (siehe auch Kap. 1). Auch in Nonnos' Beschreibung der Argonauten ist das Bild zu finden: eine Schale (der Himmel oder Himmel und Sonne) schwebt über dem erleuchteten Baum auf dem kosmischen Berg. Manchmal wird aus dem Sonnengefäß auch ein Sonnenschiff.
Fruchtbarkeit und Sexualität bilden zweifellos einen integralen Bestandteil dieser Motive, doch könnte man im erstgenannten nicht auch eine latent vorhandene Sehnsucht nach dem Transzendenten sehen, die ihren Ursprung in der Neigung der »nordischen« Kunst (vom keltischen Westen bis zum asiatischen Osten) zur Abstraktion, zu Grenzenlosigkeit und einer symbolischen Sicht der Landschaft hat? Schon auf einer Silberschale aus Maikop, Kurgan (Südrußland)[17], die zwischen dem 3. und 2. vorchristlichen Jahrtausend entstanden sein dürfte, sind wilde Tiere in der uns bereits bekannten kreisförmigen Anordnung in einer symbolischen Landschaft mit Berg, Baum und Wasser abgebildet. Vielleicht sind diese Bilder einfach durch das Wesen von Völkern begründet, die die Hälfte des Jahres im Dunkeln verbrachten, wenn auch nicht in der extremen Kälte, von der die Polarregionen seit der zweiten Eiszeit heimgesucht werden. Als sie durch klimatische Bedingungen und andere Faktoren zu wiederholten Wanderungen südwärts

gezwungen waren, haben sich ihre Vorstellungen vielleicht allmählich in (allerdings noch weitgehend abstrakten, symbolischen) Tier- und Pflanzenformen niedergeschlagen, um in dem Maße, wie sich die Wandernden mit anderen Rassen mischten, die im Unterschied zu ihnen anthropomorphe Formen in Religion und Kunst hatten, menschliche Züge anzunehmen. Dennoch verbirgt sich hinter der danach einsetzenden Entwicklung systematisierter Religionen und der verschiedenen Ausformungen des Fruchtbarkeitskults weiterhin die Sehnsucht nach dem Licht. Die alten Bilder bleiben erhalten, einmal, wie im indoeuropäischen oder im keltischen Mythos, im Raub des Sonnengefäßes und der Suche nach einem paradiesischen »Land der Jugend«; oder, wie nach der Verschmelzung mit syrisch-phönizischen Mysterien, mit Sexualsymbolik und mit dem sterbenden Gott, in einer Bekehrung zum Christentum. Nachdem das Mysterium vom heiligen Gral daraus geworden war, konnten sogar christliche Relikte eingeführt werden, indem Kelch und Speer mit Gegenständen der Passion Christi gleichgesetzt wurden.

Es ist jedoch nicht abzuleugnen, daß Wolframs Gral von diesem Bild abweicht. Sein Gral ist ein Edelstein – ein strahlendes Juwel. Aber ist der Edelstein nicht auch ein Sonnenemblem? Wir treffen ihn im Baum des Lebens an – dem erleuchteten Sonnenbaum. Wir finden ihn in den drei Edelsteinen im Helm Vishnus und vor allem im buddhistischen *Padma mani* – dem Kleinod im Herzen des Lotus, das seinen Ursprung in der Sonne hat. Auch er führt zu einer Gnosis und zur Befreiung; offenbar handelt es sich hier um die indo-iranische Vorstellung. Damit liegt auch die Vermutung nahe, daß das Wesen des Grals nicht allein durch den ursprünglichen Fruchtbarkeitsaspekt bestimmt wird, sondern daß dieser, obgleich er integraler Bestandteil des Mysteriums ist, dem Gedanken an den strahlenden Glanz, das Licht, untergeordnet ist. Aber warum sollte ein deutscher Ritter zu Beginn des 13. Jahrhunderts die iranische statt der normalen abendländischen Fassung gewählt haben?

Friedrich von Suhtschek[18] stellte sich gegen die gesamte akademische Tradition der europäischen Literaturgeschichte mit seiner Behauptung, der Artuszyklus sei iranischen Ursprungs, und Wolfram von Eschenbachs *Parzival* und Gawains Abenteuer seien frei aus dem Persischen übertragen. Das ist eine radikale Auffassung. Ist es nicht wahrscheinlicher (und dies nachzuweisen ist der eigentliche Sinn dieses Essays), daß sich die Gralsidee in verschiedenen Formen, zum Teil bewußt, zum Teil unbewußt, aus einer längst vergessenen Quelle gespeist hat? Der Dichter reagiert auf jeden lebendigen Einfluß von außen, spürt Entsprechungen auf und erfaßt unwissentlich das archetypische Bild. Bei Wolfram von Eschenbach besteht allerdings Grund zu der Vermutung, daß er in engerer Berührung mit den orientalischen Strömungen war. Die Verbindung zum Osten war durch die Kreuzzüge, die Araber und frühere Kontakte viel stärker, als wir im allgemeinen annehmen.

Vielleicht gab es keine wirkliche »Parzivalnama«, wie Suhtschek behauptet. Aber womöglich existieren neben der erstaunlich ähnlichen manichäischen Geschichte von der »Perle«, die von der Suche und Initiation eines vaterlosen, ärmlich gekleideten Jünglings handelt, noch genügend andere persische Rittergeschichten, um die Phantasie eines europäischen Ritters zu beflügeln. Die Übereinstimmungen sind so auffällig, daß fast der Eindruck entsteht, als habe Wolfram die echte manichäische Zitadelle Kuh(Mont)-i-Sal-Chwadeha beschrieben (sein Munsalvaesche klingt genau wie dieser Name), die am See von Hamun in Sistan liegt, während Gawains Abenteuer in Klingsors Zauberschloß ein verblüffend genaues Bild der buddhistischen Klöster von Kabulistan und vor allem des Palastes in Kapisa mit seinem märchenhaften Thron auf Rollen (dem Rollbett), dem gigantischen Stupa und allem anderen zeichnet. Für uns ist es von besonderer Bedeutung, daß dieser Erdenwinkel an den Grenzen Persiens und Afghanistans nicht nur ein Schmelztiegel für verschiedene Religionen war, sondern darüber hinaus auch für Kunstströmungen, und daß ausgerechnet im Iran, wie bereits erwähnt, die mazdaistischen Vorstellungen von jenem heiligen oder geheimnisvollen Land fortleben, die als Ausgangspunkt unserer Untersuchung gedient haben. Im Iran heißt es, das Paradies habe sich durch die Gnade Gottes – das Strahlen Chwarnas – wirklich auf Erden manifestiert, und Chwarna wird im *Avesta* so beschrieben:

> Es erscheint einmal als Vogel, ein andermal als schwimmendes oder tauchendes Geschöpf, als Widder oder in anderer Tiergestalt oder es geht in die Milch einer Kuh ein. Chwarna ist die Ursache dafür, daß die Ströme den Quellen entspringen, die Pflanzen aus der Erde sprießen, daß sich Winde erheben und die Wolken wegblasen und daß Menschen geboren werden; es bringt Mond und Sterne auf ihre Bahn.[19]

Die Natur wird zum Sinnbild, immer wieder neugeboren aus dem spirituellen Born allen Lebens – »ewig sprudelnd, nie versiegend«. Der deutlichste Bezug zu Wolframs Gral liegt jedoch darin, daß dieser wie das manichäische Juwel die Qualitäten des Chwarnas selbst besitzt. Außerdem läßt sich eine Taube auf dem Manichäerstein nieder, um den Haoma-Keim zu legen, ebenso wie Wolframs Taube dem Gral eine geweihte Oblate zuträgt. (Bezeichnenderweise geschieht es am Karfreitag, am Frühlingsanfang, wenn die nordische Sonne wiederkehrt, daß die Kraft des Grals und des manichäischen Steins so erneuert wird.) Wolframs Gral besitzt außerdem die Qualitäten des buddhistischen *Cintamani*, des wunscherfüllenden Juwels – Wolframs »*Wunsch von Pardis*«. Es gibt buddhistische Gemälde einer himmlischen Jungfrau, die das freudespendende Kleinod trägt. Sie könnte gut die asiatische Schwester von Wolframs Repanse de la Schoye sein. Vielsagend ist auch, daß letztere zum Schluß das Urbild östlicher Ritterlichkeit heiratet, nämlich Feirefiz.

Zu alledem ist das manichäische Kleinod, die Perle, auch das Symbol des Mitleids. Liegt nicht in Wolframs Text Parzivals anfängliches Versagen daran, daß er die Mitleidsfrage: »König, was fehlt Euch?« nicht stellt? Er braucht Jahre, um diese durch seine Jugend bedingte Verständnislosigkeit wiedergutzumachen. Geläutert durch bittere Erfahrungen, durch seine innere Entwicklung und Selbsterkenntnis ist er endlich würdig, Gralskönig zu werden, aber, und das ist äußerst bedeutsam: Zur Erkenntnis muß letztlich ein Guru hinleiten – in diesem Fall der Einsiedler Trevrizent. Die Belehrung durch den Einsiedler spielt in Wolframs *Parzival* eine überaus wichtige Rolle. An dieser Stelle möchte ich gerne eine Entsprechung anführen, die mir ganz unabhängig von meinen Gralsforschungen in einem Buch über tibetanischen Yoga in die Augen sprang. »Diese höchste Erkenntnis oder Wahrheit ist nicht bloß durch Deduktion und Induktion erlangt worden, sondern im wesentlichen durch die Lehren des Gurus, die einem die Augen geöffnet haben für das kostbare Kleinod, das unbemerkt in Reichweite lag.«[20] Was lehrt der Guru Parzival? Demut und Selbsterkenntnis – *Datta* (Gehen), *Dayadhvam* (Mitleid), *Damyata* (Selbstbeherrschung) –, Leitgedanken in Eliots *Wüstem Land*.

Genau diese Eigenschaft fehlte dem großen Kaiser im Alexanderroman, und auch dort wurde sie als Stein symbolisiert, der vom Paradies gesandt wurde – aus dem Land, mit dem wir inzwischen bestens vertraut sind: »Gehe hin und sage Alexander, daß er vergebens das Paradies sucht; all seine Mühe ist umsonst, denn der Weg zum Paradies ist der Weg der Demut, ein Weg, von dem er nichts weiß.«

Zweifellos kommen Einflüsse aus dem Osten durch die Araber und die Kreuzzüge, aber den direkten Schlüssel zu Wolframs Gral hätten wir wahrscheinlich, wenn wir das Rätsel um den vieldiskutierten Kyot, den Wolfram als Quelle anführt, lösen könnten. Die Existenz dieser mysteriösen Person ist von vielen bezweifelt worden, die darin nur eine Tarnung des Urhebers Wolfram sehen, der mit einer eigenständigen Bearbeitung einer anderen Quelle nach mittelalterlicher Auffassung eine unverzeihliche Sünde begangen hätte. Ist denn nicht der eigentliche Beweis für die kreative Phantasie die Vitalität und poetische Kraft, mit der er sowohl den Handlungsverlauf als auch die Symbolik dargestellt hat, so daß sie durch ihn, auch wenn sie einen orientalischen Ursprung haben, ein leidenschaftliches Loblied auf die Ideale der westlichen Ritterschaft geworden sind?[21] Wer war Kyot? Ein Armenier, wie Suhtschek vermutet? Oder, wie Wolfram selbst behauptet, ein Provenzale und damit aus einer Gegend, die gewiß auch den Languedoc einschließt? Dort ist das Land der Albigenser, ein Gebiet, das erfüllt ist von den Vorstellungen der Manichäer und von den Einflüssen arabischer Sufis, die über die Pyrenäen hereinkamen. Sicher sind dort viel leichter Legenden entstanden und auf einen fruchtbaren Boden gefallen, auf dem sie sich gut entwikkeln konnten, vielleicht nicht nur literarisch, sondern sogar als Kult. Wenn Jessie Weston recht hat mit ihrer Überzeugung, daß im römischen Britannien ein Attis-Mithras-Kult um den Gral blühte, dann könnte ein manichäisches Mysterium, das

ursprünglich aus ähnlichen Quellen stammte, wie wir gesehen haben, noch leichter Einlaß in die Zitadellen und weitläufigen befestigten Grotten der Ariège gefunden haben.
Otto Rahn[22] hält die Katharer-Zitadelle Montségur für die Gralsburg. Ein Kult, in dessen Mittelpunkt die Zitadelle von Montségur stand, hätte jedoch eigentlich erst nach Kyots Geschichte entstehen können, statt ihr vorauszugehen, denn erst in den Jahren unmittelbar vor dem schrecklichen Kreuzzug gegen die Albigenser wurde die alte Ruine wieder als Katharer-Zitadelle instand gesetzt. Wenn sie als Gralsburg galt, dann höchstwahrscheinlich aus einem Wunschdenken heraus, in dem sich bitterste Notwendigkeit und in Mode gekommener ästhetischer Snobismus mit der Sehnsucht eines überzivilisierten Volkes nach spiritueller Erneuerung mischten. Doch Ehrgeiz, menschliche Schwäche und Leidenschaft können die heftige Sehnsucht des Geistes nicht auslöschen. Die Suche bleibt bestehen. Noch immer geistert der Gralsträger von Montségur durch die Phantasie der Pyrenäenbauern – in Gestalt der Eclarmonde, womöglich einer Synthese zweier Eclarmonden, deren eine die große Katharer-Äbtissin war, die Montségur dem Kathareglauben öffnete, während die andere als Märtyrerin auf dem Scheiterhaufen starb.
Ist es reiner Zufall, daß die Eclarmonde der Legende nicht stirbt, sondern in die Berge Asiens gebracht wird? Und hat sie nicht Ähnlichkeit mit der Figur der Repanse de la Schoye, wie sie ein jüngerer deutscher Dichter, Albrecht Schaeffer, in seinem Gralsgedicht wiederauferstehen läßt:[23]

Die ist Titurels, des Alten, Tochter;
Trägerin des Grals, lebt in ewiger
Jugend durch den Duft in dem Gemache
bis die Tochter eines neuen Königs

ihr die Bürde abnimmt und die Würde,
stirbt am Ende schmerzlos; wird geboren
augenblicks an andrer Erdenstelle;
heißt Beate oder auch Renate[24],
lebt mit Menschenlos; zu lieben leiden
ohne Wissen eingedenk der Heimat
und des Einhorns und des reinen Dienstes,
keusch wie keine; endlich stirbt sie gänzlich.

Tatsächlich gibt es zahllose Berührungspunkte zwischen dem Manichäismus von Montségur[25] und Wolframs Gral. Das wurde zum Beispiel deutlich, als man Tontauben in der Pyrenäen-Zitadelle fand. Wie wir festgestellt haben, war die Taube sowohl mit Wolframs Gral als auch mit der manichäischen Perle eng verknüpft. Sie war auch das Wappen von Wolframs Templeisen, wie er seine Gralsritter nannte. Nebenbei bemerkt erinnert diese Kriegerkaste, die sich dem Anschein nach im Widerspruch zum Pazifismus der Katharer befand, an das, was in der *Bhagavadgita* über das Kriegertum gesagt wird. Sehr aufschlußreich für unsere Untersuchung wäre es auch, wenn die Frage des Manisolas, des Geheimfestes der Katharer, geklärt werden könnte. Handelte es sich dabei vielleicht um ein mystisches Mahl, wie es Jessie Weston bei ihrem Attis-Mithras-Kult vermutet? Eine Antwort ließe sich nur finden, wenn man einmal andere Feste aus dunkler Vergangenheit untersuchte – die arischen Totenfeiern. Dann würde sich der Kreis wieder schließen, zurückführen zum Gefilde des Lichts, dem Land der ewigen Jugend, der abgeschiedenen Geister.
Wir müßten auch die Berichte prüfen, denen zufolge die Gebeine der Katharer strahlenförmig in einem Kreis liegend aufgefunden wurden, was auf Übereinstimmungen nicht nur mit den umlaufenden, strahlenförmigen Elementen in der Kunst

schließen läßt, von denen mehrfach die Rede war, sondern auch mit tantrischen Bildern, in denen C. G. Jung die magische Kraft der Archetypen entdeckte. Vielleicht können wir wirklich nur durch das eingehende Studium der immer wiederkehrenden Gralsvorstellungen die außerordentlich schöpferische Kraft einer Symbolik erfassen, die uns seit Tausenden von Jahren gefesselt hält und die uns, wenn wir sie recht verstehen, zur Erkenntnis der verborgenen Einheit von Ost und West leiten kann.[26]

Der Gralsweg ist der Weg der Selbsterkenntnis, der Bejahung des Schattens. Im Dualismus der Welt der Erscheinungen ist die vom primitiven nordischen Menschen gefürchtete Dunkelheit, die durch die nächtliche oder halbjährliche Abwesenheit der Sonne entsteht, nicht abzuleugnen, aber sie läßt sich transzendieren. Der Weg, ob er nun durch die Düsterheit eines keltisch-hellenistischen Rituals führt, das den Tod vorwegnimmt, über okkulte alchemistische Forschungen nach der im Herzen der Materie schlummernden göttlichen Essenz (die in Wolframs *Parzival* Flegetanis repräsentiert) oder über die Läuterungsstufen einer manichäischen Gnosis, hat stets das gleiche Ziel – die Befreiung und damit den Übergang von der Dunkelheit in ein Reich des Lichts, des höheren Bewußtseins, in dem der Geist ungehindert aufscheinen kann und noch ewiger erstrahlt als die nie verlöschende Sonne des kosmischen Firmaments oder das mystische Kleinod, das den Weltenberg krönt, wo der Mensch, die Grenzen des Jenseitigen durchbrechend, schließlich ins heilige Land eintritt, um im Ebenbild Gottes sein wahres Selbst zu erkennen.

Eine eingehendere Beschäftigung mit der Gralssage könnte vielleicht wirklich eine Vorstellung von der Einheit zwischen Ost und West geben, die Wolfram von Eschenbach und viele seiner Zeitgenossen wahrnahmen und der er in der Gestalt des

Feirefiz, Parzivals Halbbruders, leidenschaftlichen Ausdruck verlieh. Wäre dieser Geist nicht in den nachfolgenden Jahrhunderten immer mehr geschwunden, die Welt wäre wahrscheinlich nie in ihren jetzigen Engpaß geraten.

ANMERKUNGEN

1 Doubleday Anchor Books, New York 1957.

2 Wauchier knüpft mit seinem *Perceval* nach ihrer Auffassung an eine frühere Fassung als die Chrétiens an.

3 R. S. Loomis: »The Spoils of Annwn« aus *Proceedings of the Modern Language Society of America*, Dezember 1941.

4 Joseph Strzygowski: *Spuren indogermanischen Glaubens in der bildenden Kunst*; Heinrich Glück: *Die christliche Kunst des Ostens*, Cassirer, Berlin 1923. Beide Bücher führen zahlreiche Beispiele für die »Paradies«-Symbole an.

5 Franz Kampers: *Das Lichtland der Seelen und der Heilige Geist*, Köln 1916.

6 Strzygowski: *a.a.O.*, Tafel 127. Zitiert von L. D. Barnett in: *The Heart of India*, Murray, London 1924, S. 65 f.

7 Ein merkwürdiges Sammelwerk aus Artus- und Gralsromanen des im 13. Jahrhundert lebenden deutschen Dichters Heinrich von dem Türlin; die Hauptgestalt des Werkes ist Gawain.

8 Kampers: *a.a.O.*

9 Strzygowski: *a.a.O.*, Tafeln 205–207; sie geben S. Boisserées architektonische Rekonstruktionen wieder.

10 *Ebenda*, Tafel 19.

11 B. G. Tilak: *The Arctic Home of the Vedas*, Poona 1903; Biedenkamp: *Der Nordpol als Völkerheimat*, Jena 1906.

12 Strzygowski vertritt die Auffassung, daß die arkadenartige Halbkreisform der hochgotischen Altarnische durch die unbewußte Fortdauer jener ursprünglichen Vorstellungen bedingt ist.

13 E. Thomas: *Translations from Vedic Hymns*, Murray, London 1923.

14 In Heinrich von dem Türlins *Der Aventiure Crone* wird die Gralsburg als Totenreich beschrieben.

15 Leopold von Schroeder: *Die Wurzeln der Sage vom heiligen Gral*, Wien 1910.

16 Abbildung eines Bronzespiegels aus dem Schatz von Shosoin im Todaiji-Kloster zu Nara aus J. Strzygowski: *Dürer und der nordische Schicksalshain*, Heidelberg 1937, Tafel 47.

17 Strzygowski: *a.a.O.*, Tafeln 11 und 123.

18 »Wolfram von Eschenbachs Reimbearbeitung des Parzivalnama« in *Klio Nr. 25* sowie »Die Parzivalnamaübersetzung« in *Forschung und Fortschritte 10*.

19 *Asiens Miniaturenmalerei* von Strzygowski in Zusammenarbeit mit Heinrich Glück, Stella Kramrisch und Emmy Wellerz, Klagenfurt 1933.

20 W. Y. Evans-Wentz: *Tibetan Yoga*, Oxford University Press, London 1927.

21 Eine aufrichtige Würdigung von Wolframs Dichtkunst findet sich in Margaret Richeys *The Story of Parzival and the Grail*, Blackwell, Oxford 1935.

22 Otto Rahn: *Kreuzzug gegen den Gral*, Freiburg 1933.

23 Albrecht Schaeffer: *Parzival*, Leipzig 1922.

24 Die Heldin in A. Schaeffers Roman *Helianth*, Insel, Leipzig 1922; sie wird mit Echnaton in Verbindung gebracht, dem häretischen ägyptischen Pharao Amenophis IV.

25 Samuel Singer hat in seinem Buch *Wolfram und der Gral:*

Neue Parzival-Studien, erschienen 1939 bei Herbert Lang in Berlin, auf den manichäisch-häretischen Einfluß bei Wolframs »neutralen Engeln« hingewiesen, und auch Rolf Schröder befaßt sich in seiner Arbeit *Die Parzivalfrage*, München 1928, eingehend mit dem manichäischen Problem.

26 Die Beziehung zwischen keltischen Vorstellungen und einem idealisierten Byzanz spiegeln die Gedichte von Charles Williams wider: *Taliessin Through Logres* und *The Region of the Summer Stars*, D. S. Brewer, Cambridge 1982.

3

DIE ALCHEMISTISCHE VERWANDLUNG IN GESCHICHTE UND SYMBOLIK

Adam McLean

Immer wieder werden wir in diesem Buch das Motiv der Verwandlung antreffen, so auch beim Gral selbst, der auf geheimnisvolle Weise fünf verschiedene Formen annimmt (»wovon nicht gesprochen werden darf«), bis er zuletzt die Gestalt des Kelchs hat. Diese Vorstellung, die das tiefste Geheimnis des Grals in sich birgt, daß er Dinge zu sich selbst zu formen vermag, ist lange mit den Geheimnissen der spirituellen Alchemie in enge Verbindung gebracht worden. Die innere Wandlung, die sich im geheimen Reich der Gralsritter vollzieht, tritt zugleich in der Außenwelt sichtbar zutage und bestimmt den Lauf der Geschichte mit, wobei nicht ein einziger Aspekt der Schöpfung unverändert bleibt.

In einem engen Zusammenhang mit diesem alchemistischen Prozeß ist die Bedeutung des esoterischen weiblichen Prinzips innerhalb der exoterischen Gestalt des Christentums zu sehen, ein Thema, zu dem wir noch öfter zurückkehren werden. Es gibt nämlich Parallelen – einige werden hier aufgezeigt –, die auf eine neue, durch die Kraft des Grals begründete transsexuelle Polarität hinweisen. Diese kosmische Alchemie ist es, der sich die Suchenden widmen müssen, und diese Erkenntnis ist von äußerster Wichtigkeit, wenn die Bedeutung des Grals für die heutige Zeit verstanden werden soll.

Das Gralsmysterium ist innig mit der Entwicklung des Christentums verknüpft. Als esoterischer Quell labte es einst diejenigen, die über die äußeren Rituale und Lehren der Kirche hinaus tiefer eindrangen. Noch heute ist das Gralsmysterium eine Quelle der Inspiration für den mystisch orientierten Kern der Christenheit, während die Kirche als äußerer Vertreter des christlichen Gedankens bei ihrem einseitig erstarrten Dogmatismus bleibt. Das Gralsmysterium mit seiner inneren Suche färbt auf alle ab, die ihm begegnen, denn es besitzt noch immer geheimnisvolle Verwandlungskräfte.

Das äußerliche Christentum der Kirche hat feste Normen für die Geistlichkeit und den Laienstand geprägt, unveränderliche Richtlinien, die den Geist in feste Bahnen lenken sollen. Diese äußeren Strukturen, durch lange Tradition erstarrt und ausgehöhlt, sind nunmehr Ketten und Gußformen, in die lebendige Seelen hineingepreßt werden. Die äußeren Rituale und geistigen Übungen der institutionalisierten Kirche, die Gebete, Lieder und Moralpredigten wirken auf die suchende Seele leblos und leer. Und doch ist dem Christentum ein sonderbarer Funken geblieben, ein Geheimnis, das die Seele noch immer verzaubert und magisch anzieht. Unter der äußeren Hülle, der verhärteten Schale, glüht ein spirituelles Licht, vermag ein dunkel zu ahnendes Geheimnis doch noch die Seele zu fesseln – das Mysterium des Grals.

Dieses Mysterium, dieser innere Quell, ist nichts Neues, sondern ist seit undenklichen Zeiten mit dem Christentum verknüpft. Er ist ewig gegenwärtig, obwohl die Kirche die Essenz dieses Geistes einseitig verzerrt und entstellt. Wir werden es

als ein im Strom der patriarchalischen kirchlichen Tradition verborgenes weibliches Element erkennen. Diese innere Strömung, die weibliche Komponente des christlichen Mysteriums, zu finden heißt, angerührt, umgewandelt, alchemistisch verändert zu werden (siehe auch Kap. 1, 6 und 9).
Auf einer bestimmten Ebene ist der Gral also eine Kraft der Verwandlung, und ich will in diesem Essay anschaulich machen, wie diese Umwandlung in zweierlei Hinsicht wirksam geworden ist. Zunächst werde ich aus geschichtlicher Sicht nachzeichnen, wie das Gralsmysterium die äußere Form des Christentums auf mancherlei Weise umgestaltet hat – die Verwandlung in der Geschichte. Ferner möchte ich aufzeigen, wie das gleiche Mysterium sich im Bereich der Symbole ausdrückt, und die subtile Umwandlung heidnischer Archetypen in bestimmte alchemistische Sinnbilder veranschaulichen – die Verwandlung der Symbole.

Die Verwandlung in der Geschichte

Wenn wir zum Kern des historischen Christentums vordringen wollen, stehen wir vor großen Schwierigkeiten, da das Geschehen um die Person Jesu Christi und die Entwicklung des Christentums in seinem ersten Jahrhundert so unzureichend dokumentiert sind, daß die Theologen einen weiten Spielraum für Spekulationen und Kontroversen haben. Aber wie schwierig es auch sein mag, sich ein klares Bild von diesen Ereignissen zu machen, steht meines Erachtens zumindest eins mit Sicherheit fest: daß sich das Christentum als Reaktion auf die vorherrschende, streng kodifizierte jüdische Religion der damaligen Zeit entwickelte, die den Geist abtötete. Jesus Christus selbst scheint es für seine Aufgabe gehalten zu haben, die einseitig entstellte patriarchalische Religion seiner Väter umzugestalten und der Menschheit neue Möglichkeiten zu geben, sich dem Geist zu öffnen. So betrachtet, steht die sanfte, vergebende Seite des Christentums im Widerspruch zu den harten, unbeugsamen Normen der Patriarchen. Das Christentum versuchte zu Beginn, die weiblichen und männlichen Komponenten der Seele auszugleichen. Ursprünglich ging es ihm um die Aussöhnung dieser beiden Gegensätze und nicht etwa um ihre Aufspaltung oder gar um die Verleugnung oder Unterdrükkung des weiblichen Prinzips.

Sehr wahrscheinlich wäre der Ausgleich der Gegensätze Ziel des Christentums geblieben, wenn ihm nicht der Paulinismus eine andere Richtung gegeben hätte. Er führte dazu, daß das Christentum allmählich weitgehend zur Staatsreligion wurde und letzten Endes in dem Maße sein inneres spirituelles Gleichgewicht opfern mußte, wie es zum Kontrollinstrument einer patriarchalischen Gesellschaft wurde. Als sich das Christentum mit dem römischen Imperialismus verband, wandte es sich äußerlich immer mehr einer patriarchalischen Vorherrschaft zu. Damit war das innere Gleichgewicht gestört, paßte sich die Religion in ihrer äußeren Form den patriarchalischen Machtinteressen an. Die inneren weiblichen Züge des Christentums aber bekamen gezwungenermaßen esoterischen Charakter und blieben sogar den äußeren Würdenträgern der Kirche verborgen.

Das kommt sehr anschaulich in den Gralssagen zum Ausdruck. Bei Robert de Boron zum Beispiel gibt Jesus nach seiner Kreuzigung dem eingekerkerten Joseph von Arimathia esoterische Unterweisung, der daraufhin die Gralsmysterien unter dem Schutz erblicher Gralshüter einführt.

Diese Mysterienströmung eines esoterischen Christentums als Hüter der verborgenen Weisheit des weiblichen Elements bei der spirituellen Suche hat sich ein Jahrtausend erhalten, ist aber in der Geschichte nur gelegentlich und andeutungsweise in Erscheinung getreten. So ist ihr Einfluß vom 3. bis 6. Jahrhundert bei den Gnostikern erkennbar, wo der Versuch unternommen wurde, eine Religion oder zumindest Theologie zu begründen, die in mythischer Form sowohl das Weibliche als auch das Männliche der menschlichen Seele repräsentierte. Die Gnostiker schufen die Grundlagen für Mythologien, in denen Syzygien (Verbindungen von Geistwesen) als Emanationen des Göttlichen den Ausgleich zwischen den maskulinen und femininen Archetypen herstellten.

Auch bei den ketzerischen Pelagianern in Britannien ist diese innere Strömung des Christentums zu finden. Im 4. Jahrhundert entstand in Britannien eine christliche Bewegung, die die zentrale, kodifizierte Religion Roms in Frage stellte. Sie erkannte der Menschheit eine innere Freiheit, vom Heiligen Geist beseelt zu werden, zu und verärgerte damit die christlichen Patriarchen, die lieber Dekrete und Gesetze erließen und nicht an den mystischen Einsichten einzelner interessiert waren. Die pelagianische Ketzerei wurde gewaltsam niedergeschlagen. Ungefähr zur gleichen Zeit entstand in Irland und Schottland eine unabhängige Form des Christentums, die augenscheinlich weiblichere Züge besaß. Irland war so weit von der auf Rom ausgerichteten Kirche entfernt, daß es ein größeres Maß an Unabhängigkeit genießen konnte, und zudem hatten, da Irland nie unter das militärische oder zivile Joch Roms geraten war, die alten heidnischen Religionen überdauert. Das Heidnische hatte noch immer seine Macht über die Kelten und färbte entsprechend auf ihr Christentum ab. In diese Zeit fällt demnach die Verflechtung der heidnischen keltischen Religion, die in ihren Mythen das Weibliche anerkannte und zum Ausdruck brachte, mit dem unabhängigen irischen Christentum.

Die keltische Kirche sandte im 6., 7. und 8. Jahrhundert Missionare nach ganz Europa aus, und viele dieser keltischen Mönche nahmen starken Einfluß auf die Entwicklung des europäischen Christentums. Die Unabhängigkeit der irischen Christen war deutlich mit Elementen des Gralsmysteriums durchsetzt, was insbesondere durch die Anerkennung des weiblichen Prinzips im Göttlichen zum Ausdruck kommt. In den Gralslegenden, so in den Fassungen von Boron oder Chrétien, wird diese Verbindung durch Gestalten wie Merlin hergestellt, Archetypen des keltischen Heidentums, und dort ist es Merlin, der den Artusrittern die Gralssuche zum Ziel setzt.
Die Gralsmysterien mit ihrer esoterischen Einweihung in das Weibliche des christlichen Mysteriums bestanden über ein Jahrtausend im geheimen fort und bewirkten nur selten eine Bewegung an der äußeren Oberfläche der Geschichte. Wo sich die Zentren der Geheimlehre vom Gral befunden haben, ist ungewiß. Die Schriftsteller haben verschiedene Orte als das Zentrum, den »Munsalvaesche«, der geheimen Gralsschulen bezeichnet. Statt sich nun den Kopf darüber zu zerbrechen, welches dieser Zentren die »echte« Gralsburg gewesen sein könnte, macht man sich besser klar, daß die esoterische Gralstradition ziemlich weit verbreitet war und es wahrscheinlich viele solcher Geheimzentren in ganz Europa und im Mittleren Osten gab.
Das 12. Jahrhundert brachte tiefgreifende Veränderungen in der Religiosität des Abendlandes mit sich. Durch den Kontakt mit den Arabern in Spanien breitete sich in Europa eine neue Gelehrsamkeit aus. Die Araber hatten seit ihrer Eroberung des griechischen Alexandria einen Riesenvorrat alter Weisheit zusammengetragen; jetzt, etliche Jahrhunderte nach dem anfänglichen Fanatismus und religiösen Eifer zur Gründungszeit des Islam, herrschte besonders in Spanien eine Atmosphäre der

Toleranz, die arabischen Gelehrten das Privileg gewährte, sich mit alten Schriften griechischer Philosophen wie Aristoteles, den Neuplatonikern und Gnostikern zu befassen. Einiges von diesem Material gaben sie bereitwillig an europäische Gelehrte wie etwa Robert of Chester weiter, der gegen Ende des 11. Jahrhunderts aus Spanien Übersetzungen von Werken über Alchemie, Algebra, Astrologie und Mathematik mitbrachte.

Die Kreuzzüge zum Heiligen Land, vor allem die Begegnung mit Jerusalem, gaben dem westlichen Christentum ebenfalls neue Anregungen. Bei den frühen Kreuzzügen wurden christliche Ritterorden gegründet, die sich die Wiedergewinnung der verlorenen Weisheit und Reliquien an diesem alten Zentrum der historischen Christenheit zum Ziel gesetzt hatten. Besondere Beachtung verdienen in diesem Zusammenhang die Templer, die sich berufen fühlten, das alte Wissen und das geheiligte geometrische Grundprinzip des Salomo-Tempels in Jerusalem zu erhalten und wieder zugänglich zu machen. Das große Schisma von 1054, bei dem sich West- und Ostkirche an der Frage spalteten, welche Rolle der Gottessohn im Reich Gottes spielte, verschaffte der Westkirche die Freiheit, zu einem neuen Selbstverständnis zu finden. Die griechisch-orthodoxe Kirche wurde immer patriarchalischer; sie identifizierte sich mit dem Vateraspekt des Göttlichen und betrachtete den Sohn und den Heiligen Geist dem Vater untergeordnet. Die abendländische Kirche wollte lieber bei einer Theologie bleiben, in der sich Vater und Sohn die Waage hielten. Von da an konnte sich das Weibliche des christlichen Mysteriums in der griechisch-orthodoxen Theologie nach außen hin nicht mehr behaupten, wohingegen sich die abendländische Kirche eine gewisse theologische Aufgeschlossenheit bewahrte und weniger einseitig Stellung bezog.

Auch die häretischen Albigenser machten im 12. Jahrhundert

allmählich ihren Einfluß auf die Westkirche geltend. Im Mittelpunkt dieses Ketzertums stand ein grundlegender Dualismus, die Anschauung, daß die Welt böse sei und daß die Erlösung der Menschheit wie auch einzelner nur durch Entsagung von allem Weltlichen zu erlangen sei. Die Einfachheit dieses Dualismus fand viele Anhänger, so daß die Kirche sich schließlich durch die zunehmende Katharer-Ketzerei bedroht fühlte.
All diese Einflüsse hatten ihre Wirkung auf die abendländische Kirche des frühen 12. Jahrhunderts und brachten das Christentum an den kritischen Punkt, an dem es diese Strömungen in sich aufnehmen mußte, ohne davon überwältigt zu werden. An diesem Punkt haben anscheinend die esoterischen Schulen, in deren Obhut die inneren Geheimnisse des Christentums gegeben waren, die Hüter des Gralsmysteriums, gemerkt, daß die Zeit reif war, ein wenig von dem Wissen um diese Mysterien preiszugeben.

Nach diesem kurzen Geschichtsabriß wollen wir jetzt untersuchen, auf welche Weise die Gralsweisheit die äußere Gestalt des Christentums gefärbt und verwandelt hat.
Das Geheimwissen in seiner Gesamtheit, die Rituale und Praktiken der esoterischen Schulen der Christenheit, denen das Gralselement innewohnt, der weibliche Zug des Christentums, ist nicht direkt offenbart worden, sondern wurde in eine Reihe kunstvoller Sagen verwoben. Diese Sagen, die in anschaulichen Bildern die esoterischen Lehren wiedergaben, wurden nicht durch die Kirche übermittelt; sie zu verkünden oblag Dichtern und Troubadouren. Man kann sich gut vorstellen, wie sehr diese großartigen Geschichten, die nichts mit der trokkenen scholastischen Theologie, dem Beten und Psalmodieren gemein hatten, die Phantasie der Menschen beflügelten. In den Augen des Volkes zeichneten die Sagen und Legenden ein le-

bendiges Bild des in der Welt wirkenden Christentums, und mit den archetypischen Charakteren der Geschichten konnte sich jeder identifizieren. Die Leute konnten sogar kaum verhüllte Andeutungen von heidnischen Elementen darin wiedererkennen. Nach und nach fingen die Sagen an, ihre Wirkung zu tun und das Bewußtsein der Menschen zu beeinflussen und zu verändern, bis sie sich damit beschäftigten und sich dadurch dunkel an das verborgene Weibliche erinnerten, das im äußeren Erscheinungsbild der institutionalisierten Kirche nicht mehr anzutreffen war. So begann die geheime Macht der spirituellen Suche, Auswirkungen auf die vorhandene Kultur zu zeigen. Erstmalig niedergeschrieben wurden die Sagen um 1180 von Chrétien de Troyes, Robert de Boron und Wolfram von Eschenbach. Diesen dreien ist offenbar die Aufgabe zugefallen, ihren Landsleuten die Sagen in der ihnen gemäßen archetypischen Form näherzubringen. Innerhalb weniger Jahrzehnte kam eine Flut von Gralssagen auf, ein Zeichen dafür, wie weitverbreitet und wirkungsvoll die Geschichten gewesen sein müssen.

Die Gralshüter gaben eine esoterische Lehre an die Menschen weiter, verwoben in die archetypischen Bilder einer Geschichte, die, wenn sie auf fruchtbaren Boden fielen, die Seele dem weiblichen Element des Christentums zu öffnen vermochten.

Im Gegensatz dazu wurden andere Geheimtraditionen mit einer eher patriarchischen Anschauung durch die erwähnte Krise dazu angeregt, das äußere Gesicht der Kirche nach ihren eigenen Vorstellungen zu verändern. Die Freimaurer- und Templerorden des späten 12. Jahrhunderts erbauten die großartigen gotischen Kathedralen. Zugleich wurden der Kirche die esoterischen Prinzipien der Sakralarchitektur offenbart, vermutlich durch den Templerorden, der diese Prinzipien am Bauwerk des

Tempels in Jerusalem erforscht hatte – dem Tempel Salomos, der esoterischen Architektur des patriarchalischen Judentums.

Die Frühgeschichte des gotischen Kathedralenbaus ist geheimnisumwittert, denn die orthodoxe Geschichtsschreibung gibt kaum eine Erklärung dafür, welchem Impuls dieser neue Stil sakraler Architektur zu verdanken war, wie die Arbeit der Erbauer koordiniert werden konnte und wie die gewaltigen Bauvorhaben überhaupt finanziert wurden (im 12. und 13. Jahrhundert wurden gleichzeitig über hundert große Kathedralen sowie viele kleinere Abteien und Kirchen gebaut). Man muß annehmen, daß dieses Riesenprojekt von einem straff organisierten esoterischen Orden durchgeführt wurde (er stand vielleicht mit den Templern in Beziehung), der sich mit all seinen Kräften und Fähigkeiten in den Dienst der Kirche stellte.

Der Beweggrund für den Kathedralenbau war der, die institutionalisierte Kirche mit eindrucksvollen Bauwerken auszustatten, die die äußere, weltliche maskuline Macht der etablierten christlichen Religion festigten und demonstrierten. Solche männlich orientierten Kathedralen wurden oft an Stätten gebaut, wo heidnische Heiligtümer mit weiblicher Ausrichtung gestanden hatten. Das bekannteste Beispiel dafür ist Chartres mit seiner »schwarzen Madonna«, wo sich vor dem Bau der Kathedrale jahrhundertelang einer der berühmtesten, dem weiblichen Prinzip geweihten Schreine Frankreichs befunden hatte.

Als Folge dieser beiden Impulse – einmal des neuen Zugangs zum Gralsmysterium und damit zur inneren Suche nach dem weiblichen Prinzip im Christentum und zum andern des Kathedralenbaus, der die weltliche, männliche Macht der institutionalisierten Kirche festigte – trat ein innerer Wandel in der christlichen Religion ein.

Die Kirche nahm einerseits mit ihren Kreuzzügen ins Heilige Land und der gewaltsamen Niederschlagung häretischer Bewegungen wie der Katharer eine massiv maskuline Haltung an, stand jedoch andererseits unter Druck, sich dem Weg der Gralschristenheit zu öffnen. Sie mußte sich das feminine Prinzip so zu eigen machen, daß es der Kontrolle des maskulinen Prinzips unterstand. Die Lösung dieses Problems gelang dem großen Kämpen der Orthodoxie Bernhard von Clairvaux. Er rief die Christen dazu auf, sich mit einer Facette der dreifachen Göttin zu identifizieren, dem göttlichen Aspekt der Jungfrau Maria. Bernhard begründete die Marienverehrung und führte ein einfaches Ritual ein, durch das die Menschen einen Bezug zu ihr finden konnten, nämlich das Beten des Rosenkranzes, dessen Perlen einer abwechselnd an die Jungfrau und an ihren Sohn gerichteten Bitte entsprachen. Durch diese fromme Übung wurde das männliche mit dem weiblichen Prinzip versöhnt. Die Jungfrau Maria als Facette der dreifachen Göttin war allerdings eine blasse Gestalt, der, da sie von den anderen Aspekten der Göttin losgelöst war, die Urkräfte und Erdenergien der Göttin in ihrer Ganzheit fehlten, wie sie aus dem Heidentum bekannt sind. Die Kirche übernahm also das Weibliche in einer Weise, die dem Männlichen die Oberhand ließ.
Hinter diesem historischen Prozeß der äußeren Kirche ist die Verwandlungskraft des Gralsmysteriums zu erkennen – das weibliche Geheimnis mußte mit in das Kleid der Kirche verwoben werden. Doch vermochte die Gralsbewegung zum damaligen Zeitpunkt nicht, die kirchliche Religion ganz umzuwandeln, und begnügte sich bald wieder mit ihrer Rolle als innere esoterische Schule.
Im Mittelpunkt des Gralsmysteriums steht die Feier des heiligen Abendmahls. Offenbar erlebte ein Initiand die rituelle Zeremonie der Messe in einer völlig anderen, viel grundlegende-

ren und spirituell erhebenderen Form, als sie in der äußeren Kirche üblich war. Die geheiligte Macht dieses Rituals wird in den Gralssagen mannigfach beschrieben – zum Beispiel bei der feierlichen Gralsprozession im *Perceval* von Chrétien de Troyes oder im *Parzival* von Wolfram von Eschenbach wie auch in späteren Versionen, etwa der Walter Map zugeschriebenen *Queste del Saint Graal*, wo zum Schluß Galahad eine zutiefst spirituelle Ritualmesse abhält. Die Sagen betonen oft, daß der Gral tatsächlich der Kelch sei, den Jesus bei der Feier des letzten Abendmahls benutzt hätte; aber sie verbinden das Mysterium nicht einfach mit diesem Sakralgegenstand, sondern wollen offenbar deutlich machen, daß das Gralsmysterium erst durch das Zelebrieren dieser Feier fortbesteht – nämlich dadurch, daß diese Feier in der gleichen Weise begangen wird wie bei Christus.

Genau in der Zeit, als das Gralsmysterium gegen Ende des 12. Jahrhunderts der Öffentlichkeit zugänglich gemacht wurde, war eine tiefgreifende Veränderung im Ablauf der von der institutionalisierten Kirche zelebrierten Messe zu beobachten. Sie betraf die Position des amtierenden Priesters zum Altar. Zuvor stand der Priester bei der Messe hinter dem Altar mit Blick auf die Gemeinde. Seine rituellen Handlungen fanden sichtbar vor den Augen der ganzen Gemeinde statt. In den neuen Kathedrahlen mit ihrem strengen Baustil, der von der früheren Rundbauweise abwich, hatte der Altar auf einmal am hinteren Ende des Chors seinen Platz. Dementsprechend änderte sich auch die Position des Priesters bei der Messe. Fortan stand er vor dem Altar mit dem Rücken zu seiner Gemeinde, und seine Weihehandlungen waren den Menschen nicht mehr sichtbar. Das Ritual der Messe wurde zum priesterlichen Geheimnis. Später wurde der Altarraum sogar durch Schranken abgetrennt, so daß die Gemeinde noch weniger von den Weihehandlungen mitbekam. Die in der Krise befindliche Kirche machte also, um die geistliche Macht der Priesterschaft zu konsolidieren, aus der Messe ein verborgenes Mysterium. In gewisser Weise ist darin eine Reaktion auf die Offenbarung der Gralsbotschaft zu sehen, die dem einzelnen die Verantwortung auferlegt, selbst nach spiritueller Erleuchtung zu trachten. In den Sagen gelingt es nicht Kirchenmännern, den Gral zu erlangen, sondern dem törichten, unbekümmerten Perceval-Parzival, Sohn einer Witwe. Er braucht nicht die Vermittlung eines Priesters, um an der Zeremonie des Mysteriums teilzunehmen.

Die frühere Form der Messe, wobei der Priester hinter dem Altar stand und auf die Gemeinde blickte, entspricht der Tischordnung Jesu und seiner Jünger beim letzten Abendmahl und der Gralstafelrunde unter der Schirmherrschaft Josephs von Arimathia, wie Robert de Boron sie dargestellt hat (Abb. 1).

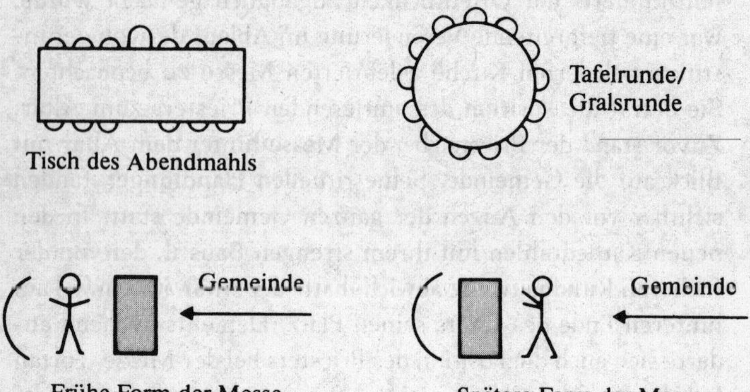

Abb. 1

Interessanterweise nimmt der Priester seit kurzem, nachdem das Zweite Vatikanische Konzil in den 60er Jahren den Ablauf der katholischen Messe reformierte, wieder die frühere Position am Altar ein.

Ich habe anschaulich zu machen versucht, wie das Gralsmysterium, in dessen Mittelpunkt das verborgene weibliche Element des Christentums sowie eine esoterische rituelle Einweihung stand, von der das Abendmahl nur ein schwacher Abglanz ist, den Lauf der Geschichte gefärbt und verwandelt hat. Die geistigen Energien dieser esoterischen Tradition durften nie offen in die Welt strömen, sondern den Gang der Ereignisse nur indirekt beeinflussen. Die Wirkung dieser geheimen Strömung ist hinter gewissen Bewegungen und Impulsen des Christentums im ersten Jahrtausend erkennbar. Im 12. Jahrhundert, als die institutionalisierte Kirche an einem entscheidenden Wendepunkt angekommen war, versuchten die Gralshüter, den Wandel innerhalb der spirituell orientierten Christenheit herbeizuführen und ließen zu, daß ihre Geheimnisse in allegorische Romane eingeflochten wurden, in die Gralssagen und -legenden. Die Kirche reagierte auf diese Herausforderung zu einer stärkeren Einbeziehung des weiblichen Mysteriums, indem sie durch den Bau der eindrucksvollen gotischen Kathedralen nach außen hin ihre maskuline Macht und ihren Einfluß in der Gesellschaft festigte und zugleich in Gestalt der Jungfrau Maria einen Aspekt der Göttin herauslöste und verehrungswürdig machte, der nichts an der Dominanz des Männlichen änderte.

Das Gralsmysterium verschwand wieder im Untergrund, wohlverhüllt in esoterischen Lehren, und wartete auf eine andere Gelegenheit, um sich offenbaren zu können. Dieser Zeitpunkt kam nach der Reformation, als das geheimnisvolle weibliche Element in der Rosenkreuzer-Bewegung des ausgehenden 17. Jahrhunderts wieder in Erscheinung trat. Die Rosenkreuzer wollten ein esoterisches Christentum innerhalb des Protestantismus errichten, der im orthodoxen Luthertum und

Calvinismus streng patriarchalisch und einseitig maskulin war, und sie wollten dadurch einen Ausgleich für dessen Unausgewogenheit schaffen. Die Rosenkreuzer-Bewegung ist demnach in einem inneren Zusammenhang mit dem Gralsmysterium zu sehen, und die spirituelle Alchemie als esoterische Grundlage des Rosenkreuzertums kann als Weiterentwicklung der Gralsbewegung betrachtet werden.

Die dem Gralsmysterium innewohnende spirituelle Kraft hat subtil und doch merklich den Gang der äußeren Ereignisse geprägt und ihn verändert. Sie hat der Menschheit stets die Augen zu öffnen versucht für die Notwendigkeit des Ausgleichs zwischen dem männlichen und dem weiblichen Element in der Religion. Im Mittelpunkt stand dabei das feminine Symbol des Gefäßes, des Kelches. Im zweiten Teil dieses Kapitels möchte ich nun darlegen, wie das großartige Sinnbild des Grals die Symbole der heidnischen Welt der Kelten verwandelte und aus ihnen in der alchemistischen Symbolik der Rosenkreuzer eine christliche Geheimlehre machte.

Die Verwandlung der Symbole

Die Gralsbewegung hat nicht nur das äußere Gesicht des Christentums verwandelt durch die Bewahrung und Wiedereinsetzung des weiblichen Mysteriums, sie hat auch nach innen gewirkt und bestimmte Symbolzusammenhänge verändert. Das zeigt sich in mannigfaltiger Weise, aber wir wollen uns hier darauf beschränken, wie der Gral fast unmerklich heidnische keltische Symbole beeinflußte und später in der alchemistischen Symbolik zum Ausdruck kam. Wir werden also lediglich die in Abb. 2 dargestellte Umwandlung untersuchen.

KESSEL ⟶	GRAL ⟶	ALCHEMISTISCHE GEFÄSSE
nach keltischer Überlieferung (1. Jtsd.)	aus Sagen und Legenden (12. Jhdt.)	insbesondere in der Geheimlehre der Rosenkreuzer (12. bis 18. Jhdt.)

Abb. 2

Bei Kessel, Gral und alchemistischen Gefäßen handelt es sich stets um weibliche Geheimsymbole. Interessanterweise hat jede dieser Traditionen drei Ausdrucksformen für jedes Symbol. Eine solche Verdreifachung des Symbols ist keineswegs unnatürlich, denn sie entspricht den drei Aspekten der Göttin als alte Frau, Jungfrau und Mutter.

In der keltischen Tradition kommen drei Kessel vor. Der Kessel von Annwn war das Gefäß der Wiedergeburt und ist ein Ursymbol, das schon in den ältesten Sagen der Kelten auftaucht. Von ihm ist in dem bedeutenden Gedicht *The Spoils of Annwn* aus der Taliesin-Überlieferung die Rede. Dort ist es das Ziel einer Suche, auf die der keltische Artus geht. Er segelt mit seiner Ritterschar auf dem Schiff *Prydwen* durch sieben Burgen und sucht den Schatz von Annwn, der »Unterwelt«. Von dem Kessel wird hier gesagt, er sei leicht erwärmt durch den Atem von neun Jungfrauen (den Musen oder Dienerinnen der dreifachen Göttin) und am Rand mit Perlen besetzt. Die innere Erfahrung des Kessels der Wiedergeburt kann nur nach der Reise durch die sieben Burgen, die verborgenen Schlösser der Gralssuche, gemacht werden (siehe auch Kap. 1). Dieser Kessel kann mit der Göttin in ihrer Gestalt als alte Frau, als Hüterin dunkler Geheimnisse, assoziiert werden. Sie ist die Calleach oder Hekate, die dunkle Göttin.

Der Kessel von Ceridwen, der ebenfalls in der Geschichte von Taliesin erwähnt wird, ist ganz anders. Er ist ein Gefäß der Inspiration, die Quelle aller uranfänglichen Weisheit. Ceridwen bereitete in ihm einen Zaubertrank, der die Essenz aller Weisheit enthielt. In der berühmten Geschichte ist es Taliesin selbst unter seinem früheren Namen Gwion, der rühren und sich um den Kessel kümmern muß. Drei Tropfen des Trankes fallen ihm jedoch auf seine Finger, und um den Verbrennungsschmerz zu lindern, steckt er sie in den Mund und nimmt die eingekochte Essenz von Ceridwens Weisheit in sich auf, wodurch er zum Eingeweihten wird, zu Talisien, dem »mit der leuchtenden Stirn«. Dieser Kessel der Inspiration entspricht dem Jungfrauen-Aspekt der Göttin als Beschützerin aller Eingeweihten.

Der dritte Kessel findet sich in vielen keltischen Sagen, ist aber wohl am besten als Kessel der Dagda bekannt. Hier ist er ein nie versiegendes Gefäß und spendet unaufhörlich geistige Nahrung. In diesem Fall steht er für den weiblichen Archetyp der Mutter und Ernährerin. Dieser Aspekt der Göttin symbolisiert ewige Fülle und Fruchtbarkeit, sowohl physisch als auch spirituell.

Die drei Kessel der keltischen Überlieferung als Gefäße der Göttin sind ferne Urelemente der keltischen Mythologie. Die drei Formen des Grals, die ihnen entsprechen, sind keine so archaischen Archetypen, sondern eher einfache Gegenstände, die mit spiritueller Energie aufgeladen sind.

Der erste Gral, der speziell in Robert de Borons Fassung der Gralssage erscheint, ist der Kelch des letzten Abendmahls, in dem Joseph von Arimathia das Blut aus den Wunden des gekreuzigten Christus aufgefangen haben soll und der dadurch von spiritueller Kraft durchdrungen ist. Während Joseph im Kerker liegt, wird ihm das Gefäß von Christus selbst gebracht, und dann wird er in der esoterischen Gralslehre unterwiesen. Der Kelch ist demnach ein Gefäß der Erlösung, das allen in sein

Mysterium Eingeweihten durch die Berührung mit dem Blut Christi zu einem Neubeginn verhilft. Das Blut ist eines der zentralen Mysterien des Christentums (siehe Kap. 10). Es ist die Essenz des Wesens Christi, das sich mit der Erde verband und für immer mit ihr vereint ist. Es ist der Bestandteil Christi, der auf Erden blieb, nachdem er leiblich auferstand. Es geht in die Erde ein und durchdringt sie, und ein Teil wurde im Gralskelch zurückbehalten, der darum für die Göttin in ihrer Gestalt als alte Frau steht, für den dunkeln Leib des Erdenplaneten.
Der zweite Gral, von dem Wolfram von Eschenbach berichtet, ist ein Stein. Im *Parzival* wird er unmißverständlich als »Stein aus Licht« beschrieben, ein Stein, der allen, die ihn besitzen, die spirituelle Erleuchtung bringt. Bei Wolfram erscheint er während einer prachtvollen rituellen Gralsprozession, einem verwirrenden Zeremoniell, das sich Parzival darbietet, der als Gast an der Tafel des Fischerkönigs Anfortas sitzt. Zu diesem feierlichen Aufzug gehören in erster Linie die Damen des Hofes, und die Königin Repanse de la Schoye trägt den Gral. Zuerst erfaßt Parzival die Bedeutung des Ritualgegenstandes nicht, vermag auch die seltsamen Lettern auf dem Stein nicht zu lesen, die doch seinen eigenen Namen formen. Er versäumt es überdies, dem Fischerkönig die Frage zu stellen, was ihm fehlt, eine Frage, die Anfortas sogleich erlösen und seine Leiden beenden würde. Bei seiner ersten Begegnung mit dem Gral versagt Parzival also, er erkennt weder seine Rolle als Gralshüter noch die Möglichkeit, den Fischerkönig von seinem Leiden zu erlösen. Der Gralsstein, der ihm in feierlicher Prozession von den Frauen vorgeführt wird, ist der Einweihungsstein in die Gralsmysterien:

> Und blickte er auf den Stein zweihundert Jahr,
> so würde doch sein Bart nicht weiß,

solche Kraft verleiht der Stein dem Menschen,
daß all sein Fleisch und sein Gebein
gleich wieder sich verjüngen,
und dieser Stein wird Gral genannt.

Dieses Initiationsmysterium hängt mit der Göttin in ihrer Gestalt als Jungfrau zusammen.

Auf den dritten Gral stoßen wir in der Version der Gralssage von Chrétien de Troyes. Hier ist der Gral ein Teller, der die Gesellschaft in der Gralsburg mit spiritueller Nahrung versorgt. In Chrétiens Fassung nimmt Perceval bei seinem ersten Besuch auf der Gralsburg an einem prächtigen zeremoniellen Mahl teil, bei dem der Gralsteller herumgereicht wird. Der alte König oder Gralshüter nimmt vom Gral nur die Hostie, von der er sich ernährt. Dieser Gral ist dem nahrungspendenden Aspekt der dreifachen Göttin zuzuordnen – der Göttin als Mutter.

Gewisse Gefäße in der alchemistischen Tradition haben ebenfalls einen Bezug zum Kessel oder Gral. In den frühen Formen der Alchemie wurden sie noch einfach als der Chemie dienliche Gerätschaften angesehen. Doch verwandelte sich die Alchemie mehr und mehr in eine esoterische Disziplin, nicht zuletzt infolge ihrer Kontakte zu solchen Geheimtraditionen wie der des Grals; dadurch erhielten diese einfachen Gebrauchsgegenstände eine andere Bedeutung und verwandelten sich schließlich in spirituelle Archetypen, in der Seele innewohnende Kräfte.

Befassen wir uns zuerst einmal mit dem Schmelztiegel. Dieses offene Gefäß wurde über dem Feuer bis zur Weißglut erhitzt und dann dazu verwandt, irgendeine Substanz darin auszuglühen oder zu Asche zu verbrennen. Dieser Prozeß diente der Läuterung einer Substanz und kann als eine Art Wiedergeburt aufgefaßt werden – von etwas äußerlich Unvollkommenem bleibt als Rückstand die Asche, die seine Essenz enthält. Einen besonderen Tiegel gab es für das Läutern oder »Scheiden« des Goldes, einen Prozeß, bei dem jedes andere Metall, von dem das Gold verunreinigt war, zu Asche oder Schlacke verbrannte. Dieser Läuterungs- oder Erneuerungsprozeß entspricht der Göttin in ihrer Gestalt als alte Frau.

Das nächste chemische Gerät, das unter die Lupe genommen werden sollte, ist der Glaskolben oder die Flasche. In diesem Gefäß mußten Substanzen eine innere Wandlung durchmachen. Oftmals versiegelte der Alchemist seine Substanzen in einer solchen Flasche und ließ sie monate- oder gar jahrelang stehen, wobei sich ein innerer Reifeprozeß vollzog. Er entspricht einer Verinnerlichung und damit dem Initiationserlebnis des Ceridwen-Kessels, ist also mit dem Aspekt der Göttin als junge Frau verbunden.

Das letzte alchemistische Gefäß, mit dem wir uns beschäftigen wollen, ist die Retorte oder der Destillierkolben. Dahinein füllte der Alchemist die Substanzen, die er durch Destillation zu reinigen wünschte. Durch die Einwirkung von Hitze wird die Essenz herausgelöst, geläutert, kondensiert und in ein anderes Gefäß abgeschieden. Der innere Vorgang, der mit diesem äußeren Prozeß einer Läuterung durch Destillation in Beziehung steht, entspricht dem Mutter-Aspekt der Göttin, da die neue, geläuterte Substanz von der »Muttersubstanz« im Destillierkolben abstammt.

Es ist leicht einzusehen, daß die drei alchemistischen Prozesse, die in Gefäßen, dem Sinnbild des Weiblichen, vonstatten gehen, durch ihre Verbindung mit dem Gralsmysterium esoterisch gefärbt wurden und eine spirituelle Bedeutung erhielten, die besonders gegen Ende des 16. und Anfang des 17. Jahrhunderts, in der Rosenkreuzer-Periode der Alchemie, hervortat. Fassen wir in einer Tabelle zusammen:

KESSEL	Annwn	Wiedergeburt	alte Frau
	Ceridwen	Inspiration	Jungfrau
	Dagda	Fülle	Mutter
GRAL	Kelch	Blut Christi	alte Frau
	Stein	Erleuchtung	Jungfrau
	Teller	Nahrung	Mutter
ALCHEMISTISCHE GEFÄSSE	Tiegel	Ausglühen	alte Frau
	Flasche	Verinnerlichen	Jungfrau
	Retorte	Destillieren	Mutter

Ich habe aufzuzeigen versucht, wie die geheimnisvolle Weisheit des Grals fast unmerklich auf den Lauf der Geschichte eingewirkt hat und mit den ihr eigenen esoterischen Gestaltungskräften die heidnischen Symbole der Kelten in die vertrauten heiligen Gegenstände der Gralssagen umwandelte, um Jahrhunderte später im esoterischen Christentum der Rosenkreuzerbewegung erneut in Erscheinung zu treten.

Das Gralsmysterium gehört keineswegs der Vergangenheit an, es ist ewig gegenwärtig und wird unsichtbar hinter der sichtbaren christlichen Religion weiterwirken, solange die Theologie so einseitig bleibt wie bisher und das weibliche Mysterium verleugnet, das doch ein wesentlicher Bestandteil der Schöpfung ist. Ich glaube aber, daß wir im vergangenen Jahrzehnt Zeugen eines Neubeginns geworden sind, eines neuen Zyklus, in dem sich die Gralsweisheit über unsere Zivilisation ergießen wird.

In den letzten Jahren haben wir ein wachsendes Interesse an den alten Steinkreisen und vergleichbaren Stätten beobachten können, ferner ein neues Gespür für die dort wirkenden Kraftlinien der Erde und ihren besonderen Bezug zum Weiblichen, zur Göttin. Diese Stätten können wir als die neuen Gralssymbole verstehen.

Meines Erachtens wird das Gralsmysterium, je mehr wir uns

dem Ende dieses Jahrhunderts nähern, noch stärker ins Bewußtsein der Öffentlichkeit dringen und mit dem lebendigen esoterischen Leib des Planeten Erde identifiziert werden. Die Gralsweisheit will unsere Zivilisation erreichen und uns dazu veranlassen, auf die Suche zu gehen und uns selbst zu erkennen, damit wir uns und durch uns auch unsere Zivilisation wieder mit den lebendigen Kräften der Erde in Übereinstimmung bringen.

Wir sollten das Gralsmysterium nicht als das tote Fachgebiet einer Wissenschaft erforschen, als etwas, das der Vergangenheit angehört, sondern als lebendige Quelle der Inspiration, die immer bei uns ist. Die geheimnisvolle Gralsströmung sucht sich immer neue Gefäße und Symbole für ihre esoterischen Anstöße, und ich kann nur hoffen, daß wir alle erkennen, in welcher Weise sie sich in unserer Zeit offenbart.

dem Lande dieses Jahrhunderts [illegible], wieder aus Be-
wußtsein der Christlichkeit dämmern und mit dem lebendigen
[illegible] befruchtet werden. Die
Gralsweisheit will unsere Zivilisation erneuern und uns dazu
veranlassen, auf die Suche zu gehen und uns selbst zu [illegible]
ren, [illegible] uns auch unsere Zivilisation wie-
der mit den lebendigen Kräften der Erde und [illegible]
bringen.

Wir sollten das Geistesvermögen nicht als das tote Fach gelehr-
ter Wissenschaft erforschen als etwas, das der Vergangen-
heit angehört, sondern als lebendige Quelle der Inspiration, die
immer bei uns ist. Die geheimnisvolle Gralsströmung sucht
sich immer neue Gefäße und Symbole für ihre esoterischen
Impulse, und ich kann nur hoffen, daß wir sie erkennen, in
welcher Weise sie sich in unserer Zeit offenbart.

Teil II

Elemente der Gralstradition

4

DIE TEMPEL DES GRALS

John Matthews

Der Weg zum Gral führt nach innen: Soviel geht aus dem Wesen der Gralssuche hervor, aus der Vorstellung einer göttlichen Suche nach dem Wahren und Guten im Menschen. So wird der Körper, der in der Mystik stets als Hindernis für die Verwirklichung der geistigen Freiheit betrachtet worden ist, zu einem Versuchsfeld, auf dem die guten und schlechten Kräfte des Menschen miteinander ringen, die einen auf der Suche nach Gott, die anderen auf der Flucht vor Gott. Der Tempel, dessen Abbild der Körper ist, erfüllt eine ähnliche Funktion, besonders in der Gralssage, wo er die Dualität im Herzen aller Materie widerspiegelt und das sehnliche Verlangen der Menschheit, ihr gespaltenes Selbst zu überwinden und sich der herabströmenden Liebe der Schöpfung entgegenzustrecken. Aus dieser Quelle stammt auch, wie wir in dem Essay von Geoffrey Ashe lesen konnten, die Sehnsucht nach vergangenen Zeiten, die nichts Trennendes kannten, sondern in denen überall Harmonie herrschte.

I

Als Lanzelot in Thomas Malorys *Le Morte D'Arthur* schließlich nach vielen Abenteuern zur Gralskapelle kommt, warnt ihn eine überirdische Stimme, nicht einzutreten. Er zögert an der Tür, wirft aber trotzdem einen Blick hinein und sieht:

> ... eine silberne Tafel und das heilige Gefäß, von rotem, golddurchwirktem Seidenstoff bedeckt, und viele Engel ringsumher ... und vor dem heiligen Gefäß einen Mann, gekleidet wie ein Priester. Und es schien, als vollziehe er die Weihehandlung ...[1]

Lanzelot schaut weiter zu und beobachtet, wie der Zelebrant das Bildnis eines Menschen hochhält, als wolle er auf dem Altar ein Opfer darbringen. Es scheint, als würde er gleich vor Anstrengung umfallen, und Lanzelot tritt ein, um ihm zu helfen. Aber er wird von einem Feuerhauch niedergestreckt und von dem Licht geblendet, das vom Gral ausgeht. Denn Lanzelot ist ein gefallener Mensch, der nicht weiß, wie er sich dem Gral zu nähern hat.
Der Weg zum Gral ist äußerst beschwerlich, denn er führt in die Burg, den Tempel des Grals, der so angelegt ist, daß jeder, der in die Mysterien eingeweiht werden will, zu seiner Initiation erst eine Prüfung bestehen muß. Lanzelots Erfahrung ist beispielhaft für viele, die sich unvorbereitet auf den Weg machen und die zum Schluß von etwas geblendet werden, das sie nicht verstehen. Wird er richtig beschritten, bietet der Weg zum Gral die Möglichkeit, Erkenntnis zu erlangen, das Licht zu verstehen. Viele Tempel sind verfallen, aber es heißt, der wahre Tempel werde nie zerstört, ebensowenig wie der Weg zu Gott. Wir täten gut daran, das im Sinn zu behalten, wenn wir

uns jetzt mit einigen Formen beschäftigten, die dieser unvergängliche Tempel in seiner langen Geschichte angenommen hat. Wir können hoffen, daß wir dergestalt etwas über unsere eigene Rolle im ewig fortbestehenden Gralsmysterium lernen werden.

II

Die ältesten Überlieferungen von Tempelbauten schildern sie als Stätten Gottes, in die einzutreten der Schöpfer bewogen wird, um mit seinen Geschöpfen zu kommunizieren, wenn es ihm wohlgefällt. Die Erde, auf der der Tempel steht, ist deshalb geweihter Boden – entweder, weil sie den Tempel trägt, oder durch eine göttliche Berührung und Inspiration, die danach ruft, ein Bauwerk an dieser Stelle für alle zu errichten, die nach der gleichen göttlichen Berührung streben. Der Ort wird dadurch zum *Temenos*, zum abgegrenzten Bezirk, den eine unsichtbare Linie zu einer heiligen Stätte macht, in die einzutreten bedeutet, in die Sphäre des Göttlichen einzutreten, die das Himmlische auf Erden widerspiegelt.
Aus diesem Grund werden zum Bau des Tempels meistens Kreise und Quadrate verwendet, die Sinnbilder des Himmels und der Erde, und zwar oft so, daß quadratische Steine kreisförmig zusammengefügt werden (wie bei megalithischen Tempeln) oder daß runde Säulen rechteckige Gebäude tragen (wie bei den hellenistischen und ägyptischen Tempeln). Darin sind archetypische Vorstellungen des Männlichen und Weiblichen zu erkennen; der Himmelskreis und das Erdenquadrat vereinen sich in einem winzigen Sinnbild.
Grafisch kann dieser Gedanke durch die *Vesica piscis*, zwei sich überschneidende Kreise (Abb. 3), dargestellt werden, die die im Tempel hergestellte Verbindung zwischen Gott und seiner

Schöpfung illustrieren, eine Verbindung, die durch den unmittelbaren Kontakt oder durch Mittler wie Priester oder Seher zustande kommt. Plotin erfaßte diesen Zusammenhang vollkommen, als er schrieb: ». . . er gehört zu Ihm, wie zwei konzentrische Kreise zusammengehören: Sie sind eins, wenn sie zusammenfallen, und zwei, wenn sie voneinander getrennt sind.«[2]

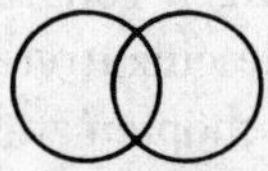

Abb. 3

Es ist der Zustand des *spirituellen* Getrenntseins, wie er im Bild des Sündenfalls am einfachsten ausgedrückt ist, der Lanzelot und diejenigen, die nach ihm kamen, versagen läßt. Und das ist auch der Grund, warum der Gralstempel existiert – um den Weg zu weisen, der zurückführt zum Zustand der Einheit mit dem der Schöpfung innewohnenden Göttlichen.

Aus demselben Grund hören wir auch in einem Nachspiel zur Geschichte des Sündenfalls erstmalig vom Gral. Es heißt, am Anfang der Zeit sei der Gral Adam anvertraut worden, doch nach dem Sündenfall habe er ihn zurücklassen müssen, weil er für die Welt zu heilig war. Da begab sich Seth, ein Sohn Adams und Evas, den die Gnostiker als verborgenen Meister verehrten, auf der Suche nach dem heiligen Gefäß zum Tor des Gartens Eden. Er durfte eintreten, und nachdem er 40 Tage dort geblieben war, wurde der Gral in seine Obhut gegeben, als mahnende Erinnerung an das, was verloren war, aber auch als Zeichen der Hoffnung und nahenden Erlösung – das allerdings erst zur Zeit Christi als solches erkannt wurde, als der Gral im Symbol des Kelches in den christlichen Glauben Einlaß fand.

Besonders wichtig ist in diesem Zusammenhang, daß »jene, die den Gral nach Seth besaßen, dadurch ein spirituelles Zentrum als Ersatz und Abbild des verlorenen Paradieses einzurichten vermochten«.[3] Dieser Vorstellung entspricht der Gralstempel, der, wie wir festgestellt haben, eine Stätte ist, an der sich Gott und seine Geschöpfe begegnen und miteinander kommunizieren, wie einst im Paradies.

So gesehen repräsentiert der Tempel ein kosmisches Evolutionsdiagramm. Offenbar baten die Tempelbaumeister, indem sie Gott in das *Temenos* herabriefen, nicht allein um Führung auf dem Weg zur Einheit und Vollkommenheit, sondern sie erwarteten darüber hinaus (wie ketzerisch das auch immer klingen mag), daß Gott sich durch den Kontakt mit ihnen weiter entfalten werde. Gott ist Geist, und der Mensch ist Materie, und getrennt voneinander können sich beide nicht weiter entfalten – darin sind sie wirklich wie zwei sich überschneidende Kreise, die nur dann vollendet sind, wenn sie genau übereinanderliegen und eins werden. Alle Tempel und Kirchen waren einmal als solche sichtbaren Zeichen gedacht, die sowohl die Menschen als auch ihre Götter entziffern sollten, als Spiegel, in dessen Reflexion sich das Zeitliche und das Ewige begegneten.

Dieser Gedanke findet manchmal in der bildlichen Darstellung der Jungfrau Maria seinen Ausdruck, die zum Tempel in Menschengestalt und zu einem Gefäß für das Göttliche wird. Ihre Antwort an den Engel der Verkündigung wird bildlich in Spiegelschrift dargestellt und symbolisiert damit, daß ihre Worte in dieser Form vom Engel »gelesen« werden können. Maria wird auch manchmal als »Spiegel der Erhabenheit Gottes« bezeichnet.

Die ältesten uns bekannten Tempel – die Steinmäler, die dem Steinzeitmenschen seinen Namen gaben – wurden also in Kreisform errichtet: auf Kraftpunkten der Erde, so daß sie wie lebendige ausgestreckte Glieder der Erde selbst wirkten, von Mutter Erde, die ihre Arme zum Mond, zur Sonne und zu den Sternen emporhob. Diese riesigen astrologischen Observatorien wurden für die Menschen, aber ebenso für die Götter gebaut – nicht nur, um diese zu ehren, sondern um sie einzuladen, an dem rituellen Ablauf des Lebens darin und ringsumher teilzuhaben. Um noch einmal Plotin zu zitieren:

> Jene alten Weisen, die die Gegenwart göttlicher Wesen durch die Errichtung von Schreinen zu sichern suchten... zeigten Einsicht in die Natur des Alls mit ihrer Wahrnehmung, daß sich die Seele, obgleich überall gegenwärtig, noch besser dingfest machen läßt, wenn ein angemessenes Gefäß bereitet wird... das wie ein Spiegel wirkt, der ihr Bild einfängt.[4]

In seiner vollständigsten, komplexesten Form dient dieser kosmische Spiegel, der Gott reflektiert, auch der Einweihung in das göttliche Mysterium der Schöpfung und wird damit zum vollkommensten Gegenstand der Gralssuche. Als solcher findet er unter anderem in dem zeitlosen und doch wechselnden Muster des Irrgartens oder Labyrinths seinen Ausdruck, und es ist kein Zufall, daß die Baumeister gotischer Kathedralen wie etwa der von Chartres in dem Bestreben, das Mysterium des Tempels im Bauplan der großartigen mittelalterlichen Kirchen zu verschlüsseln, dieses Muster so häufig an Böden und Wänden einarbeiteten.[5]

Auf solchen Grundlagen ist der Gralstempel errichtet, und es überrascht uns nicht, daß er in seinen vielen Gestaltungsformen ziemlich genau dem überlieferten Archetyp entspricht.

III

Die Symbolik des Gralstempels bleibt sich selbst immer treu. Meist befindet sich der Tempel auf dem Gipfel eines Berges, der wiederum entweder von dichten Wäldern oder von tiefen Wassern umgeben ist. Zugänglich ist er, wenn überhaupt, nur über eine gefährlich schmale, schwer passierbare Brücke, die sogenannte Schwertbrücke. Das Eindringen wird oft noch dadurch erschwert, daß sich der Tempel oder die Burg, in der er seinen Platz hat, schnell dreht, so daß es schier unmöglich ist, auf normale Weise hineinzugelangen. Drinnen lauern weitere Gefahren, und wem es dennoch gelingt, bis ins Innere, zur Gralskapelle, vorzudringen, den kann das Erlebnis, wie im Fall Lanzelots, überwältigen und in eine verzweifelte Lage bringen. Außerdem hatte die Burg auch ihre menschlichen Wächter. In einer Frühform der Sage hatte eine Königsfamilie in Begleitung auserwählter Ritter die Aufgabe, dem heiligen Gefäß zu dienen und es zu beschützen.

Die vollständigste Wiedergabe der mittelalterlichen Vorstellung vom Gralstempel findet sich in dem mittelhochdeutschen Gedicht *Jüngerer Titurel,* das um 1270 entstanden sein dürfte und Albrecht von Scharfenberg zugeschrieben wird. Hierin wird das Geschlecht der Gralskönige auf Salomo zurückgeführt – ein Detail, das von besonderer Bedeutung ist, wie wir noch sehen werden –, während das Milieu in allen Einzelheiten eindeutig mittelalterlich ist. In diesem Epos erscheint dem fünfzigjährigen Titurel, dem Großvater des Gralsritters Parzival, ein Engel und verkündet ihm, er müsse sich für den Rest seines Lebens in den Dienst des heiligen Gefäßes stellen. Danach wird er in einen dichten Wald geführt, aus dem sich der Läuterungsberg *Munsalvaesche*[6] erhebt, wo er Handwerker aus aller Welt versammelt findet, die mit ihm eine Burg und Tempelstätte für den Gral bauen sollen – der zu diesem Zeitpunkt noch heimatlos in der Luft über diesem Ort schwebt, von himmlischen Händen getragen.

Titurel macht sich dann an die Arbeit und glättet den Gipfel des Berges, der, wie er feststellt, aus Onyx ist und nach dem Polieren »wie der Mond scheint«. Bald darauf findet er den Grundriß für das Bauwerk, der auf geheimnisvolle Weise in die polierte Fläche eingraviert ist.

Die Fertigstellung des Tempels dauert 30 Jahre; in dieser Zeit ist der Gral nicht nur der Baustoff selbst, sondern nährt auch die Erbauer. Er wird also schon als Nahrungsspender gesehen – eine Funktion, die er beibehält. Seltener erwähnt, aber für uns von Wichtigkeit, ist die Tatsache, daß der Gral *direkt* in den Bau seines eigenen Tempels einfließt und so das eine zum Teil des anderen wird und daß der Bauplan nicht von Menschen gemacht ist.

Von hier ab widmet Albrecht 112 Zeilen einer so detaillierten Schilderung des Tempels, daß kaum ein Zweifel darüber bestehen kann, daß er ein wirkliches Gebäude beschreibt.[7]

Der Tempel ist hoch und rund und von einer großartigen Kuppel gekrönt. Um diese Kuppel gruppieren sich in einem Achteck 22 Kapellen; über jeweils zweien dieser Kapellen ragt ein achteckiger Glockenturm empor, der ein Kreuz aus klarem Kristall und einen Adler aus Gold auf seiner Spitze trägt. Diese Türme umgeben die Hauptkuppel, die mit rotem Gold und blauen Emailleeinlegearbeiten geschmückt ist.

Drei Eingänge führen hinein: einer im Norden, einer im Westen und einer im Süden, und drei Ströme entspringen daraus (offenbar eine Anleihe bei der Paradiesvorstellung mit ihren Strömen und den Toren, aus denen sie herausfließen). Das Innere ist unvergleichlich kostbar gestaltet, mit feinsten Schnitzereien, die Bäume und Vögel darstellen, und einem Kristallboden, unter dem künstliche Fische herumschwimmen, die mit Blasebälgen und Windmühlen über versteckte Luftrohre in Bewegung gehalten werden. In jeder Kapelle befindet sich ein Altar aus Saphir, mit grünen Brokatvorhängen[8] ausgestattet, und alle Fenster sind aus Beryll und Kristall und mit Edelsteinen verziert.

In der Kuppel bewegen sich über einen blauen emaillierten Himmel mit Sternen aus Karfunkelsteinen Sonne und Mond, von einem Räderwerk getrieben. Darunter, genau in der Mitte des Tempels, steht ein Miniaturmodell des gesamten Bauwerks, mit den seltensten Juwelen besetzt, in dem der Gral aufbewahrt ist, selbst ein Abbild der ganzen Weltschöpfung.

Albrechts Epos beschreibt eindeutig eine Art irdisches Paradies. Alle Einzelheiten wie etwa die drei Ströme oder die Gesamtanlage des Bauwerks mit der starren, vollendeten Pracht künstlicher Vögel und Fische deuten darauf hin. Die alte Heimstatt des Grals ist hier nach mittelalterlichen Vorstellungen wiedererstanden, wenn auch nur als Nachahmung, als Kopie des echten Tempels, den sie widerspiegelt.

Aber die Vorstellung schlägt sich nicht nur in der Sage oder in literarischen Aufarbeitungen des Stoffs nieder. Es führt eine Spur zurück zum Original von Albrechts Tempel, zu einem wirklichen Ort, der in den 30er Jahren wiederentdeckt wurde, als der Orientalist Arthur Upham Pope eine Expedition zur Stätte eines alten sassanidischen Tempels in Persien leitete, der *Takht-i-taqdis,* Thron der Kuppeln, genannt wurde. Schon früher hatten Gelehrte[9] auf literarische Beweise für einen Zusammenhang zwischen dem halblegendären Takht und dem Gralstempel hingewiesen, aber erst als Pope seine Erkenntnisse veröffentlichte, wurde bekannt, daß der Takht tatsächlich weitgehend mit der Schilderung des Dichters aus dem 13. Jahrhundert übereinstimmt.

Ausgrabungen förderten einen großen zentralen Kuppelbau zutage, der von 22 Seitenkapellen (oder Gewölben) eingerahmt war, und andere architektonische Details entsprachen ebenfalls recht genau der Beschreibung im *Jüngeren Titurel*. Selbst für Albrechts Onyxplateau gab es Anhaltspunkte, denn es wurden mineralische Ablagerungen am Fuß der Stätte gefunden, die, wenn sie an der Sonne trockneten, Onyx sehr ähnlich sahen. Popes Ausgrabungen bestätigen auch, daß der Takht einst ein vollständiges Observatorium beherbergt hatte, mit goldenen astronomischen Tafeln, die je nach Jahreszeit ausgewechselt werden konnten. In der großen Kuppel befand sich eine Sternkarte; und zu alledem war die ganze Anlage auf Rollen montiert und wurde von unsichtbar in einem darunter gelegenen Graben im Kreis laufenden Zugpferden Tag und Nacht in Bewegung gehalten, so daß sie zu jeder Jahres- und Tageszeit mit dem Himmel übereinstimmte. Persischen Schriften wie dem *Shah-Nama* waren weitere Einzelheiten über die Tempelanlage zu entnehmen, und sie warfen auch Licht auf die Riten, die dort abgehalten worden waren. Diese hingen mit den Jahreszeiten und dem Ackerbau zusammen und sollten, wenn sie von den priesterlichen Herrschern des alten Persiens ausgeführt wurden, die Fruchtbarkeit des Landes und damit das Leben seiner Bewohner sichern. Laut Pope mußte die Schönheit und Pracht des Takht einfach »das Wohlwollen und die Mitwirkung der himmlischen Mächte herabrufen«.[10] Auch hier also ein Beispiel für den Wunsch nach einem direkten Einwirken Gottes auf einen von Menschenhand geschaffenen Tempel – einen Tempel, der noch dazu rotierte wie der Gralstempel und wie, nach manchen Textversionen, die Mauern des irdischen Paradieses. Ohne ein solches Einwirken kann der Tempel nicht vollkommen genannt werden.

IV

Viele der bisher erwähnten Merkmale erinnern an einen noch berühmteren Tempel – den Tempel Salomos zu Jerusalem, dessen Geschichte unauflöslich mit der Bundeslade verknüpft ist, die selbst vieles mit dem Gral gemeinsam hat. Dabei handelt es sich auch um die Geschichte eines auserwählten Volkes und seiner Beziehung zu Gott.

Erbaut, um die Gegenwart Gottes *(Schechina)* aufzunehmen, war der salomonische Tempel die Verwirklichung einer Idee, die seit der Gotteserfahrung Moses existierte, der für die Bundeslade das erste Tabernakel, eine Zelthütte, errichtete. Aus dieser heiligen Wohnung sprach Gott, »nämlich von dem Gnadenstuhl zwischen den zwei Cherubim, der auf der Lade des Zeugnisses ist...«[11] Das Tabernakel war jedoch nie als permanente Wohnstatt gedacht, und so blieb es Salomo überlassen, der Bundeslade in Jerusalem eine endgültige Bleibe zu errichten.

Doch selbst diese war nur mehr ein Abbild des himmlischen Tempels, des Throns Gottes, des nicht von Menschenhand geschaffenen Tempels: Sie verfügte auch über ein zweites, spirituelles Leben aus Steinen, die sich im Jobelstrom kristallisiert hatten, der dem Garten Eden entsprang. Wir spüren die tiefere symbolische Bedeutung; die Verbindung zwischen den himmlischen und den irdischen Dimensionen des Tempels ist Teil des Edenmysteriums und damit des Grals, der seinerseits die gleiche Funktion erfüllt wie die Bundeslade – als Stätte, an der sich die Essenz Gottes und seiner Schöpfung begegnen und vereinigen können.

Die kabbalistische Überlieferung geht noch einen Schritt weiter. Dort heißt es vom irdischen Tempel, er besäße »zwei einander überschneidende Aspekte: einen himmlischen und einen

göttlichen«.[12] Moses, der die Pläne des Tempels in ähnlicher Weise empfängt wie Titurel in Albrecht von Scharfenbergs Gedicht, darf das Mysterium in der göttlichen Dimension miterleben, wo der Erzengel Michael der Hohepriester ist. Jenseits davon besteht ein noch erhabeneres, noch geheimeres Heiligtum, in dem das »göttliche Licht« selbst der »Hohepriester« ist.[13]
Die Gralsmysterien mit ihrer Dreiteilung in Geist, Herz und Seele spiegeln diese Gliederung des salomonischen Heiligtums in die Tempel der Erde, des Himmels und des Lichts wider. Von den Gläubigen, die den Vorhof betraten, hieß es, sie hätten das Paradies erreicht; aber erst jenseits davon, im Allerheiligsten, am Ort der Bundeslade oder Gralskapelle, offenbaren sich die Mysterien der himmlischen Welt, wo Körper und Geist verstummen und nur noch die Stimme des reinen Herzens zu hören ist. Von denen, die auf die Gralssuche gingen, haben außer Galahad nur wenige diesen Punkt überschritten, und die es taten, wurden in den Himmel aufgenommen. Es ist, als würde das Auge bei einem Blick aus dem Fenster über das unmittelbar vor ihm Liegende nach oben gelenkt, um in den Himmel zu schauen, und als könne es beim Schauen plötzlich weiter sehen, durch alle dunklen Abgründe des Raums hindurch bis zum Thron Gottes, um sich dort in Licht zu verlieren.
Lanzelot wurde niedergestreckt und halb geblendet von dem Licht, auf das er nicht vorbereitet war. Nur sein Sohn Galahad durfte direkt ins Herz des Grals blicken, und auch dann nur auf die direkte Aufforderung Gottes hin – Gottes Antwort und seine Umkehrung der beständigen Anrufung durch die Menschen, in den zu seinen Ehren erbauten Tempel einzutreten.
Der interessanteste unter den vielen nicht-biblischen Berichten vom salomonischen Tempel ist der des islamischen Geschichtsschreibers Ibn Chaldun, denn bei ihm heißt es, daß die Gewölbe unter dem Tempel, die noch immer allgemein für Pferdeställe

Salomos gehalten werden, nichts dergleichen waren; sie dienten einfach als leerer Raum zwischen der Erde und dem Gebäude selbst und sollten böse Einflüsse von unten fernhalten.[14]

Der Gegensatz zwischen dunklen Erdkräften und den Kräften des Himmels läßt auf einen Dualismus schließen, wie er in den uns bekannten Tempelbauten der Griechen und Römer zum Ausdruck kommt, wo das *unter* der Erde gelegene *Adyton* von gleicher oder sogar größerer Bedeutung ist als das über der Erde befindliche Bauwerk und als Versammlungsort der unterirdischen Götter und ihrer Anbeter dient.

Im Mittelalter, als auf der alten Stätte des Salomo-Tempels längst ein Moslemheiligtum entstanden war, galt die von Ibn Chaldun erwähnte Kammer als Eingangs- und Ausgangspforte für die Geister der Toten; von den oberirdischen Bauten war nichts mehr vorhanden. Die Kreuzritter nannten den Ort jedoch weiterhin *Templum Dominum,* und er war allen drei Hauptreligionen der damaligen Zeit heilig. Die Juden sahen in ihm die Stätte von Salomos Altar der Brandopfer, während sie nach moslemischer Auffassung der Ort war, an dem der Prophet zum Himmel aufgestiegen war, so daß sie eine Zeitlang sogar mit Mekka konkurrierte; außerdem hieß es, sie »schwebe«. Der Geograph Idrisi bezeichnete sie 1154 als »den Stein, der emporstieg und fiel« *(lapis lapsus exilians),* was an Wolfram von Eschenbachs Gralsbeschreibung erinnerte, in der er vom Gral als *Lapis exilis* spricht, was manchmal als »der Stein, der vom Himmel fiel« gedeutet wird. Wie es scheint, haben wir hier ein Paradigma für die ganze Geschichte des Grals und des Tempels, der für ihn gebaut wurde. Der aus dem Paradies stammende Gral ist dadurch, daß er von Seth in diese Welt gebracht wurde, »gefallen«. Durch die Verwendung beim ersten Abendmahl Christi ist er geweiht und die Welt, wie der verlorene Garten Eden, erlöst worden, was als »Aufstieg« interpretiert werden kann. Dazu paßt, daß auch die Steine, die beim Tempelbau verwendet wurden, und der Bauplan sozusagen »vom Himmel gefallen« sind.

Der salomonische Tempel ist verschiedene Male in der abendländischen Geschichte nachgeahmt worden, und zumindest eine dieser Nachbildungen ist für uns bei unserer Erforschung des Gralstempels von Interesse. Während der Kreuzzüge war es bei den Rittern Brauch, Stücke von dem Felsen abzuschlagen, auf dem der Tempel einst gestanden hatte. Diese Brocken brachten sie als Talisman von ihrer Fahrt ins Heilige Land mit nach Hause. Einer dieser Männer, der französische Ritter Arnoul der Ältere, brachte 1177 einen solchen Felsbrocken, ferner ein Stück des Speers von Antiochia und ein wenig himmlisches Manna (woher, ist nicht überliefert) mit heim nach Ardres. Nach der lateinischen Chronik des Lambert d'Ardres erbaute Arnoul dann eine Burg für diese heiligen Reliquien.

Sie war seltsam angelegt mit ineinander verschachtelten Räumen, Wendeltreppen, die nirgendwohin führten, mit »Loggien« oder Bogengängen (wie in Chrétiens Gralsburg) und »einem Oratorium, einer dem salomonischen Tempel nachgebauten Kapelle«.[15] Lambert gibt an, daß Arnoul hier die mitgebrachten Gegenstände aufbewahrte; interessant ist, daß diese Gegenstände genau mit den Qualitäten des »heiligen« Grals übereinstimmen. Der Speer galt seit langer Zeit als Sinnbild des Speers, mit dem der gekreuzigte Christus in die Seite gestochen wurde, und gehört als solcher zu den Charakteristika des Gralstempels. Manna, die heilige Speise des Himmels, ist die Substanz, die der Gral liefert, sei es in greifbarer oder in geistiger Form. Der Stein von Jerusalem ist ein Teil des »Steins, der emporstieg und fiel«, und erinnert darin an den Gralsstein Wolframs von Eschenbach. Hier sind also in einem Tempel oder einer Burg, die dem salomonischen Tempel gleicht, alle Elemente der Gralssage aus dem Heiligen Land versammelt.

Aber damit endet der Bezug zu Salomo und seinem Tempel zur Ehre Gottes beileibe nicht. Es sind noch zwei weitere wichtige Fakten zu berücksichtigen. Da ist einmal die Bundeslade, die als der Gral ihrer Zeit angesehen werden kann und von der es in einer alten Überlieferung der äthiopischen Kirche heißt, sie sei von Menelik, dem Sohn Salomos und der Königin von Saba, vor der Zerstörung des Tempels aus Jerusalem entfernt worden. Sie ist noch immer in der Kathedrale zu Aksum im heutigen Äthiopien verborgen und steht im Mittelpunkt der dortigen Weihehandlungen. Als *Tabot* (vom Arabischen *tabut 'al 'ahdi*, Bundeslade) wird sie zum Epiphanienfest unter Gesang, Tanz und Jubel in einer Prozession herumgetragen wie in biblischer Zeit: »Und David samt dem ganzen Israel führten die Lade des Herrn herauf mit Jauchzen und Posaunen.«[16] In allen Kirchen Äthiopiens stehen Nachbildungen des *Tabot*, und wenn die Kirchen groß genug sind, um ein Allerheiligstes zu besitzen, wird die Kopie der Bundeslade dort aufbewahrt, wie schon einst im salomonischen Tempel zu Jerusalem.

Könnte es sein, daß davon etwas in die Gralssage eingeflossen ist? Es gibt Hinweise,[17] daß Geschichten von der Suche des vaterlosen Sohnes einer Königin nach einem Sakralgegenstand durchaus in den Westen gelangt sein können und dort zur Grundlage einer anderen Geschichte über ein vaterloses Kind (Parzival) wurden, das ebenfalls auf eine solche Suche geht. Zieht man dann noch die symbolische Bedeutung der Bundeslade sowie die Tatsache in Betracht, daß außer dem *Kebra Nagast*, wo die Geschichte ausführlich dargelegt ist, nur noch eine arabische Quelle bekannt ist, liegt die Vermutung nahe, daß der halblegendäre Flegetanis, angeblich der Informant Wolframs von Eschenbach und ebenfalls arabischer Herkunft, diese

Geschichte verbreitet hat. Geradeso, wie der Flegetanis Wolframs vom Gral sagt, er sei von einer Schar Engel zur Erde gebracht worden, wo er »von getauften Leben ... mit großer Ehrfurcht gehütet« werde,[18] heißt es nämlich im *Kebra Nagast*, Menelik, der Sohn Salomos und der Königin von Saba, habe die Bundeslade aus Israel zu einem besonders geschützten *Temenas* in Äthiopien gebracht.
Zwei weiteren Überlegungen sollte Raum gegeben werden. Wir haben gehört, wie es Lanzelot erging, als er die Gralskapelle betrat, um einem »wie ein Priester gekleideten Manne« zu helfen, der die Messe abhielt. Obgleich er in guter Absicht eintrat, durfte er weder den Sakralgegenstand berühren noch das Mysterium anschauen. Ähnlich geht es in der biblischen Geschichte von der Bundeslade zu, als sie von Geba nach Jerusalem gebracht wird: »Und da sie kamen zur Tenne Nachons, griff Usa zu, und hielt die Lade Gottes, denn die Rinder traten beiseit aus. Da ergrimmte des Herrn Zorn über Usa, und Gott schlug ihn daselbst um seines Frevels willen, daß er daselbst starb bei der Lade Gottes.«[19]
Wieder ist das Mysterium zu groß, um von jemandem angeschaut oder berührt zu werden, der unvorbereitet ist. Im Gralsroman des Robert de Boron hingegen findet sich die Geschichte von Sarracynte, der Gattin Evelakes von Sarras, deren Mutter eine Zeitlang den Gral hütete, eine Hostie in einer Kiste, die genauestens als Lade beschrieben wird.[20] Ihr wurde immerhin gestattet, den heiligen Gegenstand unbeschadet zu berühren, aber solche Fälle sind selten im Mythos. Zuerst muß der Gralstempel aufgesucht, müssen seine Gefahren überwunden werden.

V

Wir haben bereits festgestellt, daß die am häufigsten auftretenden Formen in der Tempelarchitektur der Kreis und das Quadrat sind. Die Bedeutung dieser Formgebung wird bei näherer Betrachtung der Anlage römischer Städte und einem Vergleich mit den Abenteuern Gawains in der Gralsburg klar.

Der Plan, nach dem alle römischen Städte angelegt wurden, soll wie der von Titurels Gralstempel einer göttlichen Eingebung zu verdanken gewesen und Romulus im Traum offenbart worden sein. Er besteht eigentlich aus zwei einzelnen Grundrissen, die zusammen den Gesamtplan der Stadt ergeben, der aus Kreis und Quadrat zusammengesetzt ist. Wie das Paradies, das auf vier Seiten von Mauern umschlossen war, ist auch Rom auf der Grundlage des Vierecks erbaut worden.

Die *Urbs quadrata* wird unterteilt durch die beiden Achsen des *Cardo* und des *Decumanus.* Der Cardo entspricht der Baumachse des Universums, um die die Himmel kreisen; er findet sich ganz ähnlich in den kunstvollen, an der Astrologie orientierten Bauplänen des Takht und des Gralstempels. Der *Decumanus (decem* heißt zehn) teilt den *Cardo* und bildet mit ihm ein gleichschenkliges Kreuz. In diesem Komplex lagen die den Himmelsgöttern, dem von den Griechen übernommenen männlichen Pantheon geweihten Tempel. An die *Urbs* angrenzend erhob sich auf dem Palatin eine Zitadelle, ein Rundbau, der *Mundus* genannt wurde. Hier war die Stätte der dunklen Götter der Unterwelt und der noch älteren Verehrung der Erdmutter, der dunklen Göttin, in deren Hand das Geheimnis von Geburt und Tod lag. Zum Zeichen dafür war in der Mitte des *Mundus* ein Loch in der Erde, das mit einem *Lapis manalis* genannten Stein abgedeckt war; dieser Stein wurde nur dreimal im Jahr aufgehoben, damit die abgeschiedenen Seelen ein- und ausgehen konnten, ganz nach dem Vorbild der griechischen Tempel, das später von den salomonischen Baumeistern übernommen wurde.

Hier liegt ein Beispiel für das verborgene Dunkel im Innern aller Dinge vor, den alten Kult der Mutter, die neben den männlichen Gottheiten verehrt wurde, sichtbar gemacht durch die Kreis- und Quadratformen.

Der Gralstempel, die Burg der Wunder, ist Schauplatz von Gawains Abenteuer mit dem Zauberschachbrett. Gawain, der Sonnenheld, dessen Stärke um Mittag zunimmt und mit Anbruch der Abenddämmerung schwindet, betritt die runde Burg, das heißt den weiblichen Bezirk, und findet dort ein Schachbrett, auf dem sich die Figuren nach dem Willen der beiden Spieler von selbst bewegen. Gawain spielt gegen einen unsichtbaren Gegner – und verliert. Ärgerlich versucht er, Schachbrett und Figuren aus dem Fenster der Burg in den Burggraben zu werfen. In diesem Augenblick erhebt sich eine Frau aus dem Wasser, um ihn davon abzuhalten; ihre Kleidung, die rot oder schwarz und mit Sternen übersät ist, kennzeichnet sie als eine Erscheinungsform der Göttin. Nachdem sie Gawain wegen seines Zorns und seiner Gedankenlosigkeit zurechtgewiesen hat, wird sie seine Verbündete und Lehrerin, die ihm später bei der Gralssuche in anderer Gestalt als Führerin dient.

Es bedarf keiner besonderen Phantasie, um zu erkennen, daß hier erneut die mit dem Tempel verbundenen maskulinen und femininen Elemente dargestellt sind. Gawain betritt ein rundes (weibliches) *Temenos* und findet darin ein quadratisches (männliches) Schachbrett, das aber mit seiner schwarzweißen Aufteilung eine Versöhnung der zuvor gegnerischen Parteien symbolisiert. Als er das Schachbrett fortwerfen will, hindert ihn die Hand der Göttin daran, um ihm danach zu helfen und ihm die Augen zu öffnen für die Notwendigkeit, einen Ausgleich zwischen seinen männlichen und weiblichen Wesenszügen herbeizuführen.

Dieses Bild wird in einer anderen Geschichte aus dem Gralsmythos noch weiter ausgemalt und führt uns von dort aus wieder zurück zum salomonischen Tempel und zur Bundeslade.

Bei Malory und anderen finden sich zahlreiche Hinweise auf das Schiff Salomos, ein geheimnisvolles Fahrzeug, das die Gralsritter und den Gral selbst von der Alltagswelt zum zeit- und raumlosen Ort des heiligen Gefäßes und zurück bringt. Es leistet sogar noch mehr als das, denn in gewisser Weise ist es eine Art mystischer Zeitmaschine, darauf eingestellt, die Botschaft des Grals durch die Zeitalter zu tragen, von der Zeit Salomos bis in die Zeit des Artus hinein.

Es wurde nicht von Salomo selbst gebaut, sondern von seiner Gattin, die in der mittelalterlichen *Legenda aurea*, der Goldenen Legende, Sibylle genannt wird, jedoch mit Bilquis, der Königin von Saba, identisch ist. Nach einer anderen Überlieferung der Gralssage schenkte sie Salomo ein goldenes Gefäß zur Hochzeit – einen Kelch, der später als Gralsheiligtum in der Kathedrale zu Valencia aufbewahrt wurde.[21]

Wie in der *Queste del Saint Graal* berichtet, wurden bestimmte Dinge auf das Schiff geladen, das dann unbemannt hinausgestoßen wurde, um durch Zeit und Raum ins Zeitalter der Gralssuche zu segeln. Diese Gegenstände waren: Salomos Krone, das Schwert König Davids, ein großes Bett, das angeblich aus dem Holz des Kreuzbaums gefertigt war, und drei Zweige vom Baum der Erkenntnis des Guten und des Bösen aus dem Garten Eden, einer rot, einer weiß, einer grün, die ein Dreieck bildeten und so über dem Bett angebracht waren, daß ein Vorhang daran herabgelassen werden konnte.

Wen verwundert es, Motive aus dem Paradies auf Salomos

Schiff anzutreffen – denn das Schiff ist eindeutig ein Abbild des Tempels, der nun selbst auf dem Meer der Zeit dahintreibt: Sein Ziel ist das Land des Grals. Die wichtigste Einzelheit aber ist sicherlich die, daß es Holz von dem Baum mit sich trug, gewachsen aus dem Zweig, den Adam und Eva aus dem Garten Eden mitgebracht und eingepflanzt hatten. Nach weitverbreiteter mittelalterlicher Überzeugung wurden aus seinem Holz die Bundeslade und das Kreuz Jesu gemacht. Die Holzfracht im dahintreibenden Schiffstempel Salomos gibt zu faszinierenden Spekulationen Anlaß. Das Schiff ist, wie gesagt, auf Geheiß von Salomos Gattin gebaut worden; dadurch wird sein weiblicher Aspekt noch zusätzlich betont. Das Weibliche wurde ja oft als Gefäß gesehen und bildlich sogar tatsächlich als Schiff dargestellt.[22] Das Schiff verkörpert den Prototyp aller Vorstellungen vom Menschen als Gefäß, vom Schoß der Erde und vom Schoß der Frau. Maria trägt als lebendiger Gral das Licht der Welt in sich, das Blut, das schließlich vergossen und in dem Kelch aufgefangen wird, der wiederum zum Gral wird. In diesen weiblichen Tempel sind die Zeichen der Königswürde hineingegeben: Schwert und Krone sowie die drei Zweige vom Baum der Erkenntnis in Rot, Weiß und Grün, den Farben des alchemistischen Prozesses. So gedeutet, wird der Mythos klar: Er drückt aus, daß im Weiblichen das Männliche enthalten ist – das Quadrat im Kreis, die Symbolik des Gralstempels.

In der *Queste* fahren die Gralsritter für eine kurze Zeitspanne zusammen auf dem geheimnisvollen Schiff. Nach der Heilung des wunden Königs ist die letzte Handlung Galahads und seiner Gefährten die, das heilige Gefäß nach Sarras zu bringen, der heiligen Stadt, einem Abbild des Paradieses auf Erden. Sie fahren im Tempel Salomos dorthin, und aufgrund seiner symbolischen Verwandtschaft mit Christus legt Galahad sich auf das große Bett nieder, das aus dem Holz des Kreuzesbaums gemacht ist. Damit unterzieht er sich symbolisch einer Kreuzigung und bringt so das Wirken des Grals für sein Zeitalter zur Vollendung.

Wahrscheinlich ist das Schiff nach Galahads Tod zu den Gestaden dieser Welt zurückgekehrt und hat den Gral wieder mit sich gebracht, der nun auf den nächsten Suchenden wartet und auf eine neue Zeit seiner Erlösung, um dann dieser fernen Zeit selbst zum Erlöser zu werden – unserer eigenen Zeit vielleicht.

Die bildhafte Vorstellung vom Tempel als Schiff und vom Gral als menschlichem Gefäß bringt uns zum elementarsten Aspekt des Gralstempels – oder auch des Tempels überhaupt: des Tempels im Menschen, von dem seit grauer Vorzeit die Rede ist. In der *Chandogya-Upanishad* heißt es:

> Inmitten des Palastes Brahmas, unseres eigenen Körpers, liegt ein kleiner Schrein in Form einer Lotusblume, und darin ist ein kleiner Raum. Wir sollten herausfinden, wer dort wohnt, und ihn zu kennen wünschen... denn das ganze All ist in ihm, und er weilt in unserem Herzen.[23]

Ebenso könnte es heißen: Inmitten der Gralsburg unseres eigenen Körpers liegt ein Schrein, und darin befindet sich der Gral des Herzens. Wir sollten diesen Bewohner wirklich zu kennen und zu verstehen wünschen. Er ist ein Stück des Göttlichen in jedem von uns – der Funke der göttlichen Schöpfung, den die Gnostiker in die fleischliche menschliche Hülle eingeschlossen sahen. Dieses Licht leuchtet in einem jeden, und die wahre Gralssuche besteht darin, das Licht nach außen zu bringen, es zu unterhalten und zu nähren, bis es mit seinem Strahlen die Welt überflutet.

»Chaque homme porte à jamais l'age du son temple« (jeder

Mensch trägt auf immer das Alter seines Tempels), schreibt Henri Corbin und fügt hinzu, daß die Vollendung des Tempels auf dem *Munsalvaesche* eine Art zweite Geburt für Titurel gewesen sei, der später, 400 Jahre alt, noch keine Spur des Alterns zeigte. Der Gralstempel ist eigentlich eine göttliche Läuterungsstätte für die Seelen derer, die nach ihm suchen – eine Art von paradiesischem Gericht, dessen gläserne Mauern (wie der Boden im Tempel Salomos) das wahre Wesen des Suchenden widerspiegeln und ihn zur *Selbsterkenntnis* bringen.

Der Tempel *ist* das Symbol des Menschen, das haben so grundverschiedene Schriftsteller wie Corbin, Schwaller de Lubicz, F. Bligh Bond und Keith Crichlow einhellig festgestellt. Der Mensch muß sich selbst zu einem Tempel machen, um Gott aufnehmen zu können. *Darum* geht es bei allen Prüfungen, bei der Schwertbrücke und der Drehtür, dem gefahrvollen Bett und dem blendenden Licht des Grals. Diese Vorstellung bestand schon im Ägypten pharaonischer Zeit, wenn nicht sogar noch früher bei den steinzeitlichen Höhlenbewohnern; und sie setzt sich in den platonischen und neuplatonischen Schulen des Denkens fort. Für diese war der Tempel mikrokosmischer Ausdruck der Schönheit und Einheit der Schöpfung, die als kugelförmig gedacht wurde. Als solcher spiegelte er sich in der Seele wider und schlug wirklich eine »Brücke zur Erinnerung an und Besinnung auf die Ganzheit der Schöpfung«,[24] Worte, die genauso auf den Gral oder den göttlichen Umkreis zutreffen könnten, dem er angehört.

Das ist der Ursprung des Lichttempels (des *Haykat al-nur,*) jenes makrokosmischen Tempels der islamischen Mystik, von dem der Sufimystiker Ibn Al-Arabi sagt: »O altehrwürdiger Tempel, ein Licht ist für dich aufgegangen, das in unseren Herzen leuchtet.«[25] Im Kommentar dazu wird erklärt: »Das Herz des Gnostikers, dem die Wahrheit in ihrer Wirklichkeit innewohnt, ist der Tempel.«

Damit sind wir wieder beim salomonischen Gralstempel, dessen Bild, gemeinsam mit der Idee eines irdischen Paradieses, in immer neuen Formen in die Vorstellungswelt der Artus- und Gralssage eingegangen ist, wo es zurückverwandelt wird in die paradiesische Welt der uranfänglichen Unschuld, die ursprüngliche Heimstatt des heiligen Gefäßes. Dessen Besitz bedeutet »die Bewahrung der Urtradition in einem bestimmten geistigen Zentrum«[26], und dieses Zentrum ist das menschliche Herz.

Bei Ibn Al-Arabi heißt es[27], der letzte wahre Mensch werde aus dem Geschlecht Seths geboren werden. Sagt diese Äußerung nicht etwas über das Schicksal des Gralsträgers aus, der in der Zeit der nächsten »Weihung« des göttlichen Gefäßes unter uns weilen wird? Alle Gralsritter folgten Seth nach, der als erster auf die Suche ging, und ihre Abenteuer sind hell leuchtende Zeichen für das Streben des Menschen nach der Erfahrung des Göttlichen. Die meisten von uns werden wahrscheinlich, wenn sie unvorbereitet den Weg in den Tempel hinein finden, das gleiche Schicksal wie Lanzelot erleiden. Doch der Gralstempel will uns durch seine Existenz zeigen, daß sich der Versuch lohnt und das Zentrum erreicht werden kann, sofern wir nur auf die Botschaft achten, die er für uns bereithält.

Was aber geschieht, wenn wir endlich das Allerheiligste betreten? Wenn wir einmal überlegen, was wir bis jetzt alles über den Gedanken eines Tempels im Himmel und auf Erden gelernt haben, sind wir vielleicht der Antwort auf der Spur.

All diese Tempel sind unvollkommen. Sie können nur im unmittelbaren Kontakt mit Gott vollendet werden, der sich herabbeugen und die von seiner Schöpfung aufsteigenden Gebete annehmen muß. Auch der Gral muß durch die Berührung geweiht und vollendet werden, die Wein in Blut wandelt und Brot in den Leib. Der Gral ist nur vollendet, wenn er sich füllt, und deshalb nimmt er oft die Form des Kelchs an. Wir brauchen uns den Kelch nur aus zwei Dreiecken zusammengesetzt vorzustellen, die einander mit der Spitze berühren und dadurch eine Einheit bilden, um darin ein Abbild der göttlichen Begegnung von oben und unten, von Zeit und Ewigkeit, zu erkennen. Die gleiche Begegnung geschieht im Allerheiligsten des Tempels und kommt, wie wir gesehen haben, im Bild der *Vesica piscis*, der beiden einander überschneidenden Kreise, zum Ausdruck, die Gott und die Menschheit symbolisieren. In deren Zentrum, außerhalb von Zeit und Raum, verschmelzen die Gegensätze miteinander – Mann und Frau, Dunkel und Licht –, die in der Gralssage durch die Schachbrett-Burg dargestellt sind.

Im menschlichen Tempel findet diese Idee ihren Ausdruck darin, daß ein jeder sich dem Höheren entgegensehnt, das ihm auf halbem Wege entgegenkommt. Jeder von uns ist auf seine Weise ein Gral; aber wir sind leere Gefäße, bis wir uns selbst der Fülle des Lichts darbieten, damit es sich in uns ergieße.

Vielleicht sollten wir jetzt noch einmal einen Blick auf manche Symbole werfen, denen wir bei unserer Untersuchung begegnet sind. Schließlich kommt immer ein Punkt, an dem komplizierte Überlegungen einer Erklärung bedürfen, die über das bloße Wort hinausgeht. In dem zu Anfang erwähnten einfachen Bild der *Vesica piscis* liegt eigentlich schon der Schlüssel dazu. Entfernt man die äußeren Kreisbögen zur Rechten und zur Linken (Abb. 4), bleibt in der Mitte die Form des Grals übrig, diesmal allerdings der Gral als Tempel mit dem überirdischen Gebäudeteil und dem unterirdischen Adyton, Gott und Göttin, und dazwischen, im Schnittpunkt von Zeit und Raum, der Mensch. Im *Temenos* geschieht die Aussöhnung der Gegensätze, die Vollendung des heiligen Raumes durch die Berührung mit dem Göttlichen, das im Schnittpunkt der menschlichen Erfahrung die Zeitlichkeit durchdringt. Diese Erfahrung kann also als gleichberechtigter Austausch zwischen Gott und Mensch betrachtet werden – der Tempel ist, wie zuvor bereits dargelegt, zugleich ein Symbol der Schöpfung und der Evolution der Götter.

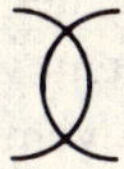

Abb. 4

Auch in den Bildern von Schiff und Schachbrett-Burg, von *Urbs quadrata* und *Mundus* der römischen Welt, gibt es diesen einen Punkt der Begegnung, der Wechselbeziehung, an dem die Gegensätze in Einklang gebracht werden. Gawain soll bei seinem Besuch auf der Gralsburg die Demut lernen und das schachbrettartige Grundmuster des Lebens erkennen, das in einem ausgewogenen Verhältnis sowohl schwarz als auch weiß, sowohl männlich als auch weiblich ist. Der Gral wird als Gefäß dargestellt, in dem all das enthalten ist, und darin liegt seine Bedeutung. Der untere Teil des Grals ist von dieser Welt, räumlich und zeitlich zugleich, während sich der obere Teil bereits in einem paradiesischen Zustand jenseits von Raum und Zeit befindet. In der Mitte ist der Tempel, der heilige Bezirk im Zentrum des Kreises, das Adyton. So wiesen die alten Tempel den einfachsten, direkten Weg zum Göttlichen, wie heute der einfachste, direkte Weg im Bau des inneren Tempels besteht, im eigenen Herzen. Über die Reaktion des Menschen auf die Stimme Gottes, auf das Wort, heißt es in den Schriften der Gnostiker: »Der unvernünftige Mensch hört den Ruf, kennt jedoch den Ort nicht, an den er gerufen wird. Und er fragt nicht ...: ›Wo ist der Tempel, in den ich eintreten und im Gebet meine Hoffnung aussprechen kann?‹ «[28] Deutlicher könnte es kaum sein. In der Gralssage versäumen es viele Ritter bei ihrer Ankunft auf der Burg ebenfalls, eine wichtige Frage zu stellen, und sind dadurch zum Scheitern verurteilt. Lanzelot versagt und mit ihm alle, die den Ruf des Lichts nicht hören.

In der Kabbala steht: »Der Tempel ist zerstört worden, nicht aber der Weg der Läuterung, der Erleuchtung und Einheit, der in ihm verborgen lag.«[29] Denn wenn die vollendete Seele des Menschen »wie Weihrauch vom goldenen Altar des Herzens aufsteigt und durch die innersten Schleier seines Wesens ins Allerheiligste im Innern dringt«[30], dann vereinigen sich die beiden Cherubim, die Hüter der Bundeslade (des Herzens) »in der Gegenwart des Einen, in welchem die Seele ihr ewiges Leben und ihre Einheit mit Ihm erkennt. Fortan wird die Seele die ewig ›Lebende‹ *(hayah)* genannt, die ›Eine und einzige‹ *(yehidah)*[31], die Vollkommene. Wie echte Feuerzungen kommt das Licht über alle, die das Innerste des Tempels erreichen und dort Gott inmitten seiner Schöpfung thronen sehen.

Das war das erklärte Ziel der Gralsritter, der *Templeisen* Wolframs von Eschenbach, der Priesterkönige, die den Takht-i-taqdis oder die kapitolinischen Tempel Roms erbauten. Vor ihnen verliehen Völker ihrer Sehnsucht durch Steinkreise Ausdruck, die den Tanz des Kosmos widerspiegeln sollten, und warteten auf den Augenblick, in dem sich Gott herabbeugen und ihre Suche durch seine Berührung segnen würde. Und so warten auch wir, die heutigen Gralssucher, auf jene Berührung, die das innere Licht entzündet – wie alle, die Einlaß begehren in den Tempel der Mysterien.

1 Sir Thomas Malory: *Le Morte D'Arthur*, University Books, New York 1961, Buch 17, Kap. 15.

2 Plotin: *Enneaden*, zitiert in K. Chrichlow: *Soul as Sphere and Androgine*, Golgonooza Press, Ipswich 1980, S. 23.

3 René Guénon: *»The Symbolism of the Graal«* in *Tomorrow,* Winter 1965, Bd. 12, Nr. 2.

4 Crichlow: *a. a. O.*, S. 23.

5 Louis Charpentier: *Die Geheimnisse der Kathedrale von Chartres*, Gaia Vlg., Köln, 8. Aufl. 1983.

6 Er wurde später mit einem wirklichen Ort verwechselt: mit Montségur, einer Hochburg der Katharer in Südfrankreich. Dadurch kam das Gerücht auf, sie seien die Hüter des Grals, eine Vermutung, die trotz einiger Hinweise nicht stichhaltig ist. Siehe John Matthews: *The Grail: Quest for Eternal Life*, Thames & Hudson, London 1981.

7 Albrecht von Scharfenberg: *Jüngerer Titurel*, Straßburg 1477.

8 Grün ist eine häufig mit dem Gral in Verbindung gebrachte Farbe. In manchen Textfassungen stammt der Gral von einem grünen Smaragd aus der Krone Luzifers, des Engels des Lichts, und in Wolframs *Parzival* wird er auf einem grünen Tuch aus *Achmardi*-Seide getragen.

9 Insbesondere Lars Ivar Ringbom: *Graltempel und Paradies*, Stockholm 1951. Für Popes Bericht siehe »Persia and the Holy Graal« in: *Literary Review*, New Jersey, I, 1957, S. 51–71.

10 *Ebenda.*

11 2. Mose 25, 22.

12 Sohar: *Terumah 159a*, zitiert von Lee Schayer in: »The Meaning of the Temple«, *Sword of Gnosis*, Penguin Books, New York 1974.

13 *Ebenda*, S. 363.
14 Ibn Chaldun: *The Muqaddimah*, Routledge & Kegan Paul, London 1958.
15 Siehe Urban T. Holmes: »The Arthurian Tradition in Lambert D'Ardres« in: *Speculum*, XXV, 1965, S. 100ff.
16 2. Samuel 6, 15.
17 Helen Adolf: »Oriental Sources for Grail Romances« in: *Publications of the Modern Language Association*, LXII, 1947, S. 306–323.
18 Wolfram von Eschenbach: *Parzival*, übers. v. W. Stapel, Langen-Müller Vlg., München 1980, S. 234.
19 2. Samuel 6, 6 und 7.
20 Robert de Boron: *Die Geschichte des heiligen Gral*, übers. v. K. Sandkühler, Ogham Vlg., Weißenhorn, 3. Aufl. 1979.
21 Estha Quinn: »The Quest of Seth, Solomon's Ship and the Grail« in: *Traditio*, XXI, 1965, S. 185–222. Ich beziehe mich in vielen Details auf diesen Artikel, der sich sehr eingehend mit dem Schiff Salomos befaßt.
22 Siehe Abbildung der Jungfrau als Gefäß in Matthews: *a.a.O.*, S. 86.
23 *The Upanishads*, übertr. v. Juan Mascaro, Penguin Books, Harmondsworth 1965, S. 1 (dt. Ausg. u. a.: *Upanishaden*, übertr. v. Alfred Hillebrandt, Diederichs Vlg. Köln 1984).
24 Crichlow: *a.a.O.*
25 Ibn Al-Arabi: *The Tarjuman Al-Ashwaq*, Theosophical Publishing House, Acra 1978.
26 Guénon: *a.a.O.*
27 Ibn Al-Arabi: *The Bezels of Wisdom*, SPCK, London 1980.
28 *The Nag Hammadi Library* (Nag-Hammadi-Fund), hrsg. u. übers. v. James M. Robinson, E. J. Brill, Leiden 1977, S. 282.

29 Zitiert von Schayer, *a.a.O.*, S. 364 f.
30 *Ebenda.*
31 *Ebenda.*

5

DIE RÜCKKEHR DINDRANS

Helen Luke

Es ist anscheinend weitgehend unbemerkt geblieben, daß es immer der Ritter ist, der männliche Repräsentant der Gralssuche, der sich aufmacht, das göttliche Gefäß zu finden – vielleicht, weil der Gral selbst ja ein weibliches Symbol ist, oder auch, weil Frauen die Suche nicht brauchen, *da sie, deren Archetyp die Jungfrau ist, schon Gefäße des heiligen Blutes sind, also eher Gralsträger als Gralssucher. Eine jede von ihnen kann einem neuen Gralskönig das Leben schenken. An dieser »ganzen Frau«, der Gralspriesterin, sollten wir uns orientieren, wenn wir nach Erleuchtung streben, und dabei werden wir merken, daß wir das Gralsgeheimnis immer gewußt und nur nicht erkannt haben, wie Männer das weibliche Element in sich nicht erkennen oder Frauen ihre symbolische Männlichkeit verleugnen. Dieser Erkenntnis entspringt, wie bereits in früheren Kapiteln erwähnt, eine neue Syzygie, eine Vermischung auf allen Ebenen, die uns ein heilsames Antlitz der Schöpfung zeigt, wie wir es nie zuvor gesehen haben, das aber der wahre Gral ist.*

C. G. Jung sagte, daß die im Unbewußten schlummernden Archetypen aktiviert werden, wenn zu einer bestimmten Zeit und an einem bestimmten Ort einseitige Einstellungen vorherrschen und dringend einer bildhaften Kompensation bedürfen. Gegen Ende des ersten christlichen Jahrtausends hatte die Körperfeindlichkeit, die ablehnende Haltung allem Weiblichen gegenüber, ja sogar gegen die Materie an sich, ihren Höhepunkt erreicht. Manche Menschen glaubten sogar, die materielle Welt sei eine Schöpfung des Teufels, und früher schon hatte es innerhalb des Christentums den vergeblichen Versuch gegeben, den Frauen die Seele abzusprechen. In einem Brief von 1953 schreibt Jung, daß im 11. und 12. Jahrhundert »die lateinische Alchemie, die Naturwissenschaften und ferner ein weibliches religiöses Symbol, nämlich der heilige Gral, in Erscheinung traten«.[1]

Der Gral ist tatsächlich ein entscheidendes Sinnbild der verlorenen Werte, denn ohne das Gefäß des Weiblichen befinden sich all die »zehntausend Dinge« untereinander in einem Zustand der Beziehungslosigkeit – einem Chaos ohne Sinn. Der Gral ist die Schale, aus der jedes einzelne Leben die ihm nötige Nahrung erhält, er ist der Kelch, in dem sich die Wandlung von Blut und Geist vollzieht, er ist der mütterliche Schoß, der Leib Marias. Ohne ein Gefäß kann auf keiner Ebene eine Umwandlung stattfinden – weder die Zubereitung von Speisen, noch das chemische Experiment oder die alchemistische »Gold«-Suche, noch eine *Metanoia* der menschlichen Seele oder eine Fleischwerdung des Wortes.

Fast ein Jahrtausend ist verstrichen, seit die Gralslegenden aus dem Unbewußten aufgestiegen sind, und doch haben sie nichts von ihrer Lebendigkeit verloren. Immer wieder haben ihnen Dichter und Erzähler neues Leben eingehaucht und sie wiedererstehen lassen. Die zwingende Notwendigkeit für eine Bestätigung des Weiblichen besteht seit dem 12. Jahrhundert ungemindert fort und ist in unserem heutigen Zeitalter der Technik besonders dringlich.

Die vielen Sagen, die sich um den Gral ranken, handeln meist von den Abenteuern der Ritter, der Männer, die in ihrem eigenen Innern nach seiner Bedeutung forschen. Doch die Befreiung der Frau und der Kampf um die Gleichberechtigung in männlichen Domänen wie Beruf und Wissenschaft hat gezeigt, daß auch sie sich viel stärker die Symbole ihrer tiefsten weiblichen Wurzeln bewußt machen muß. Viele Frauen heute schätzen das spezifisch Weibliche sogar gering – das Empfängliche, Nährende, Ruhige, das auf Menschen und Dinge eingeht, ohne sie benutzen und manipulieren zu wollen, und das in aller Stille das Geheimnis des Lebens hütet. Wenn Frauen nicht auch selbst im eigenen Innern auf die Gralssuche gehen, wird ihre neugewonnene Gleichberechtigung in der männlichen Welt ihren Sinn verlieren und zum »wüsten Land« werden. Die große Hoffnung für die Zukunft liegt in der Tatsache, daß mittlerweile viele Frauen jene Suche begonnen haben.

Der 1945 verstorbene Charles Williams war meines Erachtens einer der großen Erneuerer des Gralsmythos in unserer Zeit. Seine Artus-Gedichte sind nicht leicht zu lesen, oft sogar so dunkel, daß sich selbst C. S. Lewis, sein Freund, der sie kommentierte[2], gelegentlich geschlagen geben mußte. Aber je öfter man sich in sie vertieft, um so mehr beflügeln sie die Phantasie, denn der Dichter hat ein feines Gespür für das Wesen der Frau, und leuchtende, unvergeßliche Bilder erstehen vor dem inneren Auge.

Zwei seiner Gedichte will ich hier einmal untersuchen: »Taliessin im Rosengarten« und »Die letzte Reise«.[3] Zuerst muß ich aber etwas über die legendären Personen sagen, die in diesen Gedichten vorkommen. Dindran ist die Schwester Parzivals, die kurz in Sir Thomas Malorys *Morte d'Arthur* erscheint, dort allerdings nicht namentlich genannt wird. Williams nennt sie manchmal Dindran (nach walisischen Quellen) und ein andermal Blanchefleur (nach französischen Überlieferungen). Taliessin tritt bei Malory nicht in Erscheinung. Er war ein legendärer walisischer Barde und Seher – das zweimal geborene Kind, das Weisheit aus dem Kessel der Muttergöttin Ceridwen kostete. Williams macht ihn in vielen seiner Gedichte zur Hauptfigur (als Hofdichter am Artushof). Sein Taliessin liebt Dindran und wird von ihr wiedergeliebt mit einer allesumfassenden Hingabe, jedoch ohne Fleischeslust, da beide sich freiwillig dem Zölibat verschrieben haben.

Die Ginevra aus dem Rosengartengedicht ist König Artus' Gemahlin, deren Liebe zu des Königs Freund Lanzelot schließlich zur Spaltung der Tafelrunde und zu Artus' Tod führt. In dem anderen Gedicht, einem der letzten in diesem Zyklus, begegnen wir Galahad, Parzival (Perceval) und Bors. Das sind die drei Ritter, die bei Malory den Gral erringen und sich damit nach Sarras einschiffen, der ewigen Stadt, wohin er aus dem von Kriegen heimgesuchten Königreich Logres gebracht werden soll. »Logres« ist das irdische Königreich Britannien; der Wald Broceliande ist, in unsere heutige Sprache übersetzt, das Unbewußte; Caucasia steht bei Williams für den Körper und Carbonek für den Geist; Camelot ist die irdische Stadt.

Ein Satz, der in Williams Gedichten mehrfach wiederkehrt, definiert die Ganzheit einer Frau wie Dindran: »Der Körper weiß, was der Geist weiß, aber der Geist weiß, daß er weiß.« Darin ist die Wahrheit ausgedrückt, daß die materielle Sinnenwelt unschuldig bleibt, mit sich selbst eins, und daß jeder Stein, jede Pflanze, jedes Insekt und Tier unbewußt seine Natur verwirklicht, für die es geschaffen wurde. Aber seit im Menschen das Bewußtsein dämmerte (wie die biblische Geschichte vom Sündenfall es beschreibt), ist er zwischen den Gegensätzen hin und her gerissen, zwischen hell und dunkel, männlich und weiblich, bewußt und unbewußt, gut und böse, die sich jeweils ausschließen. Das Weibliche wird mit dem Körper assoziiert, das Männliche mit dem Geist, aber die Frau, die ihrer selbst bewußt und mit sich eins ist, ist eine Frau, die »weiß, daß sie weiß«. Sie hat das Leben des Geistes mit dem Sinnenleben ihres Körpers in Einklang gebracht, indem sie in dieser Welt alle Stufen der Liebe durchlebt und damit den Weg der bewußten Rückkehr zur Einheit der Gegensätze beschreitet. Das gleiche gilt natürlich für den Mann, nur muß er im allgemeinen am anderen Ende des Spektrums beginnen.

Das Gedicht »Taliessin im Rosengarten« fängt damit an, daß der Hofpoet dichtend durch die Rosensträucher wandelt und am Eingang des langen Gartenpfades dreier Frauen ansichtig wird: Königin Ginevra und Dindran plaudern miteinander, während im Hintergrund ein junges Mädchen Gartenarbeit verrichtet. Das funkelnde Rot des großen Rubinringes der Königin und das glühende Rot der Rosen verbinden sich in Taliessins Phantasie zu herabfallenden roten Blutstropfen, und daran knüpft er eine lange Betrachtung über das Wesen der Frau.

Königin Ginevra ist die schwere Verantwortung aufgebürdet worden, für ihr Land das Sinnbild des heiligen Bundes zwischen Himmel und Erde zu sein, das Sinnbild der mit Gott vereinten Menschheit, des geistbeseelten Fleisches, denn sie wird zur gegebenen Zeit einem neuen König das Leben schenken. Aber Ginevra mißachtet ihre Berufung und »blickt heimlich nach des Königs Freund Lanzelot«.

Gleich zu Anfang sieht Taliessin voraus, daß die Nichtachtung ihrer weiblichen Ganzheit, ihre Weigerung, die große Verantwortung der Berufung zu tragen, die sie als Königin (»vollendete Erde von Logres«) hat, bedeutet, daß die »fallenden Blutstropfen« nicht das erlösende Blut eines Opfers sein werden. Statt dessen weisen sie auf blutige Kriege und den Untergang des Reiches hin, denn dem König werden durch die Geburt seines unehelichen Sohnes die Augen geöffnet, und er zieht zu seinem eigenen Verderben gegen seinen Freund Lanzelot in den Krieg. So ist jede Zivilisation zum Untergang verurteilt, wenn die »Königin« (das vorherrschende weibliche Prinzip, die Grundhaltung der Frau) im Herzen mit sich uneins wird und eine Liebe akzeptiert, die nur noch zur »Lösung von Spannung« dient und nicht zur Verwirklichung einer echten Verbundenheit durch den wahren *Eros*.

Hier drängt sich die Frage auf, warum eigentlich zu allen Zeiten der Ehebruch bei Frauen viel schärfer verurteilt wurde als bei Männern. Jahrhundertelang wurde vielerorts eine des Ehebruchs überführte Frau hingerichtet. Die Dominanz des Mannes über die Frau ist für sich allein keine hinlängliche Erklärung; es muß auch einen tiefgreifenden psychologischen Grund geben.

In der Natur, ob weiblich oder männlich, herrscht Promiskuität vor, und die Frau ist dem Unbewußten viel näher als der Mann. Sie wird leichter von ihren Instinkten überwältigt und begibt sich ihres Menschseins, indem sie sich körperlich anders verhält, als es ihrem wahren Gefühl entspräche. Da das Fleischliche symbolisch dem Weiblichen zugeordnet wird, überträgt der Mann auf die Frau seine tiefe Angst vor Chaos und Ordnungslosigkeit, die stets eine Bedrohung für die Entwicklung des menschlichen Bewußtseins dargestellt haben. Diese Projektion ist gottlob im Schwinden begriffen, und extreme Grausamkeiten gegenüber »untreuen« Frauen gehören der Vergangenheit an. Doch manche heutige Frau schließt vor der Tatsache die Augen, daß sie ihrer eigenen Psyche schadet, wenn sie sich einfach körperlich hingibt, ohne sich mit Herz und Sinn zu binden. Ob sie eine solche Bindung für ein ganzes Eheleben oder nur für eine Nacht eingeht, spielt keine Rolle. Wesentlich ist die Gefühlstiefe, nicht die Dauer oder Häufigkeit. Mit konventionellen Normen und moralischen Wertungen hat das nichts zu tun; es ist vielmehr eine Frage des fundamentalen Unterschieds zwischen der männlichen und der weiblichen Psyche.

Ich unterstelle natürlich nicht, daß der Mann ohne ein derartiges Gefühl der Bindung auskommt, im Gegenteil. Niemand, gleich welchen Geschlechts, kann sich voll und ganz verwirklichen, ohne sich der eigentlichen Bedeutung des Eros bewußt zu sein und die Bindungen der Opfer zu akzeptieren, die jede wahrhafte Beziehung erfordert. Da diese Werte aber für die Grundhaltung einer Frau bestimmend sind, ist sie viel mehr der Gefahr einer Desintegration ausgesetzt als der Mann, wenn sie diese mißachtet, und die Auswirkungen ihres Selbstbetrugs auf ihre Umgebung sind tödlich. Ginevra, nicht Lanzelot, trug letztlich die Verantwortung für die Katastrophe.

In der Begegnung von Lanzelot und Elayne, die zur Geburt des Gralshelden führt, springen diese Unterschiede sofort ins Auge. Lanzelot wird durch eine List dazu verführt, die Nacht mit Elayne zu verbringen, ist aber der Meinung, bei Ginevra zu liegen. Er erfüllt ein Schicksal, dem er nicht entrinnen kann, und bleibt folglich aus moralischer Sicht unschuldig. Galahad, der große Prinz und ganze Mann, der den Gral errang, hätte nie der zufälligen Verbindung Ginevras mit irgendeinem edlen Ritter entspringen können, dessen Identität ihr nicht bewußt war. Symbolisch wäre das so verkehrt gewesen, daß schon der Gedanke daran uns pervers erscheint. Elayne, Galahads Mutter, liebt Lanzelot in jener Nacht und von da an ihr Leben lang, mit Herz, Seele und Leib, obwohl sie nie mehr mit ihm zusammensein kann, und sie akzeptiert diese schmerzliche Gewiß-

heit. Unser Verstand beharrt vielleicht darauf, daß auch Ginevra Lanzelot liebte – sie haben sich ja beide gleichermaßen des Betrugs am König, dem Gatten und Freund, schuldig gemacht, und beide halten einander in Liebe auf einer anderen Ebene die Treue. Wenn Lanzelot der Vater des künftigen Gralskönigs werden durfte, warum konnte dann Ginevra nicht dessen Mutter sein? Erstens natürlich, weil Ginevra sich nicht nur zu Lanzelot bekennt, sondern zugleich vorgibt, ihrem Gatten treu zu sein – sie tanzt auf zwei Hochzeiten. Ihre Hingabe ist nie vollkommen, und sie mißachtet ihre symbolische weibliche Berufung zur Königin ebenso wie ihren Gatten. Noch weitaus wichtiger aber ist es, daß sich eine Frau im Bereich der Instinkte unbedingt – wie Elayne – *dessen bewußt sein muß, was sie tut,* wenn sie dem inneren göttlichen Helden das Leben schenken will – bewußt nicht in einem rationalen, analytischen Sinne, sondern im Sinne einer Gefühlsklarheit und einer verantwortungsvollen Verpflichtung von Körper und Herz zugleich. Könnte sie in diesem Bereich überlistet werden, wäre sie nicht mehr ganz Frau – höchstens noch feminin (und heutzutage möglicherweise nur noch eine Imitation des Mannes).
Am Anfang des Gedichts »Taliessin im Rosengarten« tritt die weibliche Dreiheit in Form von drei Frauen in Erscheinung: einer Königin, einer Jungfrau, die bald das kontemplative Leben einer Nonne führen wird, und einer gewöhnlichen Arbeiterin. Diese Dreiheit existiert bei allen Frauen, ausgelebt oder unausgelebt, zum Guten oder Schlechten. Wir können die Königin in uns verstehen und »Königin« sein, wenn wir Verantwortung tragen, nicht allein für unsere Umgebung, sondern für die ganze Menschheit. »Der wahre Mensch bewegt mit Worten und Taten Himmel und Erde, selbst wenn er in seiner Kammer verweilt«, sagt Konfuzius. Darin besteht das Königliche – im Bewußtsein der Symbolkraft all dessen, was wir sind. Aber wir

sind frei, uns zu entscheiden, und identifizieren uns vielleicht nur mit der Königin, um immer die Erste zu sein, um bedient, beschützt und bewundert zu werden. Die Funktion der Arbeiterin ist ebenso wesentlich: im Hier und Jetzt zu leben, jede anfallende Aufgabe zu erfüllen und das Heranwachsende sowohl auf der Erde als auch in der Psyche zu hegen. Fehlt diese Qualität, sind wir nicht mehr menschlich zu nennen; wenn aber wiederum die Arbeit, die wir körperlich oder geistig verrichten, uns ganz gefangennimmt, wird sie oft nur zu einem willkommenen Mittel, der Wirklichkeit auszuweichen. Diese beiden Charaktere der Dreiheit sind leicht zu verstehen.

Aber wie steht es mit der Jungfrau? In heutiger Zeit hat das Wort beinahe einen abfälligen Klang, so wie in der Redewendung von der »alten Jungfer«. Eine junge Frau, die mit zwanzig noch Jungfrau ist, hat deshalb häufig starke Minderwertigkeitsgefühle. Im herkömmlichen Sinne ist eine »Jungfrau« eine Frau, die nie Geschlechtsverkehr mit einem Mann hatte, aber in der viel älteren und tieferen Bedeutung ist die Jungfrau eine Frau, die, ganz unabhängig davon, ob sie geschlechtlich mit einem Mann verkehrt hat oder nicht, kein *Bedürfnis* hat, sich körperlich mit einem Mann zu vereinigen, um vollkommen zu werden, um mit sich eins zu sein, weil sie nämlich innerlich mit Gott verbunden ist. Dies ist immer der symbolische Sinn des Nonnendaseins gewesen. Als Braut Christi sucht die Nonne im Innern das Menschliche mit dem Göttlichen zu vereinen. Wie leicht die Verpflichtung zu einem Leben des Gebets und der Kontemplation zu einer negativen Unterdrückung der Sexualtriebe führen kann, ist allerdings bekannt. Keuschheit, was soviel wie Reinheit des Herzens bedeutet, ist nur allzuoft mit der Verleugnung der Reinheit des Instinkts gleichgesetzt worden. Niemand wird im eigentlichen Sinne des Wortes zur »Jungfrau«, ohne durch das Feuer der Emotionen und Instinkte gegangen zu sein. Dieses Erlebnis schließt jedoch nicht unbedingt die körperliche Erfüllung mit ein. Es ist endlich an der Zeit, nicht nur die wahre Bedeutung des Wortes »Jungfrau« wiederzuerkennen, sondern auch dafür, wieder Achtung vor denen zu gewinnen, die sich aufgrund ihrer inneren Wahrheit zur Jungfrauenschaft im normalen physischen Sinne bekennen.

Robert Grinnell sagt in seinem Buch *Alchemy in a Modern Woman*[4] über eine Patientin, die an Frigidität leidet, dieses Problem könne bei einer Frau durch ihre hohen Ideale im Bereich des Eros und durch deren Fehlinterpretation aufgrund einer typisch männlichen Überbewertung des Geschlechtlichen ausgelöst werden. Grinnell meint, daß der Eros einer Frau als eine »Art weibliches Gewissen« verstanden werden könnte, das sie über das rein egoistische Verlangen hinausträgt und aus ihren momentanen Begierden heraushebt. Erst dadurch wird aus der »natürlichen« Frau eine Frau, die »weiß, daß sie weiß«.

Der Begriff der Jungfräulichkeit, verbunden mit dem Streben nach dem göttlichen Bund der Ehe im eigenen Innern, ist innerhalb von Klostermauern entstanden und jahrhundertelang in seiner großartigen Symbolhaftigkeit bewahrt worden. In unserer heutigen Zeit kann ihn nur die einzelne Frau wieder mit neuem Leben erfüllen. Der einen wird sich Gott in der sexuellen Erfüllung offenbaren, der anderen in der schmerzlichen Erfahrung des Nichterfülltseins – beide können in einem tieferen Sinne »jungfräulich« sein.

In Williams' Gedicht hat Taliessin, während er über diese Dinge – den funkelnden Rubin, die rote Rose, die fallenden Blutstropfen – und ihre Bedeutung für die Frau nachsinnt, eine großartige Vision des Tierkreises. Jedes der zwölf Häuser, sagt er, ist ein Tor zum Ganzen, »alles ist mit jedem vereinigt«. Aber Kain hat dadurch, daß er Abel tötete, den Tierkreis mit einem Schlag gespalten; die Häuser sind einander entfremdet, sie bekriegen sich, und Blut ist geflossen, das nur durch ein Blutopfer gesühnt werden kann. Als Taliessin dann auf die schwergeprüfte Welt blickt, hört er:

> Die Frauen überall im ganzen Lande beweinen den Fluch,
> und allenthalben auf den Altären Christi bieten sich Grale dar.
> Wohl den Frauen, die sich hüten, dem Altar zu dienen,
> denn ihrem Wesen gemäß haben sie, von Caucasia bis Carbonek,
> mit dem Kreuzesopfer das Opfer des Blutes gemeinsam.

Die monatliche Blutung der Frau ist ein äußeres Zeichen und ein inneres Symbol für ihre Fähigkeit, zu gebären. Williams meint, wie ich glaube, die Monatsblutung der Frau sei eine ständige Erinnerung an die Wahrheit, daß es nach dem Sündenfall, nach der Spaltung der Schöpfung, keine Umkehr, keine geistige Heilung gibt, wenn nicht ein Opfer gebracht und Blut hingegeben wird. Wenn die Frau (oder das Weibliche im Mann) nicht »blutet«, gibt es keinen Schöpfungsprozeß in dieser Welt. Darum sagt Williams, die Frau habe »mit dem Kreuzesopfer das Opfer des Blutes gemeinsam«. Als Jesus in die rechte Seite gestochen wurde, wurde er mitten in der fühlenden Seite seines Wesens verwundet. (In alter Zeit galt die im Körper rechts liegende Leber als Sitz der Empfindungen.)
Ich kenne keinen anderen Schriftsteller, Theologen oder Psychologen, der eine ähnlich tiefgründige und doch einfache, bei näherem Hinsehen völlig einleuchtende Erklärung für den intuitiven Abscheu gegeben hätte, den viele bei dem Gedanken an eine die Messe zelebrierende Priesterin empfinden. Wenn eine wirklich reife Frau im Vollbewußtsein ihres »Animus«

(des männlichen Archetyps in ihrem Unbewußten) den Gottesdienst leitet und predigt, wird das keinen Anstoß erregen. Die Messe ist jedoch eine *symbolische* rituelle Handlung, und eine Frau, wie hochentwickelt sie auch sein mag, bleibt biologisch eine Frau. Da ihr leibliches Blutvergießen nach Williams dem Blut des Kreuzesopfers entspricht, verlegt sie, wenn sie *leiblich* das Blut Christi darbietet, die Funktion des Geistes auf die falsche Ebene. »Das Fleisch weiß, was der Geist weiß«, fährt Williams fort, »aber der Geist weiß, daß er weiß.« Damit sagt er *keineswegs*, daß die Frauen nicht wissen könnten, daß sie wissen; und er zeigt dies ganz deutlich im weiteren Text. Er spricht nur von ihrer symbolischen Rolle als Frau im Ritual, nicht von ihrem tatsächlichen Sein. Ein Symbol ist ja etwas, das die beiden Ebenen der Wirklichkeit in sich vereint – Geist und Materie, innere und äußere Wahrheit.

Alter Aberglauben hat oft einen symbolischen Sinn. Im Zweiten Weltkrieg lebte ich in einem kleinen Dorf in Berkshire, und eine Frau aus dem Dorf kochte für meine Familie. Ich erinnere mich noch, daß sie mir erzählte, sie würde sich nie während ihrer Menstruation ans Marmeladekochen begeben; jedermann wisse, daß Marmelade oder Gelee dann nie fest werden würde! Mit anderen Worten: In dieser Zeit ist keine *Umwandlung* möglich – die verschiedenen Zutaten wie Obst und Zucker können zwar gemischt, aber nie in jenes Dritte verwandelt werden, das sowohl beides als auch keins von beidem ist. Der Bezug zur Wandlung von Brot und Wein in der Messe liegt auf der Hand. Auf das Marmeladekochen angewandt, ist es nach unserem heutigen Wissensstand Unsinn, aber die alten Wahrheiten in Symbolform, die das Mysterium des Daseins zum Ausdruck bringen, haben sich im Volksgut und in den Riten der großen Religionen erhalten können.

In der alten Welt gab es überall Priesterinnen, die jedoch meines Wissens nie mit dem Töten des Opfertieres oder dem Darbringen seines Blutes betraut wurden. Daß die Frauen bei den dionysischen Riten Opfer in Stücke zerrissen, war keine priesterliche Handlung, sondern geschah aus einer triebbedingten, im Ritus aufgefangenen Verzückung heraus. Die Priesterinnen stellten die Verbindung mit dem Unbewußten her und erfüllten, wie etwa die Sibyllen durch ihre prophetische Gabe oder die Vestalinnen durch Hüten des heiligen Feuers, die großen religiösen Funktionen der Frau; aber sie schwangen nie das Opfermesser und brachten auch nie das Opferblut dar. Ihre Aufgabe bestand vielmehr darin, die unterirdischen Quellen des Unbewußten sprudeln zu lassen, damit alle vom *Aqua permanens* trinken konnten, wie die Alchemisten das Wasser des Lebens nannten. Es ist ein deutliches Zeichen für die einseitige männliche Dominanz in unserer Kultur, daß es im institutionalisierten Christentum nie Priesterinnen dieser Art gegeben hat.

Es wäre sinnlos, wenn die Kirche in diesem Stadium versuchen wollte, neue Rituale für Priesterinnen zu entwerfen. Ein echter Ritus wird nicht entworfen, sondern er entsteht von selbst, und er wirkt, wenn er künstlich eingeführt wird, nur sentimental. Auch der gegenwärtige Druck auf die katholische Kirche, Frauen zum Priesteramt zuzulassen, bringt keine Lösung. Andererseits können wir nicht aus einer wehmütigen Stimmung heraus die Uhrzeiger zurückdrehen. Bei den meisten protestantischen Sekten ist die heilige Kommunion kein symbolischer Akt der Wandlung mehr, sondern ein Gedenkmahl, so daß dort nichts gegen weibliche Pfarrer einzuwenden ist. Williams' Worte gelten nur für die römisch-katholischen, die griechisch-orthodoxen und anglikanischen Rituale. Aber der Ruf nach Frauen in den Priesterstand ist vielleicht ein Anzeichen dafür, daß für immer mehr Leute das Symbolische langsam aus den großen Institutionen hinausgedrängt wird. Jung hat häufig darauf hingewiesen, daß die Symbole im kommenden Zeitalter in der Seele eines jeden Menschen, in den Männern und Frauen zum Leben erwachen werden, die sich auf die einsame Suche nach dem inneren Gral machen, und davon sind Kirchenmitglieder ebenso betroffen wie Nichtmitglieder. In den Sagen ist immer davon die Rede, daß die Suche allein unternommen werden muß, aber nie ohne die Erkenntnis des objektiven Bezugs zu anderen gelingt. Dieser Bezug hat allerdings nichts mit jenem dumpfen Gefühl der »Verbrüderung« oder »Zusammengehörigkeit« gemein, das jede wahre Gemeinschaft unter den Menschen unterdrücken kann.

Wie C. S. Lewis in seinem Kommentar zu Williams' Gedichten herausstellt, unterscheidet sich die Menstruation von Frauen von der brünstiger Tiere. Ein Tier ist nur in dieser Zeit empfänglich. Bei Menschen ist sie der Beweis für die bestehende Möglichkeit der Mutterschaft, wie in der übrigen Natur auch, aber mit dem entscheidenden Unterschied, daß jederzeit (während des ganzen Jahres) eine Empfängnis stattfinden kann. Der Menstruationsbeginn in der Pubertät ist überdies ein körperliches Anzeichen für die psychische Spaltung – das heißt für den »Sündenfall«, der den Anfang der bewußten Umkehr Evas und Adams markierte. Die unschuldige Ganzheit der Kindheit, des Gartens Eden, ist nun vorüber. Mit der Pubertät erwacht die Sehnsucht danach, vollständig oder »ganz« zu werden durch die körperliche Vereinigung mit dem anderen Geschlecht, ein Verlangen, das (symbolisch) bis zum Versiegen der Blutung in den Wechseljahren anhält. Nach Platos Vorstellung ist der Mensch ursprünglich eine Kugel, deren zwei Hälften sich immerfort miteinander zu vereinigen suchen (siehe Kap. 4).

An späterer Stelle in seinem Gedicht befaßt sich Williams mit

der inneren Übereinstimmung zwischen dem Menstruationsblut der Frau, durch das sie weiß, daß sie noch nicht schwanger ist, und dem Blut des wunden Gralskönigs, der dahinsiecht, weil er das neue Christusbewußtsein, das wahre Selbst, nicht in sich zum Leben erwecken kann. In einigen wunderschönen Zeilen spricht Taliessin davon, wie die Frau bewußt dem neuen Gralshüter in ihrem eigenen Innern das Leben schenken und so die Wunden der Seele heilen kann.
Zunächst jedoch beschreibt Williams die naturhafte Frau, die instinktmäßig dem Weg der Einheit folgt:

> Der Leib der Frau erlebt die Suche nach dem Gral
> als Wandel von Camelot nach Carbonek und von Carbonek nach Sarras,
> von der Pubertät bis Carbonek, dem Versiegen des Blutes, von Carbonek zum Tod.
> Gesegnet ist, die sich der Reise hingibt.

Camelot ist die Stadt der Männer, das Leben dieser Welt, in das die Pubertät hineinführt – das schöpferische Blut beginnt zu fließen, und die »natürliche« Frau folgt jetzt schon ihrer Berufung zur Gattin und Mutter. Sie öffnet sich ihrem Mann und empfängt den Samen, sie gebärt mit Schmerzen, sie ist die Erde, ohne die der Same unfruchtbar bliebe. Aber wenn ihr Monatsblut in der Menopause versiegt und sie ihr Verlangen, zu empfangen und ein leibliches Kind zu gebären, aufgeben muß, dann kann ihr die lebenslange »Camelot«-Erfahrung zu jener instinktiven Weisheit verhelfen, wie sie noch immer manchen einfachen alten Frauen eigen ist, die sich der Reise hingegeben haben – die den »Wechsel der Jahre« genauso hinnehmen, wie sie die Freuden und Leiden der Mutterschaft hingenommen haben. Sie kommt nach Carbonek, dem Ort, wo sie einen flüchtigen Blick auf das »Heilige« tut, und geht in Frieden dem letzten Ziel des Todes entgegen. Da sie ihrer großzügigen, erfüllten weiblichen Natur gemäß lebt, ist eine solche Frau vollständig oder ganz, ohne zu wissen, daß sie weiß. Taliessin, der im Rosengarten dichtet und die Gralssuche der »natürlichen« Frau besungen hat – die Seligkeit derer, die ihren Lebensweg mit der schlichten, dumpfen Bewußtheit der einfachen Frau gehen, singt in der nächsten Strophe von der Seligkeit der Frau, die vollbewußt die gleiche Reise tut.

> Der Phosphor von Parzivals philosophischem Stern
> scheint auf die Wege von Logres und Broceliande herab;
> glücklich die Frau, die im Lichte Parzivals fühlt,
> wie Galahad, der Gefährte Parzivals, in ihrem Leib entsteht
> und ihr Leib in Carbonek strahlt durch Christus,
> im Wandel ihres Leibes, im Wandel ihres Fleisches, im Wandel des Herzens,
> das sich selbst heilt, um andere zu heilen,
> des einzigen Herzens, das sich selbst ohne andere heilte,
> als unser Herr den Skorpion wiedergewann und den Zodiak erneuerte.
> Gesegnet ist, die um den schmerzlichen Streich weiß,
> geheilt im Leibe des Pelles, im Leibe der Frau.

Der philosophische Stern Parzivals – ein Sinnbild für die Weisheit des Himmels und das Licht des hochstrebenden menschlichen Geistes – scheint auf die Wege dieser Welt und dringt in den Wald Broceliande ein, das Dunkel des weiblichen Unbewußten. Glücklich die Frau, sagt Williams, die von diesem Licht des Bewußtseins überflutet wird und dann fühlt, wie »Galahad«, der neue ganze Mensch, sich in ihr regt. Einen Augenblick lang sind wir vielleicht versucht, an eine Frau zu denken, die sich über die Erde erhebt, um selbst eine Art weiblicher Galahad zu werden, aber die nächste Zeile holt uns rasch zurück zu der wahren Seligkeit dieser neuen Vision der Frau. Sie fühlt, wie sich Galahad in ihrem Schoß regt; wesentlich ist, daß sie ihn *bewußt* in der Wirklichkeit ihrer weiblichen Natur fühlt und so die Wahrheit des Herzens vollkommen verwirklicht, die Liebe, die persönlich ist und zugleich im Transpersonalen wurzelt. Dadurch reift sie seelisch-geistig und »weiß, daß sie weiß«.

Nur im Herzen des Selbst kann die Spaltung aufgehoben und geheilt werden. Das Wort »Herz« ist in diesem Zusammenhang von ausschlaggebender Bedeutung. Wie James Hillman in seinem Essay über die Funktion des Fühlens so überzeugend dargestellt hat, besteht in unserer Zeit ein dringendes Bedürfnis nach dem Eros, nach dem wahren Gefühl. Wir machen jede Menge emotionale Erfahrungen um ihrer selbst willen und haben theoretische Erkenntnisse die Fülle, wohingegen das wahre Empfinden, das zur Wahrnehmung unvergänglicher Werte führt, in unserer Zeit noch selten ist. Individuelle, bewußtgewordene Frauen müssen den Weg weisen. Wie schwer haben es doch die Männer in dieser Zeit, während sie ständig Gefahr laufen, vom Intellekt, von der Technik oder von ihrer niederen, unerkannten Weiblichkeit besessen zu werden, den Sinn des Eros ohne die vermittelnde Kraft der wahren Frau zu erfassen, die diese Dinge nicht nur instinktiv in ihr Leben einbezieht, sondern darüber hinaus »weiß, daß sie weiß«!

C. G. Jung schrieb 1947 einen Brief an Aniela Jaffé, der wunderschön schildert, welchen Wert für einen bedeutenden Mann die gefühlsmäßige Reaktion einer Frau hat, die »weiß, daß sie weiß«. Es war seine Antwort auf einen Brief von ihr, in dem sie offenbar über seinen Aufsatz von der Trinität gesprochen hatte:

> Für Ihre Antwort auf meine »Trinität«, welche ich mir schöner gar nicht denken könnte, danke ich Ihnen von ganzem Herzen. Es ist eine »totale« Reaktion, die auch auf mich »total« gewirkt hat. Sie haben aufs völligste abgebildet, was ich in meine Arbeit hineingebildet habe. An Ihrem Briefe ist es mir wieder einmal klargeworden, wieviel man vermißt, wenn man keine oder eine stückweise Antwort erhält, und was für ein Glück es ist, wenn man das Gegenteil erfährt, nämlich einen schöpferischen Widerhall, der zugleich wie eine Offenbarung des weiblichen Wesens wirkt. Es ist, wie wenn ein Wein, der mit Mühe und Schweiß, mit Plage und Besorgnis endlich reif und gut geworden ist, in einen kostbaren Becher gegossen würde. Ohne diese Fassung und dieses Aufgenommensein bleibt das männliche Werk ein Sorgenkind, das man mit zweifelnden Augen betrachtet und mit innerer Unsicherheit in die Welt entläßt, öffnet sich aber dem Werke eine Seele, so ist es, wie wenn ein Same in gutem Erdreich ruhte oder am Abend die Tore einer Stadt geschlossen würden, so daß sie sich sicherer Ruhe erfreuen kann.[5]

Nach diesen schönen Zeilen mutet die Einstellung vieler Frauen nur noch schrecklicher an, die so sehr damit beschäftigt sind, aktiv zu sein und auf ihre Rechte zu pochen, sei es persönlich oder kollektiv, daß sie jenen »kostbaren Becher« ganz und gar ablehnen, diesen Gral des weiblichen Wesens, der den Wein des Mysteriums aufnimmt, damit zur gegebenen Zeit viele davon trinken können.
Kehren wir noch einmal zu den seltsamen Gedichtzeilen zurück: »Gesegnet ist, die um den schmerzlichen Streich weiß, geheilt im Leibe des Pelles, im Leibe der Frau.« Der »schmerzliche Streich« verursachte die blutende Wunde im Schenkel des

Gralskönigs Pelles, die bis zum Kommen des neuen Menschen Galahad nicht heilen konnte. Die Krankheit des Königs spiegelte sich wider in der Ödheit des wüsten Landes ringsumher. Was bedeuten diese Bilder? C. S. Lewis schweigt sich darüber aus. Natürlich besteht ein deutlicher Zusammenhang mit dem zuvor Gesagten; das Versiegen des Blutes im Klimakterium ist ein Symbol für die Heilung der wunden Menschheit durch eine »natürliche« Frau, deren Aufgabe des Kinderaufziehens erfüllt ist und die sich jetzt dem Tod zuwendet, den sie mit der stillen Freude ihrer letzten Jahre akzeptiert – ihn annimmt, wie es nur die können, die sich der Erfahrung des Dunkels und des Lichts ganz geöffnet haben. »Gesegnet ist, die sich der Reise hingibt«, sagt Taliessin. Der zweite Segensspruch meint etwas anderes: »Gesegnet ist, die um den schmerzlichen Streich weiß«, nämlich um die Wende des Lebens.

Es hat seinen Grund, daß so viele Frauen heute akute, schmerzhafte körperliche wie auch psychische Probleme in den Wechseljahren haben und oft jahrelang an irgendwelchen Störungen leiden. »Wechseljahre« heißt es so schön, aber wie viele Frauen verändern denn tatsächlich ihr Leben, ihr Verhalten so, daß sie im eigenen Innern nach Sinn suchen und sich auf den Tod vorbereiten, um bewußt in eine neue Phase der Reise einzutreten, »von Carbonek nach Sarras«? Nur wenige; die meisten klammern sich verzweifelt an »Camelot«, weil sie sich dieser Etappe der Reise nie voll und ganz hingegeben haben. So führt die Energie, die bei der biologischen Umwandlung frei wird, nicht zu einer neuen Blüte, einem neuen Erwachen ihres inneren Logos, einer kreativen Auseinandersetzung mit dem Sinn des Todes, sondern sie wird von den nicht assimilierten Trieben des *Animus*, der männlichen Komponente ihrer Psyche, verzehrt und wirkt sich zerstörerisch aus. Die Wunde, die durch den schmerzlichen Streich klafft, die Spaltung von Geist und

Fleisch, heilt bei solchen Frauen nicht, sie blutet in der Psyche weiter, stärker als je zuvor. Das wüste Land breitet sich aus, und das Herz verkümmert. Überall in der Welt sehen wir den gleichen mißlichen Zustand, daß sich Frauen mittleren Alters in fieberhafte Aktivitäten stürzen, weil sie im Innern leer sind, oder daß sie krampfhaft nach einem Mann oder entsprechenden Partner suchen, der diese Leere füllt und die Illusion von Jugend aufrechterhält.

Gesegnet ist, die um die Heilung des schmerzlichen Streiches weiß. Bei einer solchen Frau sind Blutung und deren Versiegen ein bewußtes Opfer und sinnerfüllt. Sie ist sich des »Wechsels« in jedem Stadium ihres Lebens bewußt und nimmt ihn von ganzem Herzen an.

Williams' Zeilen »Gesegnet ist, die um den schmerzlichen Streich weiß, geheilt im Leibe des Pelles, im Leibe der Frau« beziehen sich offenbar auf die sonderbarste aller Legenden in Malorys *Morte d'Arthur*. Kurz vor dem Ziel ihrer Suche gesellt sich zu den drei Rittern Galahad, Parzival und Bors Parzivals Schwester, die, wie bereits erwähnt, in dem älteren Text nicht namentlich genannt wird, bei Williams jedoch entweder Blanchefleur oder Dindran heißt. Malory erzählt, wie diese »Edelfrau« Galahad zum »Schiff Salomos« geleitet, das später den Gral und die drei Ritter von Logres nach Sarras trägt. Dort warten Parzival und Bors auf sie; nun erfüllt die Frau ihre Funktion als Bindeglied zum Unbewußten und enthüllt ihnen die Geschichte des Schiffes und des Schwertes, das Galahad darin gefunden hat. Selbst ihr Bruder Parzival erkennt sie nicht, bis sie sich als Tochter des Königs Pellinore zu erkennen gibt. Dann begeben sich alle vier gemeinsam auf die Reise, und die letzte Etappe der Suche beginnt (siehe Kap. 4).

Auf ihrer Reise gelangen sie zu einer Burg, aus der bewaffnete Ritter herausströmen und die Prinzessin, Parzivals Schwester,

ergreifen wollen. Es kommt zum Kampf, aber schließlich werden die Reisenden bewogen, sich den Grund für die Ergreifung anzuhören: Die Herrin der Burg liegt seit langem krank in tiefer Bewußtlosigkeit, und es ist vorausgesagt worden, daß sie nur geheilt werden kann durch das Blut einer Prinzessin königlicher Abkunft, die noch dazu eine Jungfrau sein müsse. Darum wird jede des Weges kommende Edelfrau ergriffen, in der Hoffnung, daß sie diese Bedingungen erfüllt. Als Parzivals Schwester das hört, sagt sie sogleich, daß sie eine Prinzessin und Jungfrau ist, und erbietet sich freiwillig, ihr Blut für die Dame hinzugeben. »Wer will mich zur Ader lassen?« fragt sie. Eine der Hofdamen tritt vor, macht einen Einschnitt in den Arm, und das Blut ergießt sich in eine Schale. Aber sie verliert so viel Blut, daß sie den Tod nahen fühlt, und die drei Ritter bittet, sie nicht zu beerdigen, sondern im nächsten Hafen auf einem Schiff aufzubahren und treiben zu lassen. »Und wenn ihr nach Sarras kommt«, sagt sie, »wird dieses Schiff mit meinem Leib schon eurer harren, und dort sollt ihr mich begraben.« Sie stirbt, und die andere Dame erhebt sich von ihrem Krankenlager und lebt. Die drei Ritter gehorchen ihr und lassen bei der Ankunft in Carbonek, der Gralsstadt, die Leiche auf dem Schiff, und Galahad heilt den wunden König. Von dort kommen sie zur See und besteigen das Schiff Salomos, auf das sich der Gral aus eigener Kraft versetzt hat, und werden ohne Segel oder Ruder nach Sarras hinübergetragen.
Auf dieser Sage beruht Williams' Gedicht »Die letzte Reise«. In seiner Nachdichtung der Geschichte zeichnet er besonders deutlich das Bild der toten Dindran, der Frau, die im selben Schiff wie der Gral und die drei Ritter fährt – Galahad, das »alchemistische«, heilige Kind, Parzival, der Stern der Weisheit, Bors, der gewöhnliche praktische Mensch. Sie bilden zusammen mit ihr eine Quaternität. Alle vier werden zu den »spiritu-

ellen Gefilden« gebracht, ins Unbewußte, wo zwei der Männer mit der Toten und dem Gral bleiben werden, bis die Zeit seiner Wiederentdeckung gekommen ist. Nur Bors kehrt sogleich in die Welt zurück. Damals begannen die Zeitalter, in denen der Mensch und seine Werke im Mittelpunkt des Interesses standen – Renaissance, Aufklärung, industrielle Revolution und schließlich unsere Zeit des technischen Materialismus. Das ist der tiefere Sinn der alleinigen Rückkehr Bors'; Galahads Intuition, Parzivals innere Weisheit und Dindrans Weiblichkeit, sie werden ins Unbewußte verwiesen.

Bors ist in Williams' Gedichten der Ehemann und Vater, der mit beiden Beinen auf dem Erdboden stehende Haushaltungsvorstand, der Extravertierte. Der Dichter betrachtet ihn als den Hüter der Gralsvision in den damals anbrechenden Zeitaltern, aber wir mußten inzwischen erleben, daß die einfachen Werte Bors' in der Sterilität des vom Gefühl losgelösten Intellekts und technischen Verstandes versinken. Es ist sicher höchste Zeit, daß der Gral von Sarras wiederkehrt – Zeit für die Auferstehung Dindrans.

Malorys Geschichte von Parzivals Schwester, die ihr Blut für eine andere hingibt, und die darin angedeutete enge Beziehung zum Gral ist meines Wissens einzigartig unter den verschiedenen Fassungen der Gralssage. Diese Szene ist anscheinend auch nie besonders beachtet worden, bis Williams sie in seinem Gedicht plötzlich zum Mittelpunkt des letzten Bildes vom raschen Entschwinden des Grals macht.

> Vor dem Ruder lag die auf- und untergehende Sonne
> in den vierseitigen Hüllen eines safranfarbenen Leichentuchs
> über der Bahre und dem bleichen Leib der Blanchefleur,
> Mutter der Natur der Liebenden, Wesen des Austauschs,

beraubt des Blutes durch die Schenkelwunde,
sie starb der anderen Tod, die andre lebte ihr Leben.
Noch in derselben Nacht, im letzten Kerzenschein von Logres,
tanzte eine Dame ihren Freunden zu Gefallen;
ihre Wangen waren rot vom Puls der Schwester Parzivals.
Sie teilten sich beide das Maß von Himmel und Erde,
und die Tote erwartete Wende und Weh des Tanzes,
wo, als Floß und Träger des vierfachen Heiligtums,
unter dem safrangelben Leichentuch, dem Glück und Leid der Blanchefleur,
das Schiff Salomos (er sei gesegnet) dahinfuhr.

Diese Zeilen halte ich für die ausdrucksstärksten in dem gesamten Gedichtzyklus; sie können uns ihren tieferen Sinn offenbaren, wenn wir uns nur ganz ihrem »schöpferischen Widerhall« öffnen, wie Jung sagt.

So wie Williams den bei Malory anklingenden Mythos nacherlebt, ist Dindran vor allem »Jungfrau«, mit sich selbst eins, die Gefährtin des Dichters Taliessin – mit Körper und Geist, Herz und Seele; sie ist die Pflegemutter Galahads, die Schwester Parzivals, jene weibliche Weisheit, die sein »philosophischer Stern« braucht. Aber Logres, die Kultur und Gesellschaft jener Zeit, war nicht bereit für die »neue Frau«, die in der Geschichte kurz aufscheint. Die Frauen sollten noch viele Jahrhunderte lang dem dominanten Mann unterworfen bleiben, der so gut wie nichts von dem weiß, was ihr Leib immer weiß. Immerhin gab Dindran, »Mutter der Natur der Liebenden, Wesen des Austauschs«, ehe sie mit dem Gral entschwand, ihr Blut hin, damit ihr Leben in die Adern einer gewöhnlichen Frau von dieser Welt strömte und der Zukunft erhalten blieb. Die kranke Frau lag im Koma – allzulange war das »Fleisch«, die Erde, im

Christentum verachtet worden. Das Blut Dindrans, der ganzen Frau, verschafft ihr die Möglichkeit der Erneuerung.

> Noch in derselben Nacht, im letzten Kerzenschein von Logres,
> tanzte eine Dame ihren Freunden zu Gefallen;
> ihre Wangen waren rot vom Puls der Schwester Parzivals.

Diese Frau, die einfach aus heller Freude am menschlichen Austausch tanzt, hat in ihren Adern, in den Tiefen ihres Wesens, ihr selbst unbewußt, das Leben der »Toten«, deren »Austausch« den Himmel und die ganze Welt erfaßt.

> Sie teilten sich beide das Maß von Himmel und Erde, und
> die Tote erwartete Wende und Weh des Tanzes.

Sie, Dindran, wartet im Unbewußten der Frauen auf den Tag, an dem eine hier, eine dort sie aus ihrem Schlaf weckt. Sie erwartet das »Weh des Tanzes«, und Weh ist hier im Sinne von Geburtswehen gemeint. Der Ort, an dem sie in dem Gedicht liegt, ist das Schiff Salomos, des Königs, der als Inbegriff der Weisheit und der Herzensgüte gilt. Sie ist wie im Mutterschoß eingebettet, die Vierte im »vierfachen Heiligtum« des Grals. Noch eine Zeile verdient unsere besondere Beachtung: »beraubt des Blutes durch die Schenkelwunde«. Durch das Wort »Schenkel« stellt Williams eine Verbindung zwischen dem Opfer Dindrans und der Wunde des verstümmelten Königs her, die bald von Galahad geheilt werden wird. (Es sei daran erinnert, daß er im Rosengartengedicht auch das Menstruationsblut der »natürlichen« Frau mit dem Blut des Gralskönigs gleichsetzt.) Das ungemein Interessante an dieser Textpassage ist, daß Parzivals Schwester eigentlich durch einen Schnitt in den *Arm* zur Ader gelassen wird. Der Arm ist ein Symbol für die schöpferischen Kräfte in dieser Welt, der Schenkel ein Hinweis auf die männliche Sexualkraft. Der Gralskönig ist verwundet, er ist in seiner männlichen Stärke behindert, so daß er keine neue Vision mehr empfangen kann. Die Frau hinwiederum ist vom Arm her ihres Blutes beraubt, ihre latent vorhandene aktive Kreativität sinkt ins Unbewußte zurück, um das »Weh des Tanzes« zu erwarten – jene Geburtswehen, von denen die Frauen in den vergangenen hundert Jahren tatsächlich erfaßt worden sind. Gleich nachdem Dindran ihr Blut hingegeben hat, heilt Galahad, ihr Pflegesohn, Symbol des unversehrten, ganzen Mannes, den Gralskönig, aber die große Vision läßt sich noch immer nicht in der Welt verwirklichen, solange der Wert der ganzen Frau nicht erkannt und akzeptiert wird. Der Gral entschwindet, und mit ihm Dindran, die »Seherin«.

All dies kann als symbolische Darstellung der Situation in der Mitte dieses Jahrhunderts – der Zeit des Dichters – wie auch der inneren Suche einer jeden wachgewordenen Frau interpretiert werden, ob sich Williams dessen bewußt war oder nicht. Wenn die wahre Schöpferkraft einer Frau im Bereich des Logos verwundet ist – wenn ihre »Arm«-Tätigkeit zum Manipulieren statt zu schöpferischem Tun benutzt wird, dann ist auch der Mann geschwächt. (Dem liegt natürlich nicht unbedingt ein Verhältnis von Ursache und Wirkung zugrunde, sondern eher eine Synchronizität.) Wenn allerdings ihre Wunde ein Opfer ist (das für jemand anders hingegebene Leben und damit das Aufgeben der vom Animus beherrschten Forderungen ihres Egos), folgt darauf die Wiedergeburt. Im »Weh« des Tanzes, im wahren »Austausch«, der Himmel und Erde umfaßt, kehrt sie zurück und bringt den lange verborgenen Gral mit sich.

Der Arm ist das, was den Menschen vom Tier unterscheidet,

und er symbolisiert, wie bereits erwähnt, seinen Bezug zum Leben. Dindran gab das Blut ihres Armes und ihres Lebens hin. Die tanzende Dame, in deren Adern Dindrans Blut kreist, ist der weibliche Gegenpart zu Bors, dem Ehemann und Haushälter, der an seine Söhne wie sie an ihre Töchter in den Jahrhunderten des sich ausbreitenden Humanismus das intuitive Wissen um den Gral weitergibt. Mit Anbruch des Wassermann-Zeitalters, dem Zeitalter des Sehens und der Kontemplation, in dem der Wassermann in einem Gefäß das Wasser des Lebens bringt, erwacht da nicht Dindran, die bewußtgewordene Frau, die mit sich eins ist und nicht mehr fern von dieser Welt, sondern auf den Straßen der Stadt Gottes und der Menschheit wandelt? So wird sie, wie es in dem Gedicht »Taliessin im Rosengarten« heißt, »die Sicht der Frauen am Boden der Welt mit einem Blitzstrahl erhellen«.

ANMERKUNGEN

1 C. G. Jung: *Collected Works*, Routledge & Kegan Paul, London, Bd. 18, S. 678 (zitiert nach der engl. Ausg.).

2 C. S. Lewis: *Arthurian Torso*, Oxford University Press 1948.

3 »Taliessin in the Rose Garden« aus: *The Region of the Summer Stars*, Oxford University Press 1950; »The Last Voyage« aus: *Taliessin Through Logres*, Oxford University Press 1938 (freie Übertragung der Gedichte von der Übersetzerin).

4 Spring Publications, Dallas 1973, S. 52.

5 C. G. Jung: *Briefe*, Walter Vlg., Olten 1972, Bd. 2, S. 93.

6

SOPHIA: GEFÄHRTIN BEI DER SUCHE

Caitlín Matthews

Wir sind alle auf einer eigenen Suche, deren Sinnbild der Gral ist, der in uns, wie Caitlín Matthews es ausdrückt, »die Liebe zu einer inneren Welt weckt«. Denn obwohl die Suche eine innere ist, manifestiert sie sich doch auch in der Außenwelt, um dort unsere tiefsten Bedürfnisse zu befriedigen, die im weiteren Sinne auch die der Welt sind. Jeder von uns ist von irgend etwas getrennt und verbannt: von der Heimat, der Kindheit, von der Liebe oder von Gott. Der Gral erinnert uns daran, daß wir auch aus dem Paradies verbannt sind, das vielleicht alles Vorhergenannte einschließt, und daß er selbst an diesem Zustand teilhat. Das geht aus der Art der Führerin und Gefährtin hervor, die die Gralsritter (und uns) auf der Suche geleitet, unsere Verbannung teilt und durch uns den ersehnten Zustand wiedererlangen will. Wir müssen erkennen, daß wir die Führerin ebenso nötig brauchen wie sie uns, eine Wahrheit, die auch auf den Gral zutrifft. So erfahren wir: »Aus dem Gral zu trinken heißt, sich an das Paradies zu erinnern.« Diese Erfahrung ist das Ziel aller Suchenden; sie, mehr als alles andere, sollte uns auch inspirieren und motivieren.

Die Gralssuche ist in vieler Hinsicht ein Paradigma unserer eigenen spirituellen Entwicklung. Auf dieser Fahrt finden und verlieren wir dauernd den Weg, so wie wir uns an das erinnern und es wieder vergessen, was wir einmal gelernt haben. Der beständige Kreislauf des Lebens sorgt dafür, daß wir uns nie auf unseren Lorbeeren ausruhen können: Jener Augenblick der Offenbarung läßt sich nicht festhalten. Das gilt für uns alle, auf welchem Pfad wir uns auch befinden mögen. Ob wir den gut gangbaren Weg beschreiten, den schon andere vor uns eingeschlagen haben, oder ob wir nach eigenem Gutdünken Neuland betreten, wir erleben doch die gleichen Rückschläge, machen die gleichen Fehler und gehen gleichermaßen in die Irre, sei es aus Faulheit, aus Unwissenheit oder aus Verzweiflung. In aller Unschuld machen wir uns auf die spirituelle Reise, ebenso wie Parzival, der argloseste der Ritter, die mutterschoßartige Abgeschiedenheit des Waldes verläßt, in der ihn seine Mutter von den Realitäten des Lebens fernhielt. Von Beginn an ist sich Parzival kaum bewußt, daß er überhaupt auf einer Suche ist: Er verwechselt Ritter in ihrer Rüstung mit Engeln, handelt an allen unritterlich und versäumt es, die wichtige Gralsfrage zu stellen, die des wunden Königs Leiden beenden würde. Aber wer sich auf die spirituelle Suche begibt, ist nie allein, auch der Gralssucher nicht. Mit der Identität einer geheimnisvollen Gefährtin auf der Suche wollen wir uns hier befassen. Sie begleitet den Gralsritter ebenso wie den Mystiker, und sie fehlt in kaum einer der esoterisch-spirituellen Traditionen. In den Gralslegenden tritt sie auf unter Namen wie die »rauhe Maid« oder »Kundrie la Surzière«. Mystisch betrachtet ist sie eine überragende Gestalt, denn in ihrem tiefsten Wesen ist sie *Sophia,* der Archetyp der heiligen Weisheit Gottes. Wie immer wir sie auch sehen, die Aufgabe der Sophia ist es, das Paradies ins Bewußtsein oder in die Erinnerung zurückzuholen, denn sie ist, *par excellence*, die symbolische Verkörperung des Vertriebenseins aus dem Paradies, weist uns aber zugleich den Weg der Rückkehr zum ursprünglichen Zustand. Ob wir nun buchstäblich an den Sündenfall glauben oder nicht, fest steht, daß wir uns die meiste Zeit über in einem Zustand der Vergessenheit befinden – getrennt von unserer wahren Natur. Sophia erfüllt in Gestalt der Kundrie speziell für Parzival diese Funktion, und da ihre Rolle in den Vulgata-Fassungen, in denen Galahad als Gralsgewinner angeführt wird, unbeachtet bleibt, werde ich nur aus den Texten zitieren, deren überragende Figur Parzival ist.

Lernen wir die »rauhe Maid« in dem Augenblick kennen, als Parzival versäumt hat, die Gralsfrage zu stellen. Peredur (der walisische Parzival) saß mit drei anderen an der Artustafel, und herein kam:

> eine schwarze Frau mit krausen Haaren, die auf einem gelben Maultier ritt... Sie sah struppig und wenig liebenswert aus: Gesicht und Hände waren pechschwarz, aber noch häßlicher als ihre Farbe wirkte ihre gesamte Erscheinung mit den hohen Backenknochen und einem schwammigen Gesicht, einer platten Nase mit weit offenen Nasenlöchern, mit Augen, deren eines graugesprenkelt war und hervorquoll, während das andere schwarz wie Tinte war und tief in der Höhle saß, mit langen Zähnen, gelb wie ein Strohbesen, und einem Bauch, der über die Brüste bis zum Kinn herauf schwoll. Ihr Rückgrat hatte die Form einer Krücke; ihre knochigen Hüften waren breit, mündeten jedoch in dünne Beine mit knotigen Knien und Füßen ein.[1]

Sie machte Peredur Vorhaltungen, warum er die Gralsfrage nicht gestellt habe, in diesem Fall, warum die Lanze noch rot von Blut war, denn: »Hättest du gefragt, wäre der König genesen und im Königreich Frieden eingekehrt, aber jetzt wird es ein Kämpfen und Morden geben, werden Ritter fallen, Frauen zu Witwen und Kinder zu Waisen werden, alles nur wegen dir.«[2] Ebenso ist es im *Parzival*, wo sie als »Kundrie la Surzière« erscheint. Dort sieht sie gleichfalls abscheulich aus, nur ist sie zusätzlich mit Wissen befrachtet und wird als Gralsbotin bezeichnet; durch ihre Ankunft wird die Suche beschleunigt und schließlich erfolgreich.

Wer ist dieses häßliche Wesen, und was macht sie eigentlich in einer Geschichte, die letztlich eine Allegorie der transzendenten Spiritualität ist? Viele weigern sich, ihr überhaupt einen Platz in der Gralsgemeinschaft zu überlassen, ist sie doch ein niederes Geschöpf, schmutzig und verwahrlost, und zu allem Überfluß auch noch eine Frau! Um die Fragen, die diese Gestalt aufwirft, befriedigend beantworten zu können, müssen wir den Ursprung der rauhen Maid ergründen und über die Natur des göttlichen Weiblichen nachdenken. Dabei werden wir den geistigen Überbau des Dualismus außer acht lassen müssen, der sich in unsere Vorstellung von einer spirituellen Reise eingeschlichen hat, und uns an eine Zeit zurückerinnern, als sich das Göttliche noch ebensogut in weiblicher wie in männlicher Symbolik ausdrücken konnte. Die Gralssage hat ihre eigenen weiblichen Protagonisten, wie wir sehen werden, deren Funktion ebenso wichtig ist wie die der Gralsritter: Ihr Ursprung ist tief in die keltische Vorstellungswelt eingebettet und hat einen direkten Bezug auf unsere eigene Einstellung zur spirituellen Wanderschaft (siehe Kap. 5).

Den Gegensatz zu unserer rauhen Maid bildet in der Gralssage offenbar die Gralsträgerin, die den Gral bei der Gralsprozession trägt. Sie wird so beschrieben, daß sie auf keinen Fall mit der schwarzen Kundrie verwechselt werden kann:

Von ihrem Antlitz ging ein Schein aus, daß alle meinten, es beginne zu tagen. Man sah die Maid gekleidet in Pfellel von Arabi. Auf grüner Achmardiseide trug sie... ein Ding, das hieß der Gral... Die aber, von welcher der Gral sich tragen ließ, war Repanse de Schoye. Es war des Grales Art, daß er von reiner Hand verwahrt werden mußte; die ihn in rechte Obhut nehmen sollte, die mußte ohne Falsch sein.[3]

Sie steht im gleichen Dienst wie die Gralsbotin Kundrie, wie unterschiedlich sie auch aussehen. Daß diese beiden Frauen dem Gral dienen, sollte uns ein Hinweis darauf sein, daß es sich um ein und denselben Archetyp in verschiedener Gestalt handelt. Wer diese Texte liest, bemerkt davon aber meistens nichts. Die Natur des göttlichen Weiblichen ist zwiegespalten: in das gefällige, annehmbare Idealbild und das bedrohliche Bild dunkler Mächte.

Das Weibliche nimmt im Bereich des Geistigen und besonders im Christentum nur einen unbedeutenden Raum ein. Nachdem die Kirche sich ihrer esoterischen und mystischen Elemente entledigt (oder ihnen zumindest einen »offiziellen« Rahmen zugewiesen) hatte, entwickelte sie den Marienkult als einzige Ausdrucksmöglichkeit des weiblichen Prinzips; die Klischees von der Gottesmutter und von der heiligen Jungfrau blieben allerdings leblose Idealgestalten und waren kaum der Inbegriff des göttlichen Weiblichen. Die einzige »gefährliche« Frau innerhalb der Christenheit ist Maria Magdalena, die von der irdischen Sinnenlust erlöste bußfertige Sünderin: ein Archetyp, zu dem alle Frauen emporschauen können. Dieser strenge Dualismus war es, der die eine höchste Göttin zum weiblichen Dämon herabwürdigte. Wie es dem göttlichen Weiblichen erging, so auch der Frau: Die Frau galt als Zugang

zum Teufel, als Evastochter, durch die es zum Sündenfall kam. Unsere rauhe Maid entspricht zunächst einmal dieser düsteren Vorstellung, doch steigt das Bild letztlich aus viel tiefer liegenden Schichten als den christlichen auf, wo die Frau noch eine größere Bedeutung hatte als im 12. Jahrhundert, aus dem die ersten Niederschriften der Gralssage stammen.
Dem Gral als Gnadengefäß liegt vielleicht eine ähnliche Idee zugrunde, aber seine spezifisch weibliche Bedeutung ist nahezu unbekannt aufgrund einer christlichen Verbrämung, die vieles von seinem geheimnisvollen Ursprung verdunkelt hat. Die Gralslegende existierte in der einen oder anderen Form schon, bevor sich das Christentum ihrer bemächtigte und ihre Symbolik nutzte. Nur die erhabensten Symbole dürften so universell verwendbar sein. Obwohl es sich kaum mit der christlichen Vorstellung vom Gral als Kelch des letzten Abendmahls verträgt, gehörte er einst zum göttlichen Weiblichen und hütete das Wissen oder die Weisheit. Daß der Gralsträger aller Liturgie entgegen weiblich war, hat in manchen Kreisen große Bestürzung ausgelöst: In damaliger Zeit hätte keine Frau die heiligen Gefäße überhaupt berühren dürfen. Ein solcher Einwand erscheint jedoch völlig unangebracht, wenn man die keltischen Wurzeln des Grals und seiner Hüterin berücksichtigt. Der Gral und sein Inhalt haben nach den *frühesten* Versionen der Sage keinerlei Zusammenhang mit dem Kelch des letzten Abendmahls und dem Erlöserblut, auch wenn er zum Gegenstand einer apokryphen christlichen Legende gemacht wurde: Er entspringt direkt dem alten, heiligen Glauben an die »Souveränität« – personifiziert als das Land, mit dem sich der König vor seiner Krönung vermählen muß.
Die alten Königsbräuche sind eng mit der Vorstellung einer Vermählung zwischen dem Herrscher und seinem Land verknüpft. Diese Vorstellung hat sich bruchstückhaft erhalten,

wie die englische Krönungszeremonie zeigt, wo der Monarch bei der feierlichen Überreichung der königlichen Insignien mit dem »Trauring Englands« rituell dem Land vermählt wird. Wenn wir die Spur weiter zurückverfolgen, treffen wir auf diesen Brauch bereits in einer Zeit, als noch die Göttin und das Mutterrecht Geltung hatten; damals herrschte der König nur kraft seiner weiblichen Verwandten über das Land. Oft mußte er symbolisch eine Priesterin ehelichen, die im Ritual die Göttin verkörperte.

In der irischen Sage *Baile in Scail, The Phantom's Prophecy* gerät Conn, der König von Tara, in eine geheimnisvolle Landschaft und stolpert in ein Haus hinein. Dort sehen er und seine Gefährten »eine junge Maid auf einem gläsernen Sessel, mit einer goldenen Krone auf dem Haupt und einem goldgesäumten Gewand, vor ihr eine Silberschale mit vier goldenen Ecken, mit rotem Bier gefüllt. Ein goldener Kelch auf dem Boden. Ein goldener Becher oder Kelch an ihren Lippen.«[4] Die Jungfrau ist die Souveränität Irlands, und sie gibt Conn die Silberschale, denn seine Nachkommen werden das Land regieren. Sie könnte leicht mit der Gralsträgerin verwechselt werden, die dem Ritter auf der Suche schließlich die Erleuchtung bringt; aber sie hat noch ein anderes Gesicht, das sich in einer zweiten irischen Sage, *Niall of the Nine Hostages*, offenbart. Hierin verrichten Niall und seine vier Brüder Waffendienste und ernähren sich von dem, was die Natur ihnen bietet. Sie verirren sich und brauchen Wasser. Der erste Bruder findet einen Brunnen, der jedoch von einem häßlichen alten Weib bewacht wird, das ihn nur trinken lassen will, wenn er sie küßt. Nun versuchen die anderen Brüder nacheinander ihr Glück, haben aber alle die gleichen Schwierigkeiten: Keiner kehrt mit Wasser zurück. Dann begibt sich Niall zu dem alten Weib; er küßt es nicht nur, er schließt es in seine Arme. Als er es losläßt, sieht er, daß es sich in die schönste Frau der Welt verwandelt hat. Auf seine Frage antwortet sie ihm: »Ich bin die ›Souveränität‹, König von Tara; deine Nachkommen werden über alle Clans herrschen.« Und sie fordert ihn auf, zu seinen Brüdern zurückzukehren, ihnen jedoch kein Wasser zu geben, ehe sie nicht seine Oberhoheit anerkannt hätten.

Diese tiefsinnige Geschichte erzählt uns manches über die ersten Ursprünge des Grals und seiner Hüter. Ob es sich um die Jungfrau mit der Silberschale im *Baile in Scail* handelt, um Ceridwens Kessel der Weisheit aus der walisischen Sage oder um die alte Hexe, die den Brunnen bewacht, immer wird der alte Archetypus der Göttin lebendig.

Für den, der nach dem Königtum strebt, kann die rauhe Maid, die verkörperte Souveränität, nicht ihre wahre Gestalt annehmen, und sein Streben kann nicht zum Ziel führen, solange er sie in ihrer häßlichen Gestalt zurückstößt. Aus der Prüfung soll der eine hervorgehen, dem das Land mehr am Herzen liegt als die Königswürde. Aber was bedeutet das für den Gralsritter? Wenn wir einen Bezug zwischen der Gralssuche und dem Streben nach der Königswürde herstellen, sehen wir vieles in einem ganz neuen Licht.

Vielleicht erinnern wir uns, daß die Erringung des Grals den wunden König heilt und das wüste Land zum Blühen bringt. Seit undenklichen Zeiten und besonders nach keltischem Verständnis gilt ein verstümmelter oder verwundeter König als regierungsunfähig – zur Herrschaft gehörte ein ganzer Mann. Um dieses Thema geht es in einer anderen irischen Sage, nach der Nuadu, der König der Tuatha De Danann, bei der Schlacht von Mag Tuired seinen Arm verliert. Seine Regierungsgewalt wird angezweifelt und schließlich einem anderen übertragen, obwohl Nuadu einen künstlichen Arm aus Silber erhält. Erst als sein Arm auf wunderbare Weise wiederhergestellt ist, darf er erneut König sein. Beim Gralskönig besteht die Verwundung in einer Genitalverletzung – die beschönigend Schenkelwunde genannt wird –, so daß er nicht als Herrscher mit dem Land vermählt werden kann, das dadurch brachliegt. Der Gralsritter trachtet also danach, seinen König zu heilen; er hat ja an dessen Schicksal teil, da das ganze Reich mit ihm leidet. Die Souveränität, als Frauengestalt personifiziert, ist demnach von ausschlaggebender Bedeutung für das Verständnis der Gralssagen: In der Gralsjungfrau spiegelt sich nicht nur das einst mächtige weibliche Prinzip in seiner Göttlichkeit wider, sondern sie ist zugleich die Gralsbotin, die rauhe Maid, die Kundrie. Die beiden Gesichter der verkörperten Souveränität tauchen in den Gralssagen als zwei voneinander getrennte Charaktere wieder auf; sie bezeichnen vielleicht auch das Land, das leidet und brachliegt – so schwarz und unerwünscht wie die Kundrie – und die Wiederherstellung des Landes, wobei die Souveränität wieder die frühere Form der schönen Jungfrau gewinnt.

Wenn die heidnischen Quellen der Gralssage hier überbetont wurden, dann nur in dem Versuch, der anderswo vorherrschenden Überbetonung der christlichen Parallelen entgegenzuwirken, die leichter zu entdecken sind. Die Gefährtin auf der Suche, die häßlich-schöne Jungfrau, ist weder auf die Gralssage beschränkt noch ausschließlich heidnischer Natur. Um die Gralssuche als unseren eigenen spirituellen Weg erkennen zu können, müssen wir noch die mystischen Traditionen – die jüdische wie auch die christliche – erforschen, wo wir unsere Gefährtin in anderer Gestalt wiederfinden und eine Geheimtradition entdecken werden, in der sich die verborgene Weisheit früherer Zeiten erhalten hat.

»Die Fremde macht mir das Herz kalt. Der über die Sterne hat Gewalt, der müsse Euch Hilfe lehren und uns zu Freuden kehren«[5], sagt Artus' Mutter Arnive im *Parzival*. Wir haben ein starkes Gefühl des In-der-Fremde-Seins. Jede Kultur hat ihre Legende über den Abfall des Menschen von Gott. Bei den Juden und Christen ist es die im 1. Buch Mose verzeichnete biblische Geschichte von der Vertreibung Adams und Evas aus dem Paradies: ein in mystischen Bildern abgefaßter Bericht vom Bruch zwischen Gott und den Menschen. Leider werden symbolträchtige Geschichten meist mit Blick auf ihre historischen Grundlagen und Folgen interpretiert, statt in ihrer Gleichnishaftigkeit. Isoliert betrachtet verheißt der Sündenfall einem von Gott vertriebenen Volk Böses. Aber im Christentum gehört von Natur aus die Erlösung zum Sündenfall hinzu. Der *Felix culpa*, der glücklichen Schuld, ist das Erscheinen des Christus zu verdanken, der die Welt erlöst hat; ohne den ersten Adam hätte es keinen zweiten Adam (Christus) gegeben, der gekommen ist, uns zu helfen. Das *Ave* im Ave-Maria (Heil Maria) ist eine Umkehrung des Namens Eva, denn Maria tilgt auch die Schuld Evas, der Mutter aller Lebenden. Der Sündenfall ist unsere Vertreibung aus dem Paradies; wir machen aus dem Garten Eden ein wüstes Land. Die Gralssuche ist unsere spirituelle Entfaltung und der Gral die Wiedereinsetzung in unsere Souveränität als Könige und Königinnen der Schöpfung. Ganz abgesehen von der orthodoxen Auslegung des Sündenfalls hat offenbar jede Kultur eine eigene apokryphe Vorstellung davon, daß ein Teil des Paradieses bei den Menschen blieb, um ihnen die Möglichkeit zur Rückkehr offenzuhalten. Die Gralssage ist die europäische Form, dieser Möglichkeit der Rückkehr Ausdruck zu verleihen; aber warum reichten eigentlich die von der damaligen Religion angebotenen Mittel nicht dafür aus?

Joseph Campbell fragt in seinem Buch *Flight of the Wild Gander*, warum hätte es denn im Mittelalter »überhaupt jemand für notwendig erachten sollen, sich ganz allein auf eine so gefährliche Unternehmung (d. h. die Gralssuche) einzulassen, wo doch gleich nebenan tagtäglich die heilige Messe zelebriert wurde, mit Christus selbst auf dem Altar«.[6]

Wie wir inzwischen wissen, ist der Gral nicht unbedingt christlichen Ursprungs, auch wenn er in die christliche Symbolik aufgenommen wurde. Die Gralssuche schließt Dimensionen ein, die auch dem Christentum innewohnen, allerdings nicht in seiner dogmatischen Form. Jede Seele hat das Bedürfnis, auf ihre ureigene Weise aus der Fremde heimzukehren, wobei sie sich der normalen äußeren Glaubensbahnen bedienen oder diese vermeiden kann. Den Gral zu erlangen war kein der heiligen Kommunion in der Messe vergleichbares Erlebnis: Es war weit mehr als das. Am Abendmahl teilzunehmen kann die höchste Erkenntnis bedeuten – die Einheit von Schöpfer und Geschöpf –, aber wenn der Kommunikant das Sakrament nicht mit kreativem Bewußtsein erfüllt, bleiben innere und äußere Welt für immer zweigleisig, ohne je miteinander zu verschmelzen. Das Mysterium der Kommunion muß im Alltagsleben verwirklicht und nicht auf irgendeinen Sanktnimmerleinstag verschoben werden. In seiner exoterischen Form versäumt es das Christentum, in irgendeiner Weise auf die Eigenverantwortung aufmerksam zu machen, die jeder für seine Erlösung trägt. Nur wenige Christen denken über die Möglichkeiten des freien Willens hinaus, der das Geburtsrecht ausschließlich des Menschen ist. Weil vom freien Willen Gebrauch gemacht wurde, kam es zum Sündenfall; warum sollte der freie Wille dann nicht auch positiv genutzt werden können, um die Verbannung zu beenden?

Mit dieser Frage hat sich das exoterische Christentum nie richtig auseinandergesetzt: Glauben, Gutes tun und das Sakrament empfangen, das sind die Mittel zur Erlösung. In allen Religionen besteht jedoch eine mystische, esoterische Richtung, die eine Alternative anbietet und dem einzelnen selbst die Verantwortung gibt. Das Christentum hat seine esoterische Schule allerdings in »sichere« mystische Bahnen gelenkt; es hat sich vom göttlichen Weiblichen, von der Geheimtradition, kurz, von allem gereinigt, was den Beigeschmack einer privaten Erlösung haben könnte. Trotzdem überlebte die Gralstradition selbst ein Zeitalter, das die Vernichtung sowohl der Katharer als auch der Templer mit sich brachte, dieser zwei verschiedenen Richtungen, deren selbständige Sicht der Dinge und Zugang zu mystischen Erkenntnissen der Kirche ein Dorn im Auge war. Der Gral ist nie offiziell von der Kirche gebilligt, aber auch nie abgeleugnet worden. Die Kirche hatte sogar ihre eigene Gralslegende. Die Artussagen waren zeitweilig so beliebt, daß die Mönche von Glastonbury die Gralsgeschichte gut für ihre Zwecke umwandeln konnten; sie tauften den törichten Parzival um in »Perlesvaus«, »den, der das Tal verloren hat«, und sahen in ihm eine Art Christus. Dergestalt wurde aus der Gralssage eine schillernde christliche Allegorie. Sie entfaltete dabei auf zwei Ebenen ihre Wirkung: exoterisch als beliebte Volkssage und esoterisch als alternativer Weg zu Gott, als Heimkehr aus der Verbannung.

Aber wie stand es mit anderen Traditionen? Nach der jüdischen Auffassung hat der Sündenfall ein ganz anderes Gewicht. Hier ist das Gefühl der Verbannung viel stärker und das Verlangen nach Heimkehr größer. Im esoterischen Judaismus, insbesondere in der Kabbala, wird die Verbannung unter dem Gesichtspunkt der Beziehung zu Gott gesehen. Der Bund, den Gott mit Israel schließt, ist eher einem Ehebund als einem gesetzlichen Vertrag vergleichbar. Wenn wir uns in die esoterische Symbolik der Kabbala vertiefen, finden wir unsere Gefährtin wieder: nicht als rauhe Maid oder Gralsjungfrau, sondern als Schechinah, die verwandte Züge trägt. Die Schechinah soll von Anbeginn der Schöpfung bei Gott geweilt haben; aus den biblischen Büchern der Weisheit und aus kabbalistischen Texten wie dem Buch *Sohar* erhalten wir ein klares Bild von ihrer Funktion im Hinblick auf unsere Rückkehr zu ihm.

Sie erscheint im Schöpfungsbericht bei den Sprüchen Salomos:

> Der Herr hat mich gehabt im Anfang seiner Wege; ehe er etwas schuf, war ich da. Ich bin eingesetzt von Ewigkeit, von Anfang, vor der Erde... Da er die Himmel bereitete, war ich daselbst... da er den Grund der Erde legte: da war ich der Werkmeister bei ihm und hatte meine Lust täglich...[7]

Aus diesem Text geht hervor, daß Gott und seine Schechinah einander in einer liebevollen Partnerschaft verbunden sind. Als Adam und Eva vom Baum der Erkenntnis aßen und aus dem Paradies vertrieben wurden, entschied sich die Schechinah, mit ihnen zu gehen; wenn die Einheit von Gott und Schöpfung zerstört ist, kann es auch keine Vereinigung Gottes mit seiner Schechinah geben. So ging sie freiwillig mit der Menschheit in die Verbannung; aber wo immer sie in Erscheinung tritt, bringt sie die Barmherzigkeit Gottes zum Ausdruck. Sie ist allerdings mehr als nur eine abstrakte Emanation des Göttlichen. Sie wohnt in der Bundeslade und schwebt ihr in der Wüste voran, tagsüber als Rauchsäule und nachts als Feuersäule: ein sichtbares Zeichen der Gegenwart Gottes unter den Israeliten. Die Bundeslade ist wie der Gral eine Reliquie mit großer Kraft: Sie ist ein Stück vom Paradies. (Wir erinnern uns, daß der Gral im *Parzival* der *Lapis exilis*, das heißt »Stein, der vom Himmel gefallen ist«, genannt wird; nach anderen Quellen soll er ein Smaragd gewesen sein, der beim Aufstand der gefallenen Engel aus Luzifers Krone fiel.) Die Schechinah ist ebenso die Verkörperung des verlorenen Paradieses selbst als auch ein Symbol der Vertreibung daraus. Sie begleitet die Kinder Israel durch die Wüste, bis die Bundeslade ihren Platz im Tempel gefunden hat. Die Zerstörung des Tempels 586 v. Chr. verstärkte bei den Juden das Gefühl des Vertriebenseins: Die Bundeslade wurde an einen unbekannten Ort entrückt (siehe Kap. 4). Da die Schechinah keine Behausung mehr hatte, wohnte sie fortan in den Herzen ihres Volkes. Fromme Juden beschleunigen die Rückkehr, indem sie der Schechinah wohlgefällige Werke tun; üble Taten grämen die Schechinah und verlängern die Verbannung. Für die Juden hat die Bundeslade eine ähnliche Bedeutung wie der Gral – sie ist der Gegenstand einer inneren Suche.

Die Schechinah ist also die weibliche Entsprechung Gottes; kabbalistische Texte gehen sogar so weit, sie als Gemahlin Gottes zu bezeichnen, von der er durch den Sündenfall und die fortbestehende Sündhaftigkeit der Menschheit getrennt ist. Die Komplexität der Schechinah ist nur begreiflich, wenn erkannt wird, daß sie historisch mit der Göttin Astarte oder Istar verwandt ist, die mit ihrem Gemahl Baal oder Tammuz im höchsten Himmel herrschte. Einst fand das Göttliche seinen Ausdruck im göttlichen Wesen von Herr und Herrin, die gemeinsam regierten. Die Schechinah ist der symbolische Nachkomme der Göttin und verkörpert die weibliche Natur einer ansonsten durch und durch patriarchalischen Gottheit. Gottes Schechinah wurde mit der Situation des Volkes Israel verglichen, das ebenfalls sowohl Gottes vertriebenes als auch sein auserwähltes Volk war. In den Klageliedern Jeremias über den Fall Jerusalems wird die Stadt durch die Schechinah personifiziert:

Wie liegt die Stadt so wüst,
die voll Volks war!
Sie ist wie eine Witwe,
die Fürstin unter den Heiden;
und die eine Königin in den Ländern war,
muß nun dienen.
Sie weint des Nachts,
daß ihr die Tränen über die Backen laufen;
es ist niemand unter allen ihren Freunden,
der sie tröste...
Es ist von der Tochter Zion aller Schmuck dahin.
Ihre Fürsten sind wie die Widder,
die keine Weide finden
und matt vor dem Treiber her gehen...[8]

Dies ist eine Darstellung der manifestierten Schechinah, der vertriebenen Majestät und Weisheit Gottes; sie verkörpert ein Volk, das seine Souveränität verloren hat. In den biblischen Apokryphen wird die Schechinah auch Chokmah oder Weisheit genannt: sie, die laut in den Straßen klagt, die den Quell der Weisheit hütet, der wie der Gral die Seele zur Besinnung bringt. Die Weisheit oder Schechinah ist die Hoffnung auf Rückkehr; an dem Tage, da die Verbannung endet, wird ihr befohlen:

Zeuch aus, Jerusalem, dein Trauerkleid,
und zeuch an den herrlichen Schmuck von Gott ewiglich!
Zeuch an den Rock der Gerechtigkeit Gottes,
und setze die Krone der Herrlichkeit des Ewigen auf dein Haupt!
Gott wird deine Herrlichkeit unter allem Himmel offenbaren.[9]

Hier ist die Rede von der Schechinah als der transzendenten Weisheit, die nicht länger in der Verbannung weilt, sondern mit Gott vereint ist. Das treffendste Bild der Schechinah ist überhaupt das der Gattin, der Geliebten. Der Mystiker hat sich stets sexueller Symbole bedient, um seine Einheit mit dem Göttlichen oder die Trennung davon auszudrücken. In der Schechinah wird das Bild sehr weit gefaßt und schließt die ganze Menschheit als Geliebte Gottes mit ein. Fromme jüdische Ehegatten pflegten sich in Anlehnung an die Vereinigung Gottes mit der Schechinah am Vorabend des Sabbat zu lieben. Die Kabbalisten wandten besondere Meditationstechniken an, um diese göttliche Vereinigung zu visualisieren und schneller zu Gott zurückzukehren.

Die Symbolik der Schechinah blieb nicht auf den Judaismus beschränkt: In der Zeit nach der Babylonischen Gefangenschaft (von 500 v. Chr. an) entstand die kabbalistische Mystik, und später fand in der jüdischen, hellenistischen und christlichen Welt eine gegenseitige Durchdringung und Befruchtung der religiösen Vorstellungen statt. Das gnostische Christentum gab der Weisheit, Sophia, ein solches Gewicht, daß sie fast gleichwertig mit Christus wurde; die apokryphen Evangelien setzten den Abstieg der Schechinah mit dem Fall Sophias gleich, die sie für die Erschaffung der Welt verantwortlich machten. Trotz des beginnenden Dualismus finden wir in diesen Texten hinter ihren zwei Gesichtern noch die eine Sophia wieder: die gefallene Sophia, Achamoth genannt, die voll Trauer und Verwirrung die Welt durchstreift, und Sophia selbst, die transzendente Himmelskönigin, deren Vereinigung mit dem Logos (der Emanation oder dem Wort Gottes) der Verbannung des Menschen ein Ende setzt.

Das orthodoxe abendländische Christentum mag diese seine esoterische Seite verleugnet haben, aber die großen mystischen

Texte der Bibel offenbaren den Mystikern, die sie zu deuten vermögen und ihren Sinn verstehen, noch etwas von Schechinah und Sophia. Jüdische und gnostische Schriften berichten gleichermaßen von der Gottesferne, der Trennung von Liebendem und Geliebter; Schechinah und Sophia erscheinen unter den Menschen als Möglichkeiten der Rückkehr. Zuerst tragen sie die dunklen Züge der Verbannung, mit denen sich das Volk in der Verbannung identifizieren kann, aber zuletzt erscheinen sie in der strahlenden, transzendenten Erscheinungsform der Erlösenden. Etwas Ähnliches kommt ganz klar im *Parzival* zum Ausdruck; die rauhe Maid, die Kundrie, reitet zur Gralsburg, wo der wunde König noch immer in Schmerzen liegt. Sie ist in einen schwarzen Seidenumhang gehüllt, und darauf glänzt, »aus arabischem Golde gewirkt, manches Turteltäubchen, das Insiegel des Grals«.[10] Sie geleitet Parzival zur Gralsburg, damit er die Gralsfrage richtig beantworte; bei ihrem Anblick rufen die Templeisen: »Unsere Sorge hat ein Ende! Hier kommt mit des Grales Insiegel der, auf den wir harrten, seit uns der Jammerstrick gebunden hatte. Halt! Uns naht große Freude!«[11] Kundriens schwarzer Mantel hätte uns zu dem Gedanken verleiten können, sie sei eine böse alte Hexe und nur gekommen, um die Gralssuche zu behindern, aber an den Tauben erkennen wir, daß die rauhe Maid eine Schwester Schechinahs und Sophias ist. Die Taube war immer ein Symbol der göttlichen Barmherzigkeit. Sie galt als ein der Göttin geweihter Vogel und ging als solcher auf die Schechinah über, um hier Gottes Heiligen Geist zu symbolisieren. Im Christentum ist das ungewisse Geschlecht des Heiligen Geistes durch die Symbolik der Taube als Verheißung der schließlichen Erlösung, des vollkommenen Innewerdens Gottes, verschleiert worden. Vom Anbeginn der Zeit, als der Geist Gottes bei der Schöpfung auf dem Wasser schwebte, ist es dieses Bild der Hoffnung gewesen, das den spirituell Suchenden nicht verzagen läßt. Wie der Heilige Geist heutzutage auch theologisch aufgefaßt werden mag, ursprünglich war er doch Teil des göttlichen Weiblichen: die heilige Mutterschaft Gottes. Im Rahmen dieser etwas verwirrenden Symbolik hat Christus selbst die Attribute der Weisheit erhalten; er wird im ganzen Neuen Testament als Verkörperung des Wortes Gottes (Logos) gesehen, als Weisheit Gottes (Sophia): »Im Anfang war das Wort, und das Wort war bei Gott, und Gott war das Wort. Dasselbe war im Anfang bei Gott.«[12] Ebenso wie die Weisheit oder Schechinah in den Sprüchen Salomos (Spr. 8), ist Christus das Geheimnis Gottes, »in welchem verborgen liegen alle Schätze der Weisheit und der Erkenntnis«.[13] Aber trotz der Geschlechtsveränderung hat sich die ursprüngliche Symbolik im esoterischen Christentum erhalten. Die Schechinah ist natürlich ihrem Ursprung nach ein alttestamentarischer Begriff. Im Neuen Testament kommt es zu einer Neuformulierung des sophianischen wie des messianischen Prinzips, den Manifestationen der Macht Gottes, die nun beide in der Person Christi beschlossen sind. Christus ist männlich, aber dennoch wird die weibliche Symbolik nicht verworfen, da der Messias ein Mittel ist, mit dessen Hilfe er sich manifestieren kann. »Der erste Adam wurde aus einem Lehmkloß geformt, der zweite kommt aus dem köstlichen Schoß der Jungfrau.«[14] Maria erfüllt einmal die Funktion der zweiten Eva, und sie verkörpert darüber hinaus die Prinzipien der Schechinah. Denn sie ist nicht nur ein Gefäß, eine Möglichkeit für die Fleischwerdung Christi, sondern repräsentiert auch die ausgestoßene Menschheit. Ihr Leib gibt Christus, dem manifesten Gott, seine Gestalt. Das Menschliche und das Göttliche verbinden sich in einer mystischen Hochzeit miteinander, die Geburt, Tod und Vollendung in einem ist: Das ist das wahre Erlebnis der Kommunion. Bei der Wandlung verwandeln sich gewöhnliches Brot und Wein in den Leib und das Blut Christi. Im metaphysischen Sinne heißt das: Christi Fleisch und Blut stammen von seiner Mutter Maria, aber zugleich verkörpern sie die erleuchtende Göttlichkeit des Messias (siehe Kap. 10). In diesem Zusammenhang ist es nicht mehr möglich, das Weibliche als Materie und das Männliche als Geist zu sehen, denn es hat eine echte Verschmelzung stattgefunden. Die spirituelle Wirklichkeit ist fast alchimistisch zu nennen:

> Der himmlische Geist macht durch die heimliche Beimischung seines Lichtes den Schoß der jungfräulichen Quelle fruchtbar, damit sie jene als himmlische Geschöpfe hervorbringe und wieder zum Ebenbild ihres Schöpfers mache, die aus dem Erdenstaub entstandene und zu Staub gewordene Menschen und deshalb elend sind.[15]

Sowohl Sophia als auch Christus haben teil an der messianischen Aufgabe, und beide haben auch teil an der Verbannung des Menschen und wollen ihn daran erinnern, daß er ein Ebenbild Gottes ist; beide eröffnen die Möglichkeit einer Rückkehr aus der Verbannung.

Betrachten wir die Gralssage in diesem Lichte, erkennen wir erstaunliche Parallelen, die für unsere eigene spirituelle Reise von Bedeutung sind. Im mystischem Sinne bestehen im Grunde keine Differenzen zwischen Judaismus, Christentum und anderen religiösen Wegen: Sie alle dienen letztlich nur dem Zweck, den Zustand der Verbannung zu beenden. Wenn die exoterische Seite einer Religion dem nicht klar genug Ausdruck gibt, hat sich innerhalb der betreffenden Religion oder parallel dazu stets eine esoterische Schule gebildet. So verschmilzt die Gralssage kulturelle und religiöse Symbole in einer sich spontan entwickelnden Geschichte, die ihre unmittelbare Wirkung hat.

Wir befinden uns in der Fremde, in einem Zustand der Vergessenheit. Wir haben unsere Souveränität verloren, die Einheit mit dem Göttlichen. Doch auf unserer Suche begleitet uns die Führerin, die personifizierte Möglichkeit einer Entwicklung. Parzival wird »Sohn einer Witwe« genannt, ein Bild, in dem wir uns selbst wiedererkennen als Kinder der verbannten Sophia und Christi, des Mariensohnes. Das »wüste Land« ist ein Sinnbild dafür, daß wir in der Fremde weilen, an einem Ort, der nicht das Paradies ist. Vielmehr handelt es sich um das entweihte Jerusalem, sei es als heilige Stadt, heißumkämpft von Juden, Christen und Moslems, oder als die in der Fremde befindliche Sophia selbst. Der Gral ist das Stück vom Paradies, das uns geblieben ist, verborgen und transzendent, der Kelch der Souveränität, der Weisheit: Ein Schluck aus diesem Kelch ruft das Paradies in die Erinnerung zurück, die Einheit der Seele mit Gott. Der wunde König ist der suchende Gralsritter selbst, ein Symbol der verlorenen Souveränität; oder er ist Christus, der gekreuzigte König mit den fünf Wundmalen, die jede Sünde von neuem zum Bluten bringt. So entdecken wir in der Gralssage eine Geheimtradition, die vieles einschließt, das den großen Religionen gemeinsam ist. Es ist kaum zu verwundern, daß sie eine so weite Resonanz findet.

Das Bewußtsein des Vertriebenseins ist in unserem Zeitalter nur noch schwach vorhanden. Nur wenige Menschen verfolgen aus ganzem Herzen einen spirituellen Weg, der ihnen ihr geistiges Erbe wieder ins Gedächtnis zurückruft. Wir leben in einem Zustand der Vergessenheit. Doch während die großen Religionen allmählich verfallen, wächst gleichzeitig das Interesse an der spirituellen Suche. Diese nimmt oftmals die seltsamsten Formen an. In Steven Spielbergs Film *Raiders of the Lost Ark* (1980) erscheint das Ziel der spirituellen Suche als ein greifbarer Gegenstand. Die Bundeslade des Films ist verborgen oder entrückt, ebenso wie der Gral; ihre Macht ist immanent, ohne sichtbar in Erscheinung zu treten. In dem Film gibt es zwei wetteifernde Mächte, die nach der Bundeslade suchen: Auf der einen Seite will das Böse sie für eigene Zwecke verwenden, und auf der anderen Seite wird ihr als einer archäologischen Kostbarkeit nachgespürt. Keine Seite zieht in Betracht, was es bedeutet, wenn nach einem spirituellen Prinzip so geforscht wird, als sei es ein greifbares Objekt. Die Bundeslade besitzt, wie der Gral, große Kraft; im Film offenbart sich die Schechinah mit solcher Macht, daß das Böse auf beiden Seiten vollkommen überwältigt wird und einem Gefühl der Verantwortlichkeit weicht. Der Film ist zwar nur ein Schattenbild der echten spirituellen Suche, aber seine internationale Verbreitung hat vielleicht dazu beigetragen, ein gewisses Gefühl für den Zustand der Verbannung zu wecken, eine gewisse Sehnsucht danach, unser wahres Erbe wiederzuentdecken. Es gab noch seltsamere Wege, auf denen Sophia wirksam wurde. Im Lauf der Religionsgeschichte sind beständig irdische mit himmlischen Schätzen verwechselt worden. Das himmlische Jerusalem kann nicht auf Erden verwirklicht werden; der wunde König ist ebensowenig ein wirklicher König, wie der Gral ein greifbarer Gegenstand ist. All das ist leichter zu verstehen, wenn diese Symbole der Seele zugeordnet werden. Das Mystische der Gralssymbolik soll in uns die Liebe zu einer inneren Welt wecken; wir müssen uns mit ganzem Herzen danach sehnen, dort zu sein, uns in dieser Welt heimisch zu machen und mit diesen Prinzipien zu arbeiten. Wird das Gralsprinzip zu einer seelisch-geistigen Realität, wird es automatisch auch in die reale Welt ausstrahlen.

Die Gralsjungfrau, die Schechinah oder Sophia, ist eine Personifikation dieses Sakralgegenstandes; sie ist der Gral oder die

Bundeslade, der verborgene Schatz, der die Einheit der Seele mit dem Göttlichen symbolisiert. Wir finden und verlieren den Gral immer wieder. Wir werden keine spirituelle Einheit erlangen und nie die strahlende Herrlichkeit der Sophia kennenlernen, wenn wir nicht zuvor die rauhe Maid umarmen, die in Wirklichkeit wir selbst sind. Keiner von uns kann sich die Errettung der Welt zum Ziel setzen, ohne sich erst einmal mit seiner eigenen Lage befaßt zu haben. Der Leidenskelch geht dem goldenen Gral voraus. Wir sind alle irregegangen, sind in der Fremde, mit uns selbst uneins und des göttlichen Funkens in uns nicht bewußt. Wir sehnen uns nach der verlorenen Glückseligkeit; aber wie kommen wir ans Ziel? Zuerst einmal, indem wir ein Verantwortungsgefühl für uns selbst entwickeln; das ist kein Egoismus, sondern gesunder Menschenverstand. Nur wer selbst die Reise beginnt, wird den Gral erringen; wer wartet, bis sich ihm genügend Leute anschließen, wird nie losziehen. Es schadet nichts, wenn wir auf unserem Weg Fehler machen. Die Gralsbotin, die rauhe Maid, wird es uns gleich sagen: Sie ist unsere innere Stimme, auf die wir horchen müssen, der Wille Gottes. Ihre Stimme ist hart und ihr Rat unwillkommen. Aber nur, wenn wir uns selbst durch und durch kennen, werden wir unseren Weg weiterverfolgen können.
Unterwegs wird sich uns der Gedanke aufdrängen, daß wir gar nicht nach einem greifbaren Gegenstand suchen: Das ist ein Anzeichen für unsere Sehnsucht nach der Vereinigung. Mit jedem neuen Tag wird der Gedanke bedrückender, daß es keinen Gral gibt, keine aufstrahlende Herrlichkeit, kein Aufgehen im Unendlichen. Werden wir die Welt der Gralsjungfrau vielleicht nie sehen, bleiben wir vielleicht für immer draußen in der Fremde? Auf diesem Weg gibt es keine Fortschritte; es ist ein Trugschluß, zu glauben, mit jedem Schritt würde man besser. Worum es auf diesem Weg geht, ist das Vergessen und Er-

innern, letztlich also um das *Bewußtsein.* Wir müssen die Gralsfrage stellen; die spirituelle Reise, unsere Suche, ist sowohl Mittel als auch Ziel der Antwort. Wir sind alle auf der Wanderschaft, nur müssen wir den Entschluß fassen, uns dessen bewußt zu sein. Allmählich nehmen wir die Leiden anderer wahr, deren Gefühl des Fremdseins, und schließlich kommt uns zu Bewußtsein, daß das Mitleid der Sophia, unserer verborgenen Gefährtin, unser eigenes Mitleid ist.

Wer sich auf die Suche begeben hat, gleicht einem, der sich dem Bodhisattva-Ideal widmet. Im Buddhismus wird derjenige ein Bodhisattva genannt, der gelobt, erst dann wieder ins Nirvana einzutreten, wenn auch »der letzte Grashalm« erlöst ist. Eine ehrfurchterweckende Idee. Wir begeben uns scheinbar selbstsüchtig auf die Suche, um schließlich ganz selbstlos weiterzustreben. Wir identifizieren uns mit dem Zeichen der Hoffnung – der verbannten Sophia – und arbeiten mit ihr zusammen, um die Vereinigung aller Wesen voranzutreiben. Gott, das Göttliche, ist nicht außerhalb unserer selbst, sondern in uns. Während die letzte universelle Einheit noch nicht erreicht werden kann, können wir uns zu erinnern suchen, wer wir wirklich sind, und mit den Prinzipien der Suche verschmelzen, nach denen wir leben. Denn die Gralssuche bedeutet ihrem Wesen nach nicht, auf Nimmerwiedersehen in ein Land, aus dem es keine Rückkehr gibt, zu entschwinden; wir haben vielmehr die Pflicht, mit den Gaben des Grals in unserem Innern zurückzukehren und für jedes lebende Wesen ein Gefäß, ein Weg der Erneuerung und Erinnerung zu sein.

Wir werden zum Gral, damit andere daraus trinken können, denn den Gral zu finden heißt, mit ihm eins zu werden. Anders als Galahad kehrt Parzival von der Gralssuche zurück und wird König der Gralsburg. Der wunde König gewinnt seine Souveränität wieder und wird geheilt. Das wüste Land und damit auch die rauhe Maid, die Kundrie, erstehen wieder in ihrer früheren Schönheit. Der Gral selbst hört auf, ein Gegenstand zu sein, und wird lebendige Wirklichkeit. Sophia erlangt die Einheit wieder und kehrt mit dem Gralsgewinner aus der Verbannung zurück.

Bis hierher hat uns die zweigesichtige Sophia auf unserer Suche begleitet, sie hat uns als rauhe Maid auf die Sprünge geholfen und als Gralsjungfrau geführt. Wir begreifen jetzt, daß uns die Rückkehr zum Paradies nicht von hochoben in den Schoß geworfen wird; sie liegt in unseren eigenen Händen. Unsere spirituelle Reise ist nichts anderes als die Heimkehr aus der Verbannung, der Weg, auf dem wir stets von Sophia begleitet werden.

ANMERKUNGEN

1 *Peredur,* eine Geschichte aus dem *Mabinogion,* übertr. v. Jeffrey Gantz, Penguin, Harmondsworth 1976, S. 248.
2 *Ebenda.*
3 Wolfram von Eschenbach: *Parzival,* übertr. v. Wilhelm Stapel, Langen Müller Vlg., München 1986, S. 121f.
4 Arthur C. L. Brown: *The Origin of the Grail Legend,* Harvard University Press 1943, S. 219.
5 Wolfram von Eschenbach: *a. a. O.,* S. 236.
6 Joseph Campbell: *Flight of the Wild Gander,* Gateway Editions, Indiana 1951, S. 219.
7 Sprüche 8, 22–23, 27, 29–30.
8 Klagelieder Jeremias 1, 1–3, 6.
9 Baruch 5, 1–3.
10 Wolfram von Eschenbach: *a. a. O.,* S. 394.
11 *Ebenda,* S. 402.

12 Johannes 1, 1–2.
13 Kolosser 2, 3.
14 St. Peter Chrysologus: Predigt 117 aus: *The Divine Office*, Collins, London 1974, Bd. 3, S. 684.
15 *Ebenda*, S. 685.

7

DIE NOT DER WELT

Brian Cleeve

Es gibt ebenso viele Auffassungen von der Natur des Grals wie von der Natur Gottes; keine davon ist der letzte Schluß. Brian Cleeve stellt hier einen neuen Denkansatz dar. Die Überlieferung kennt die verschiedensten Grale oder Gnadengefäße, sowohl gegenständliche als auch geistige; das Wichtigste bei der Sache ist jedoch nicht die Frage: »Was ist der Gral?« oder: »Existiert er wirklich?« Der Kernpunkt ist die einem jeden von uns auferlegte Verantwortung, die Welt vor dem Bösen zu schützen, das wir über sie bringen. Wenn wir das tun, schützen wir sowohl uns selbst als auch unsere Welt: Beide sind gleichermaßen in Gefahr. Und wenn wir unserer Aufgabe als Beschützer auf der Suche nach dem Gral gerecht werden, wird er uns früher oder später seine überzeugendste Botschaft enthüllen: daß der Gral uns dient, wie wir dem Gral dienen. Um diese Botschaft empfangen zu können, müssen wir die wahre Bedeutung des Dienens erkennen, und das ist eine ebenso schwere Aufgabe wie die, den Willen Gottes zu erkennen und auszuführen.

Ich will in diesem Essay die Frage stellen und zu beantworten versuchen, ob der Gral irgendeine Bedeutung für unser Alltagsleben hat. Dazu möchte ich ihn zunächst als Objekt statt als Gegenstand diverser Sagen behandeln. War er jemals und ist er noch immer ein materielles Ding, und wenn ja, was war oder ist er? Und wenn er wirklich jemals materiell existierte, hatte er dann zugleich eine spirituelle Bedeutung? Schließlich werde ich zur Kernfrage überhaupt kommen: Hat er noch immer irgendeine Bedeutung? Ferner will ich gleich ohne Umschweife sagen, daß ich – mit gewissen Einschränkungen, die im weiteren Verlauf deutlich werden – die Behauptung aufstellen werde, daß er existierte, daß er noch immer existiert und daß er für jeden von uns von gravierender, kaum zu ermessender Bedeutung ist.

Natürlich kann keineswegs so etwas wie ein Beweis erbracht werden, nicht einmal der historische. Selbst wenn die Existenz eines entsprechenden Gegenstandes stichhaltig nachgewiesen wäre, zum Beispiel durch ein Tongefäß, das unwiderlegbar (mit »Echtheitszertifikat«, wie Kunsthändler sagen würden) vom letzten Abendmahl Christi herstammte, wäre das noch kein »Beweis« dafür, daß es sich um eben den Gral handelt, der *per definitionem* einen spirituellen Sinngehalt hat. Falls wir ihn in dieser Richtung suchen wollen, können wir eigentlich nur eins tun, nämlich die Idee des Grals von den verschiedensten Seiten beleuchten und überlegen, ob eine solche Möglichkeit überhaupt wahrscheinlich ist. Verbindet ihn etwas mit anderen Dingen, über die wir mit größerer Gewißheit etwas wissen? Paßt er vielleicht in einen übergeordneten Daseinsplan wie das fehlende Teilchen eines Puzzles, oder würden wir nur neue Schwierigkeiten heraufbeschwören, wenn wir ihn als Realität annähmen, dafür jedoch andere liebgewonnene Denkansätze aufgeben müßten?

Die letzte Frage ist leicht zu beantworten. Der Gralsgedanke paßt sehr gut in das allgemeine Ideengut der Menschheit. Die meisten Kulturen hatten klare Vorstellungen von der Quelle aller Fruchtbarkeit, von Erneuerung und Wiedergeburt, die sich im Bild des Jungbrunnens, der Inseln der Seligen, des Zauberkessels, des Füllhorns, eines geheimnisvollen, symbolischen Gegenstands, der nur Eingeweihten offenbart wurde, oder auch des starken Königs ausdrücken, um nur einige Beispiele anzuführen.

Diese Vorstellungen entsprechen nicht allein dem Gralsgedanken, sie überschneiden sich oft sogar damit, ja scheinen in einem engen Zusammenhang mit ihm zu stehen wie im Fall der Stärke des Königs, die die Voraussetzung für die Fruchtbarkeit des Landes ist. Zudem ist die Idee einer Beziehung zwischen dem König und einem magischen Gegenstand, die in allen Gralssagen zum Ausdruck kommen, auch zu Zeiten und an Orten verbreitet, die nichts mit »unseren« Gralssagen zu tun haben. Das künftige Glück eines Pharaos war beispielsweise nach landläufiger Überzeugung eng mit der Nachgeburt verknüpft, die deshalb nach der Geburt eines königlichen Prinzen stets sorgfältig aufbewahrt wurde.

Die Nachgeburt eines Pharaos galt als sein »anderes Selbst« und war so erfüllt von königlicher Tugend, daß schon ihre Verkörperung in Form eines Stückchens Stoff genügte, um diese Tugend auch anderswo in Erscheinung treten zu lassen. Ein solches Tuch pflegte der Pharao seinen fernen Heeresbefehlshabern zu senden, um seine Tugend und sein Glück auf sie zu übertragen und ihren Erfolg auf dem Schlachtfeld zu sichern. Daher rührt angeblich der Brauch, die königliche Standarte in der Schlacht vorauszutragen, und die unerklärliche Bindung von Soldaten und Seeleuten, ja sogar von Zivilisten, an die »Fahne«. Der König, die Monarchie, der Staat – selbst wenn er

eine Republik ist – werden auf irgendeine rätselhafte, spirituelle Weise nicht nur durch die Fahne repräsentiert, sondern damit gleichgesetzt.
Darum ist es keineswegs abwegig oder mit den allgemeinen menschlichen Überzeugungen unvereinbar, wenn der »Gral« als Objekt mit magischer, mystischer Bedeutung gedacht wird, als Inbegriff der Königswürde samt allem, was das im Sinne der »rechten Ordnung«, des leiblichen und geistigen Wohlergehens und der Fruchtbarkeit bedeuten mag, und als Gegenstand, der innig mit einem bestimmten König verbunden ist oder mit ihm identifiziert wird.
Damit ist natürlich überhaupt nichts bewiesen, außer daß die Gralssage oder zumindest der ihr zugrundeliegende Leitgedanke mit der Idee des Königstums vereinbar ist. Vielleicht ist der »Gral« für die Welt das, was die königliche Standarte für Armeen ist – ein Garant des Guten, der Tugend, der Stärke und Gnade. Oder besser gesagt kein Garant, womit immerhin eine gewisse Unabhängigkeit, eine Trennung zwischen König und Standarte, Gott und Gral gegeben wäre, sondern vielmehr ein *Kanal*, ein physisches Medium, durch das die guten königlichen oder göttlichen Eigenschaften von ihrer Quelle zu einem gewünschten Ziel strömen können.
Aber woher haben Könige ihre Macht, ihre große Tugendhaftigkeit? Nur von Gott. Die ganze Essenz des Königtums liegt in der Verbindung des Königs zu Gott. Der König ist der Stellvertreter Gottes, gesalbt zum Zeichen des göttlichen Einverständnisses und der Machtverleihung durch Gott. Die Krone symbolisiert einen Heiligenschein. Deshalb fällt es nicht schwer, sich den König und seine Standarte oder irgendein anderes Symbol seiner Königsmacht als Spiegelung oder als verkleinertes Abbild der Beziehung zwischen Gott und Gral zu vergegenwärtigen.

In der Sage steht der wunde Fischerkönig für niemand anderen als Gott selbst. Zwischen König und Standarte besteht ein Austausch in beide Richtungen. Der König sendet durch und mit seiner Standarte seine Tugend; wenn nun die Standarte dem Feind in die Hände fällt, ist nicht nur sie verloren: Der König selbst ist verletzt – in seiner Autorität, in seiner Regierungsmacht. Sein »Glück«, sein »günstiges Schicksal«, ja seine Königswürde werden dadurch verletzt oder gar funktionsunfähig gemacht. Nur die Wiedergewinnung der Standarte kann die verwundete Majestät des Königs heilen. Wäre es nun allzu phantasievoll, zu folgern, daß, wenn der Gral irgendwie durch Widersacher Gottes geschädigt worden ist, Gott selbst verwundet ist? Einem Christen dürfte dieser Gedanke durchaus geläufig sein, denn er ist Teil des christlichen Dogmas: Als Christus, Gottes Stellvertreter und wahres Selbst, gekreuzigt wurde, wurde Gott in und mit ihm gekreuzigt.
An dieser Stelle mag nun vielleicht eingewendet werden, daß gerade die Existenz Christi die Idee des Grals als einer Gnadenquelle undenkbar und unnötig macht. Christus, so sagt der Christ, hat unendliche Gnade in die Welt gebracht, die sich in aller Ewigkeit nicht erschöpft und jedem zukommt. Wofür brauchen wir da noch einen Gral?
Der Gedanke, daß Christus erstmalig die Gnade in die Welt brachte – und bis er erschien, kein Mensch der nötigen Gnade teilhaftig werden konnte, um in den Himmel einzugehen –, wird von der Bibel selbst widerlegt. Henoch »ging mit Gott« und wußte nichts vom Tod. Elia wurde gen Himmel geholt, ohne vorher den Stachel des Todes gespürt zu haben. Abraham und die Patriarchen waren mit Gott vertraut und ihm wohlgefällig. Abraham sprach mit Gott »wie ein Mann mit seinem Freunde redet«. Jesaja wurde von Gott zum Propheten berufen. Johannes der Täufer, der die Ankunft Christi verkündigte,

starb vor dessen Kreuzigung und Auferstehung. Heißt das, diese Menschen und mit ihnen viele andere große Gestalten des Alten Testaments wie Samuel, Salomo, Joseph, Gideon, Josua, Debora, Ruth, Naomi, Sarah, die ein Gott wohlgefälliges Leben führten und von ihm geliebt wurden, nach ihrem Tod nicht in den Himmel aufgenommen wurden?

Wenn man in der göttlichen Gnade die einzige Möglichkeit zur Erlösung sehen will, muß man davon ausgehen, daß sie schon vor Christi Geburt da war und nicht erst nach seinem Tod, als er »zur Hölle niederfuhr«, um die guten Männer und Frauen des Alten Testaments zu erlösen.

Christus brachte nichts Neues in die Welt – er behauptete das auch nie –, sondern er bewirkte einen gewaltigen Zuwachs dessen, was bereits existierte, und darauf wies er verschiedene Male nachdrücklich hin.

Nehmen wir also einmal an, die Gnade hätte schon vor der Ankunft Christi existiert und auch nach seiner Himmelfahrt weiterbestanden. Mußte diese Gnade durch ein physisches Medium vermittelt werden? Und wenn ja, durch welches? Hob die Ankunft Christi diese Notwendigkeit ein für allemal auf?

Der Mensch kann nur auf zweierlei Art der Gnade teilhaftig werden: entweder direkt durch Gott, der Quelle aller Barmherzigkeit, oder durch Mittler in irgendeiner Form. Die Christenheit ist fast einhellig der Meinung, daß die Gnade durch irgendein Medium übermittelt wird, sei es durch das Wasser der Taufe und die priesterliche Weihehandlung, durch die Hostie bei der Kommunion und die vom Priester vollzogene Wandlung, durch Handauflegen bei der Ordination eines Priesters usw. Vor allem natürlich durch die leibliche Selbstopferung Christi am Kreuz. Nicht, daß er uns allen die Gnade einfach *gegeben* hätte; er gab uns vielmehr die Möglichkeit, sie empfangen zu können, wenn wir uns ihrer als *würdig* erweisen – aus

eigener Kraft oder durch die Hilfe anderer, etwa der Heiligen, die angeblich so viel Gnade auf sich ziehen, daß sie davon schwächeren, aber gleichfalls würdigen Brüdern und Schwestern etwas mitteilen können.
Daß es eine zentrale Gnadenquelle gibt, läßt sich auch am Beispiel der Natur anschaulich machen. Alle Lebensenergie auf der Erde stammt von der Sonne, die wiederum in einem lange zurückliegenden, unvorstellbaren kosmischen Ereignis zur Energiequelle wurde. Was die Sonne für das physische Leben ist, könnte der Gral für das geistige Leben sein. Wer ein etwas vertrauteres Vorstellungsbild braucht, denke sich den Gral als eine steingefaßte Wasserquelle in der Wüste und unsere Welt als Oase rings um diese Quelle. Die Gnade ist das »lebendige Wasser« dieser Quelle, und der materielle Gral ist das Becken, der Fels oder der Brunnen, worin sich das Wasser sammelt und darauf wartet, daß wir davon trinken. Gott hat die Quelle selbst unerschöpflich gemacht; aber wenn die Wüste bewässert werden soll, müssen wir uns die Mühe machen, das Wasser zu holen. Natürlich sind nur wenige von uns bereit dazu.
Christus war in seinem Leben und bei seinem Tod der »physische« Hauptmittler zwischen uns und Gott. Er war Gott in der Welt. Wäre es da sehr widersinnig, ihn als einen *lebendigen* Gral seiner Zeit zu bezeichnen? Als einen Kanal, durch den die göttliche Gnade in die Welt hineinströmen konnte? Wenn ja, könnte dann nicht schon ein anderer Mittler dagewesen sein, ehe er erschien und ihn transzendierte? Und könnte er nicht absichtlich einen weiteren Mittler zurückgelassen haben, als er heimkehrte, um bei Gott und Gott selbst zu sein?
Er selbst hat uns gesagt, daß es so sei. Der »Tröster«, der Heilige Geist, sollte seine Stelle einnehmen und immer bei uns bleiben. Bevor nun eingewendet wird, der Heilige Geist sei nichts Materielles, sondern absolut immateriell, muß ich daran

erinnern, daß Christus ebenfalls sowohl immateriell als auch materiell war. Er war Gott und Mensch, Geist und Körper. Wäre es nicht möglich, daß Gott dem Heiligen Geist, den er in die Welt sandte, eine materielle, *symbolische* Form gegeben hat? Genauso, wie die königliche Standarte die königliche Macht symbolisiert? Und nicht nur symbolisiert, sondern im wahrsten Sinne des Wortes das *ist*, was da symbolisiert wird? Um ein physischer Kanal zu sein, durch den der Heilige Geist – als Gnade und Leben Gottes – in die Welt hineinströmen kann, wie er zu Jesu Zeiten durch Christus hereinkam (siehe Kap. 6)?

Gibt es in der Geschichte unserer Beziehung zu Gott keinen Gegenstand, der vor Christi Geburt die Funktion des Grals erfüllt hätte? Der Gegenstand, der einem dabei sofort einfällt, ist die Bundeslade. Und nach der Bundeslade das Allerheiligste im Tempel Salomos oder vielleicht auch ein Objekt *in* diesem Allerheiligsten wie etwa der Altarstein. (Es dürfte auch niemandem entgangen sein, daß der Gral in manchen der Sagen, mit denen wir uns hier befassen, ein Stein ist.)

In den Gralsgeschichten hat der Gral die unterschiedlichste Form; er ist Teller, Kessel, Stein, geheimnisvoll, etwas Unkenntliches, Abstraktes, mit Anklängen an heidnische Zauberkessel oder gar abgeschlagene Köpfe, die mit den Lebenden sprechen und feiern. Und er ist auch der Kelch des letzten Abendmahls oder das Blut Christi *in* dem Kelch oder in einer Phiole.

Entweder haben die verschiedenen Sagen keine reale Verbindung miteinander, oder sie beziehen sich auf dieselbe »Gegebenheit« und unterscheiden sich nur aus irgendeinem Grunde in deren Beschreibung. Oder aber diese »Gegebenheit« ist immer wieder anders, so daß der Gral einmal als dieses und einmal als jenes erscheint. Für unsere Zwecke schlage ich vor, daß wir einfach annehmen, es handle sich bei »unserem« materiellen Gral um den Kelch des letzten Abendmahls und daß die in Gedichten und Romanen überlieferten verschiedenen Ansichten über seine Natur hauptsächlich durch die Geheimhaltung des Grals zustande kamen. Gehen wir ferner ruhig einmal davon aus, daß der Kelch, wie ich anderswo belegt habe[1], nach England gebracht wurde, aber nicht durch Joseph von Arimathia, der bei der Grablegung Jesu zugegen war, sondern durch dessen Sohn Joseph, einen Gefährten des Evangelisten Johannes auf Patmos, von dem dieser den Kelch erhielt.

Der Kelch gelangte irgendwie nach Wales in die Obhut eines Ritterordens, dessen Initiationsriten und schwere Prüfungen später den Stoff für die Sagen über die »Gralssuche« lieferten. Aber erst als sich dieser Orden auflöste, verbreitete sich die Kunde von seiner Existenz und vom Gral durch das Werk des normannisierten walisischen Dichters und Fürsten Bledri ap Cadivor und floß in die europäische Dichtung ein. J. L. Weston und andere[2] identifizierten Bledri ap Cadivor mit dem Bleheris aus Wauchier de Denains Weiterführung des *Perceval* und mit Meister Blihis aus der *Elucidation* usw., der dem Orden angehörte. Der Gral lebte im geheimen fort, aber nicht mehr unter dem Schutz eines neuen Ritterordens, sondern in der Obhut einer einzigen Familie, deren Nachkommen ihn bis in neuere Zeit vor Entdeckung und Beschädigung schützten.

Einmal in jedem Jahrhundert wurde der Gral für einige Stunden aus seinem Versteck geholt und bei einer Messe verwendet, die dem Zweck diente, den Gnadenvorrat an die Welt weiterzugeben, der sich durch die Bemühungen der Guten angesammelt hatte. Sonst blieb er im verborgenen. Der eigentliche Kelch des letzten Abendmahls war kein teurer, kostbarer Gegenstand. Vielmehr handelte es sich um einen billigen Terrakottabecher vom Basar in Kapernaum, im griechischen Stil, mit

groben Verzierungen, vergleichbar eher einer Schale mit zwei Henkeln als dem, was wir einen Kelch nennen. Aber einen solchen Gegenstand fast 2000 Jahre lang unversehrt zu erhalten wäre unmöglich gewesen, wenn er nicht nahezu die ganze Zeit über in sicherer Verwahrung geblieben wäre. Gegen Ende seines Aufenthalts in Glastonbury wurde er seinem Rang als kostbare Reliquie entsprechend in einen Reliquienschrein aus Gold eingeschlossen, der die Form eines Kelches hatte. Danach brauchte er zum Zwecke der Verwendung nicht mehr aus dem Schrein genommen zu werden. Durch seine Hülle aus schwerem Gold den Blicken der Menschen verborgen, blieb er von dem Tag an bis Anfang dieses Jahrhunderts darin.
So war er zwar physisch verborgen, aber seine spirituelle Wirklichkeit brauchte ebenfalls Schutz. Wie jeder von uns sich der Gnade würdig erweisen muß, so müssen wir auch unsere Gnadenquelle hüten – durch den Umfang und die Intensität unserer gemeinsamen Anstrengungen, sie zu erlangen.
Wer jetzt wieder anführt, mit Christus sei alles zur Genüge erfüllt, findet in den Evangelien eine Antwort. Jesus sagte nicht etwa: »Ich habe alles Notwendige getan, darum laß es dir wohlergehen«, sondern er sagte: »Nimm dein Kreuz auf dich« und: »Der Weg ist schmal, der zum Leben führt.« Und ferner: »Denn viele sind berufen, aber wenige sind auserwählt.« Er stellte absolut klar, daß wir uns ungeheuer einsetzen müssen, wenn wir zu Gott kommen wollen. Ohne seine Fürbitte, ohne die Gnade Gottes wäre zwar trotzdem alles vergeblich. Doch wir werden besonders ermahnt, nicht in unserem Eifer nachzulassen, da uns sonst die Pforten des Himmels verschlossen bleiben. Darum sollte niemand sich dem Gedanken entgegenstellen, daß wir selbst den Gral hüten, selbst unsere Quelle der Gnade schützen müssen.
Der Gral ist jedoch nicht ausschließlich christlicher Natur. Er

dient der ganzen Menschheit, und zu seinem Schutz sind alle die Menschen verpflichtet, die Gott gehorchen und dienen wollen. Der aufrichtige Moslem, der aufrichtige Hindu, der aufrichtige Jude, der aufrichtige Agnostiker – unwissentlich sogar der aufrichtige Atheist –, sie alle sind Hüter des Grals. Und falsche Christen sind seine Feinde.
Da diese Aufrichtigkeit in dem Sinne, den Christus ihr gab, höchst selten vorkommt und ein Leben der Selbstaufopferung erfordert, zum Schutz des Grals jedoch unabdingbar ist, wird man erkennen, wie bedenklich die Situation des Grals ist. Ich hatte den Gral zuvor mit einer in Stein gefaßten Quelle verglichen. Für die durch sie geschaffene Oase ist sie lebenswichtig. Umgekehrt ist aber auch der Brunnen auf den Schutz der Oase angewiesen. Würde die Oase aufgegeben und keiner ihre Bäume wässern oder das Gras pflegen, wäre die Quelle bald versiegt. Die Wüste würde sich ausbreiten und Sand die Quelle verschütten und austrocknen.
Man stelle sich nun einmal vor, die Oase hätte ein König angelegt; er hätte nach Wasser graben, ein Marmorbecken anlegen, Bäume und Gras pflanzen lassen zum Wohle eines Wüstennomadenstammes, der aufgrund von Wassermangel in Lebensgefahr schwebte. Und der König hätte gesagt: »Hier ist Leben für euch. Ohne mich hättet ihr diese Oase nicht anlegen können, da ihr nicht wußtet, wie. Nun sie da ist, sorgt auch für sie. Ihr braucht nur eure Schläuche mit dem Wasser zu füllen und es davonzutragen; die Starken sammeln mehr, um den Schwachen und Hilflosen zu helfen. Natürlich dürft ihr die Quelle nicht verunreinigen oder die Bäume für Brennholz fällen. Auch müßt ihr die Bäume und alles Grün wässern und die Steinmauer rings um die Oase ausbessern und pflegen, damit der Wüstensand nicht hereindringt. Viel Glück!«
Die Nomaden aber sind leider auch nur Menschen und halten

sich nicht an diese Anweisungen. Kaum jemand tut mehr, als unbedingt notwendig ist, um zu überleben. Die Oase wird immer mehr vernachlässigt, die Mauer verfällt, die äußeren Bäume verdorren, das Gras wird zertrampelt und welk, Unrat häuft sich rings um den Brunnen, und nur der heldenmütige Einsatz weniger verhindert eine Katastrophe. Tag für Tag wächst die Wahrscheinlichkeit, daß auch sie mit ihren Bemühungen scheitern, aber die anderen zucken bloß die Achseln, lachen und sagen: »Wenn diese Oase eingeht, läßt der König uns einen neuen Brunnen graben und pflanzt neue Bäume für uns. Das ist seine Pflicht.« Es ist aber nicht seine Pflicht, es ist die unsere.

Und das ist die Lage, in der wir uns heute befinden. Die Gefahr war immer da, von Anfang an, aber erst in den letzten beiden Jahrhunderten ist sie tödlich geworden. Das Böse hat immer in der Welt existiert und neues Übel nach sich gezogen, doch in diesen letzten Jahrhunderten ist das Böse zur Flut angeschwollen. Und wie die Quelle unserer Gnade, wie der Kanal und das Medium für ihren Eintritt in die Welt der Gral ist, so ist das physische Medium, das dem Bösen Einlaß in unsere Welt verschafft, der schwarze Gral, das Gegenstück zum Gral.

Den schwarzen Gral, seinen Ursprung und Gebrauch, die Leute, die ihn beherrschen und von ihm beherrscht werden, sowie seine genaue Verwendung zu beschreiben hieße, noch eine Abhandlung von gleicher Länge wie diese zu schreiben. Ich kann an dieser Stelle nur sagen, daß er existiert. Die ihn beherrschen, sind bei weitem in der Mehrzahl und in einem weltlichen Sinne auch mächtiger als diejenigen, die sich mit dem wahren Gral befassen – wie es nicht anders zu erwarten war. Seit ihre Macht in den letzten hundert Jahren genügend gewachsen ist, setzen sie alles daran, die Kontrolle über den wahren Gral zu gewinnen und ihn zu vernichten.

Böses, könnte man sagen, kann nicht Gutes zerstören. Sehr wahr. Aber Gutes muß *geschaffen* werden. Wie gesagt, Güte, wahre, aufrichtige Güte ist eine Rarität. Wenn wir davon nicht genug aufbringen zum Schutz des Grals, kann der Gral, als Gegenstand, vom Bösen erbeutet werden. Der Geist, der den Gral mit Sinn erfüllt, würde einfach entschwinden wie Wasser aus einer verschütteten Quelle. In den Augen der Welt würde der Gral aufhören zu existieren. Und das beabsichtigen und erhoffen die Bösen in ihrem Wunsch, ihn zu vernichten.

Ende der 80er Jahre des vorigen Jahrhunderts hat eine Reihe von schwerwiegenden Ereignissen stattgefunden. Es entstanden einige mächtige Bewegungen mit bösen Zielen und gewannen immer mehr Einfluß. Dazu gehörte unter anderm eine scheinbar unbedeutende Gruppe in London, die sich dem theoretischen und praktischen Studium mystischer Lehren widmete. In Wirklichkeit jedoch hatte sie die Absicht, den Gral zu erlangen und zu zerstören, der zum damaligen Zeitpunkt in einem Schloß in Wales verborgen war und von Nachkommen der ursprünglichen Gralshüterfamilie geschützt wurde. Der Schutz hatte allerdings nur formellen Charakter: Der Gral befand sich einfach im Besitz und in der Verantwortung dieser Leute. Ein älterer Herr, der einen kostbaren Gegenstand sein eigen nennt, kann wohl als dessen »Beschützer« betrachtet werden, aber er wird ihn nicht richtig vor entschlossenen Feinden bewahren können. Dazu braucht er Hilfe.

Aus diesem Grund bildete sich eine kleine Gruppe zum Schutz des Grals, etwas, das jahrhundertelang bis zur Entstehung der erwähnten Bewegung nicht nötig war. Die Geheimhaltung hatte stets als wirksamster Schutz gegolten, denn bei einer größeren Zahl von Beschützern besteht immer die Gefahr, daß sich ein Dummkopf oder Betrüger daruntermischt. 1889 wurde die Lage prekär. Die einmal in 100 Jahren abgehaltene

Messe stand bevor, bei der man den Gral aus seinem Versteck zu holen und zu gebrauchen pflegte. Dabei würde er so gut wie schutzlos sein. Es ist leicht, in ein walisisches Schloß einzudringen, wenn nicht gerade Truppen dort stationiert sind. Man beschloß, den Gral nach London zu bringen, wo seine Hüter kommen und gehen konnten, ohne Aufsehen zu erregen, was in einem abgeschiedenen Landstrich von Wales kaum möglich war.
In London wurde die lebenswichtige Messe abgehalten, und der Gral blieb mehrere Jahre dort. Aber das neue Versteck wurde schließlich verraten. Der Gral, jener Gegenstand aus Gold und Terrakotta, wurde zusammen mit zwei anderen Kelchen, einem versilberten und einem Kelch aus purem Silber, einem großen Kreuz von der Art, wie sie auf Prozessionen mitgeführt werden, und drei silberbeschlagenen Evangelien-Buchhüllen gestohlen. All diese Dinge stammten aus dem 3. bis 7. Jahrhundert und waren in Glastonbury und später, nach der Überführung des Grals, in Wales gesammelt worden. Sie fanden bei Zeremonien mit dem Gral Verwendung und besaßen manche seiner Tugenden, so daß sie getrost Gralsvertreter genannt werden können. (Es gibt tatsächlich etliche solche Gralsvertreter überall auf der Erde, die in guter Obhut sind; darüber wird noch zu sprechen sein.)
Die eben erwähnten Gegenstände wurden mit dem wahren Gral von ihren Hütern nach London gebracht und 1908 von den Gralsfeinden gestohlen. Sie wurden entweiht und von ihrem neuen Besitzer nach Syrien gebracht, wo sie erneut gestohlen wurden und 1910 auf dem Antiquitätenmarkt wieder auftauchten. Einer der Kelche, jetzt als Kelch von Antiochien bekannt, ist in der Klosterkollektion des Metropolitan Museums von New York zu besichtigen. Der einstige wahre Gral aber, oder vielmehr sein Reliquienschrein aus Gold, wurde eingeschmol-

zen und der Kelch selbst in einem letzten Akt der Entweihung zerbrochen.
Die Männer, die den physischen Gral gestohlen hatten, wollten eine Schwarze Messe damit abhalten und auf diese Weise die gewaltige, unanfechtbare Macht in der Welt erlangen, die sie anstrebten. Der Erste Weltkrieg stand nahe bevor. Hitler, der nicht von ungefähr 1889 geboren wurde, wuchs heran und kam in das Alter, wo er denen, die ihn kontrollieren wollten, von Nutzen sein konnte. Noch viele andere Faktoren kamen zusammen, um dem Bösen die höchste Macht zu verleihen. Die Entweihung und Zerstörung des Grals durch eine Schwarze Messe, gefolgt vom Triumph des schwarzen Grals, sollte diese Ereignisse zum krönenden Abschluß bringen und den totalen Sieg des Bösen herbeiführen. Vieles von dem, was sich die neuen Besitzer des Grals – oder vielmehr seines physischen Symbols – erhofften, trat auch ein und tritt immer noch ein; jeder, der die Zeitung liest, kann selbst die Folgen beurteilen, ob er mit dieser kurzen Beschreibung der Ursachen einverstanden ist oder nicht.
Doch der Erfolg derer, die sich den Gral verschafft hatten, war nicht so durchschlagend, wie sie angenommen hatten, denn die Ausbreitung des Bösen in der Welt läßt sich genausowenig von außen steuern wie der Strom der Gnade. Sie müssen beide erst verdient werden, die Gnade durch den Dienst an Gott, das Böse durch den Dienst an Satan. Die Vorstellung, Beschwörungen und Zauberformeln, wie gotteslästerlich auch immer, würden böse Geister »herbeirufen« oder diese bei ihrem Erscheinen unter Kontrolle halten, ist einfach töricht. Was die Mitglieder jener Gruppe von Schwarzmagiern mit dem Gral hätten tun können, hätte kaum eine spürbare Wirkung auf die Ausbreitung des Bösen in unserer Welt gehabt. Der eigentliche negative Impuls, der von ihnen auszugehen drohte, bestand darin,

diejenigen von der Gnadenquelle abzuschneiden, die danach verlangten und sich der Gnade würdig erweisen konnten. Und das war natürlich das erklärte Ziel der viel mächtigeren Diener des Bösen hinter den Magiern, die sich von ihnen inspirieren und lenken und sich vom Traum eines schnellen bösen Ruhms verblenden ließen.

Aber selbst diese Erwartung erfüllte sich nicht ganz, denn Gottes Barmherzigkeit ist unerschöpflich; er ließ zwar zu, daß der physische Gral mißbraucht und entweiht wurde, doch die spirituelle *Wirklichkeit* des Grals blieb weiterbestehen und kehrte sogar an ihren sicheren Ort in Wales zurück. Denn eine spirituelle Realität braucht weder Gestalt noch Form; sie ist, wie Gott, völlig unabhängig von Zeit und Raum. Andererseits kann und muß sie aber auch eine gewisse Körperlichkeit annehmen, um Gott in Raum und Zeit dienen zu können. Ein gutes Beispiel dafür sind die Erscheinungen der Muttergottes 1917 in Fatima. Dort nahm die Jungfrau nicht allein sichtbar Gestalt und Form an, so daß drei Kinder sie sehen und zwei sie hören konnten, sondern sie besaß zur Zeit ihres Erscheinens auch eindeutig eine gewisse physische Qualität. Beispielsweise bogen sich unter ihren Füßen die obersten Zweige einer kleinen Eiche, über der sie erschien, und obgleich sie allen außer den Kindern unsichtbar war, sahen die vielen versammelten Menschen alle, wie die Zweige unter ihrem geringen Gewicht nachgaben.

Solche Erscheinungen weisen höchst lehrreiche Parallelen mit dem Gral auf. Die Sichtbarkeit der Jungfrau hing zunächst einmal untrennbar mit dem Geistes- und Seelenzustand derer zusammen, denen sie erschien. Der kleine Francisco konnte sie zuerst nicht sehen und hören und fand die Art, wie seine Schwester und seine Cousine sich verhielten, sehr merkwürdig. Als er jedoch nach ihren Anweisungen seinen Rosenkranz betete, konnte auch er sie sehen, aber nicht hören. Die später an den entsprechenden Tagen nach Cova da Iria kamen, konnten die Gegenwart der Muttergottes wahrnehmen, ohne sie zu sehen. Sie vermochten auch den Klang ihrer Stimme zu hören, ohne jedoch die Worte verstehen zu können, die die beiden Mädchen ganz deutlich vernahmen.

Demnach kann etwas Geistiges offenbar einigen Anwesenden sichtbar und anderen unsichtbar sein, manchen hörbar und anderen unhörbar, und wieder andere nehmen ganz schwach etwas wahr »wie das Summen von Insekten«. Und es ist die ganze Zeit über *feststellbar* durch physische Anzeichen seiner Gegenwart, so wie ein leichter Wind unsichtbar, aber in seiner Wirkung spürbar ist.

Die Parallelen zu manchen Gralsbeschreibungen sind zu offensichtlich, um noch betont werden zu müssen. Fest steht auch, daß die Wirkung des Grals auf die Suchenden selbst vor dessen Diebstahl vollkommen unterschiedlich war und von ihrem geistigen Zustand abhing. Wo manche nur einen alten Goldkelch sahen, wurden andere von dessen Wirklichkeit geblendet und zu einer spirituellen Höhe emporgetragen, auf der die äußere Erscheinungsform unerheblich war. Die ihn sahen, nahmen das wahr, wozu sie in der Lage waren, und natürlich sahen die meisten ihn überhaupt nicht, in keiner Form.

Der Gedanke der Doppel- oder Vielfachnatur des Grals läßt sich auf verschiedenste Weise weiterspinnen, wie ich es in diesem Aufsatz bereits begonnen habe. So wie der abstrakte Begriff des Königtums im König greifbare Gestalt annimmt und der König wiederum durch seine Standarte verkörpert werden kann, so wird das Papsttum durch den leiblichen Papst vertreten. Der Papst aber kann durch seinen Ring, seine Tiara oder das Gewähren eines päpstlichen Ablasses repräsentiert werden. Diese Dinge vermitteln unter bestimmten Umständen seine Absichten und leiten seine Gnade an einen Empfänger weiter. Genauso glaubt der fromme Moslem, der sich dazu bekennt, daß es nur einen Gott gibt, der allgegenwärtig ist, trotzdem daran, daß Mekka, die reale Stadt, besonders begnadet ist. Und in Mekka befindet sich die Kaaba, der heilige schwarze Stein, der Gral der Moslems. Die grenzenlose Güte Allahs wohnt ihm inne und entströmt ihm. Doch ebensowenig wie ein gebildeter Moslem glauben würde, daß die grenzenlose Güte Allahs in der Welt, die Gnade, vom Fortbestand eines schwarzen Steins abhängt, sollten auch wir nicht daran glauben, daß der kontinuierliche Strom der Gnade Gottes in der Welt von der Existenz eines Terrakottakelches in einem Goldmantel abhängt. Wir bestehen jedoch zugleich aus Körper und Geist und können der Gnade Gottes genausowenig unmittelbar teilhaftig werden, wie wir mit unseren physischen Augen die Herrlichkeit Gottes schauen oder mit unserem physischen Körper dem Feuer der göttlichen Liebe standhalten können. Wie der elektrische Strom erst umgespannt werden muß, ehe er für den Hausgebrauch nutzbar ist, muß auch die Kraft Gottes erst abgeschwächt und gut »isoliert« werden, ehe wir davon profitieren können. Ohne diese Isolierung, ohne den entsprechenden Transformator, würde sich Gottes Gnade als tödlicher Schlag auf uns auswirken und nicht als lebenspendende Kraft. Wir sind sündige Geschöpfe und müssen sogar vor Gottes Barmherzigkeit Schutz suchen. Wie bereits erwähnt, brauchen wir das Wasser der Taufe, das geweihte Salböl, das Brot und den Wein bei der Feier des heiligen Abendmahls. Selbst den Aposteln mußten erst »Zungen, zerteilt wie von Feuer« erscheinen, damit sie voll des Heiligen Geistes wurden. Sogar Christus brauchte das Wasser der Taufe und die Taube. Und wie Gott in Christus Mensch wurde, weil wir ihn brauchten, so brauchen wir den Gral, seinen Stellvertreter, in seinen zwei Formen: als spirituelle Wirklichkeit und in greifbarer Gestalt.

Die greifbare Form ist, wie wir inzwischen wissen, zerbrochen, aber die spirituelle Wirklichkeit ist noch in unkörperlicher, in »psychischer« Form vorhanden. Es ist so, um bei dem Bild von der in Stein gefaßten Quelle der Oase zu bleiben, als sei das Steinbecken zerstört worden. In einem solchen Fall ist es natürlich viel schwerer, Wasser aus der Quelle zu schöpfen. Die Oase ist in Gefahr, denn die Quelle kann viel leichter mit Schutt und Unrat zugeschüttet werden. Es läßt sich absehen, daß die Tage der Oase und damit derer, die von ihr abhängen, gezählt sind. Das Böse steht kurz vor seinem letzten Triumph, was diese Welt betrifft. Auch der eingefleischteste Materialist wird zustimmen, daß die Gefahren, die unserem Planeten und uns drohen, inzwischen ein solches Ausmaß angenommen haben, daß wir kaum eine Überlebenschance haben. Übervölkerung, Umweltverschmutzung, chemische und radioaktive Verseuchung, atomares Wettrüsten, Hunger, Klimaveränderungen, die Erschöpfung der natürlichen Ressourcen und viele weltweite Gefahren mehr sind jedem von uns vertraut. Und das Vertrautsein damit hat, wenn nicht Geringschätzung, so doch eine resignierende Gleichgültigkeit bewirkt.
Für die spirituell orientierten Menschen geht die Bedrohung noch weit über die physische Vernichtung hinaus. Jeder Mann, jede Frau muß sterben, und ob nun bei einem globalen Holocaust in Gesellschaft von Milliarden anderen oder allein im Bett, ist für das, was dann folgt, unerheblich: das Jüngste Gericht, die Verdammung oder Erlösung des einzelnen. Der wahre Triumph des Bösen besteht nicht darin, die gesamte Weltbevölkerung in einen schnellen Tod zu treiben, sondern darin, sie in Reuelosigkeit und Gottvergessen an den Abgrund zu führen, ohne daß sie an die Notwendigkeit der Erlösung glauben oder irgendeine Anstrengung machen, Gott zu gehorchen, und, was noch schlimmer ist, in völliger Selbstgefällig-

keit die tödliche Gefahr übersehen. Und die vergleichsweise wenigen, die an Gott glauben, wiegen sich durch falsche Propheten in der trügerischen Sicherheit, sie brauchten sich nicht anzustrengen, kein Opfer zu bringen, keine Demut an den Tag zu legen, keinem heiligen Ideal zu leben.

Wir durften ungestraft glauben, der Himmel sei eine Art gesetzlicher Altersversorgung, auf die jeder Anspruch habe, und Gott ein überarbeiteter Hausarzt, der uns krank schreibt, damit wir nicht zur Arbeit müssen und eine Entschuldigung für alles haben. Diese Selbstzufriedenheit ist der Grund für den höchsten Triumph des Bösen. Wir haben einen Punkt erreicht, an dem schon der Begriff des »Bösen« tabu ist, an dem die Vorstellung einer Hölle als mittelalterlicher Aberglaube belacht wird und die Existenz von bösen Geistern kein Gesprächsthema ist. In dem Streben nach ökumenischer Gesprächsbereitschaft, nach Toleranz und Offenheit, danach, sich mit Ungläubigen zu arrangieren und eine »für den modernen Menschen akzeptable« Theologie zu entwickeln, sind viele Priester bereits von der Auferstehung abgerückt. Manche sind sogar vom Glauben an Gott abgefallen. Sie räuspern sich entschuldigend, wenn sie solche Worte gebrauchen müssen, und blicken drein, als wüßten sie es natürlich besser. Ihnen etwas über den Krieg zwischen Gut und Böse zu erzählen würde sie bestürzen. Sie würden geduldig erklären, solche subjektiven Begriffe hätten keine Bedeutung, und nach Freud sei...

Dabei ist der Kampf zwischen Gut und Böse in vollstem Gange, und mitten darin befindet sich der Gral. Man mag ihn sich in mittelalterlicher Umgebung vorstellen, als Standarte auf einem kleinen Hügel, die von einem eingekesselten, zerschundenen, verwundeten Trüpplein gegen eine Übermacht von immer neu nachrückenden, hervorragend ausgerüsteten Feinden verteidigt wird. Die Gefahr bei solchen bildhaften Vorstellungen liegt darin, daß sie die Wirklichkeit unwirklich erscheinen lassen. Das richtige Bild zeichnen die Tageszeitungen, die täglichen Fernsehsendungen, unser Alltagsleben. Wir sind keine Zuschauer. Wir sind an der Schlacht beteiligt, wenn auch unwillig oder unwissentlich. Mit allem, was wir tun und was wir sagen, ja mit jedem Gedanken nehmen wir auf der einen oder anderen Seite am Kriegsgeschehen teil. Und nur allzuoft sind wir, ohne es zu merken, auch wenn wir es nicht wahrhaben wollen, auf der Seite des Bösen. Es sind nicht nur die Hitlers und Stalins, die Idi Amins, Pol Pots und Somozas, die dem Bösen dienen, es sind Menschen wie du und ich.

Und der Gral? Den muß jeder von uns suchen. Und wenn wir ihn gefunden haben, müssen wir ihn bis auf den Tod und darüber hinaus verteidigen.

Wie? Dadurch, daß wir gut *sind*, indem wir uns vervollkommnen, wie es in den Evangelien geschrieben steht: Seid vollkommen, wie euer Vater im Himmel vollkommen ist. Dabei geht es nicht darum, Gutes zu *tun*. Nur wenige von uns wissen, wie man das tut. Bevor man es tun kann, muß man es erst *sein*. Wirklich Gutes zu tun heißt, durch die eigene Güte auf andere einzuwirken. Wie eine brennende Kerze an einem dunklen Ort zu sein. Eine Lampe tut nichts. Doch ohne sie kann niemand im Dunkeln überhaupt etwas tun. Diese Art von strahlender Güte ist so selten, daß sie mit Recht heilig genannt wird.

Die Juden glauben, daß es zehn Gerechte gibt, deren Heiligkeit die Welt beschützt. Die Mohammedaner glauben an einen geheimen Imam. Unsere Vorfahren glaubten, Artus und seine Ritter lägen schlummernd in einer Höhle, allzeit bereit, die Welt aus ihrer Not zu retten. All diese Sagen und Legenden enthalten eine Wahrheit. Die Welt braucht ihre verborgenen Heiligen, um sich vor sich selbst zu schützen, und nie dringender als gerade jetzt. Sie beziehen ihre Kraft von dem, was vom

Gral übrig ist, und teilen uns ihre Stärke mit. Sie sind in des Wortes wahrster Bedeutung eins mit dem Gral. Denn wie zuvor bereits gesagt, gibt es noch Gralsvertreter, die vom Gral ihre Kraft erhalten, wie eine Quelle sich in viele Wasserläufe ergießt. Manchmal handelt es sich dabei um Gegenstände, manchmal um Menschen. Und es gibt wohl kein höheres Ziel, als einer dieser Heiligen zu werden, den Gral zu finden, in ihn einzudringen, ihm zu dienen und im Dienen der Menschheit und Gott zu dienen. Die Suche führt an den Ort, den Theresa von Avila die innere Feste nannte, in deren Herzen der Gral liegt.

ANMERKUNGEN

1 In: *The Seven Mansions,* Watkins, London und Dulverton 1980.

2 Edward Owen von der Cymmrodorion Society in Schriften für die Gesellschaft sowie in der *Revue Celtique* von 1911, »A note on the identification of Bleheris«. Ferner J. L. Weston: *The Quest of the Holy Grail*, G. Bell & Sons 1913, sowie *From Ritual to Romance,* Cambridge University Press und Doubleday/Anchor Books, New York 1957.

8

DIE HERZENSSEHNSUCHT: EINE MEDITATION

Lois Lang-Sims

Will man die Wahrheit des Gralsmythos vom Standpunkt der christlichen Mystik aus verstehen, muß man zuerst eine Frage stellen – die gleiche Frage, die der Fragesteller in allen Geschichten vom göttlichen Gefäß stellen muß, ehe er den Schleier des Geheimnisses lüften kann, von dem es eingehüllt ist. Die Frage lautet: Wem dient der Gral? Wie wir bereits wissen, lautet die Antwort, daß er jedem dient – eine Antwort, die ebenso einfach wie schwer zu verstehen ist. Die im folgenden zum Ausdruck kommende Auffassung zeigt, daß Fragen sowohl in der realen als auch in der mythischen Welt fast immer zum Hinnehmen, zur Akzeptanz, führen, und das Akzeptieren der Wahrheiten, die im Gral und durch den Gral Gestalt annehmen, leitet zu einer einzigartigen Form der Erfüllung hin, die uns befähigt, die Arbeit zu tun, die uns schon zugedacht war, ehe wir geboren wurden. Wenn wir das tun, werden wir selbst Diener des Grals.

Die meisten von uns sehen bei dem Wort »Gral« sogleich zwei verschiedene, einander entgegengesetzte Geisteshaltungen vor sich: einmal die Verwirrung angesichts eines Durcheinanders von seltsamen Geschichten, deren Enträtselung lebenslanger gelehrter Forschungen bedarf, und zum anderen die konzentrierte Versenkung in ein einfaches Bild, das Bild eines herrlichen Kelches, so fest wie gediegenes Gold und so flüchtig wie der Morgennebel, gleichsam aus dem Augenwinkel gesehen, bedeutungsschwer von einem Licht, das nicht von dieser Welt ist. Dieses einfache Bild scheint aus irgendeinem unerfindlichen Grunde alle Herzenssehnsucht auf sich zu ziehen. Wir verlangen danach mit einer Liebe, die alles übersteigt, was wir für den Gegenstand unserer tiefsten Zuneigung empfinden; gleichzeitig strahlt es offenbar auf uns eine Liebe aus, die bei weitem alles übersteigt, was wir je empfangen durften. Wir haben sogar das Gefühl, daß es überhaupt keine andere Liebe gibt, keine, die nicht hier schon zugegen wäre, von dieser wundersam sprudelnden Quelle ausgehend und zu ihr zurückkehrend. Das – diese geheimnisvolle Quelle – ist das Ziel der lebenslangen Suche jedes einzelnen.

»Suchen« und »fragen«, diese beiden Worte sind Schlüssel zum Gralsmysterium und in dem Sinne miteinander verbunden, daß die ganze Suche eine Frage *ist*, und wenn das Ziel erreicht ist, beantwortet sich die Frage ganz von selbst.

Es braucht uns weiter nicht zu verwundern, daß es dem suchenden Ritter aufgetragen ist, an dem Ort und zu dem Zeitpunkt anzukommen, wo eine bestimmte Frage gestellt werden muß. Das Fragen bezeichnet den Augenblick der Erfüllung, der Heilung und Befreiung. Das Blut einer alten Wunde wird gestillt werden, die Wasser werden wieder fließen, die Erde wird blühen. Die Frage ist der erste Schritt auf dem Weg der Einweihung in himmlische Geheimnisse und der letzte vor der Offenbarung dieser Geheimnisse im Augenblick des Todes, der das Tor zum ewigen Leben ist. Worin genau besteht eine Frage? Im Grunde ist sie eine Anrufung, die eine Antwort herbeiführt. Im Bereich der Realität geschieht nichts, was nicht zuvor herbeigerufen wurde. Unser Rufen ist zwangsläufig eine Frage, weil wir unwissend sind. Umgekehrt richtet Gott, wenn er uns ruft, ebenfalls eine Frage an uns, denn Gott, selbst Gott, weiß nicht, wie wir in unserer Freiheit antworten werden, bis er unsere Stimme hört. *Hast du mich lieb?* fragte der Herr Simon Petrus. Die Antwort, obwohl sie klingt, als müßte sie der Fragesteller schon gewußt haben, wäre nicht gegeben worden – da die *erfragte* Liebe nicht angerufen worden wäre –, wenn Jesus die Frage nicht gestellt hätte. (Wir gehen natürlich davon aus, daß der biblische Dialog auf dieser Ebene von metaphysischen Fakten handelt, also von weit mehr als den Phantasiegebilden, die unsere »Gespräche« heraufzubeschwören vermögen.)

Es ist kein Zufall, daß die vier Evangelien – und eigentlich sogar die ganze Bibel wie auch zahllose andere biblische Schriften in aller Welt – mit Fragen gespickt sind. (Nicht-christliche Beispiele sind zum Beispiel die *Upanishaden*, die Reden des Buddha, die Werke Platos, in denen wir ebenfalls fortwährend auf Fragen und Antworten stoßen.) *Wen suchet ihr?... Wer sagen die Leute, daß des Menschen Sohn sei?... Weib, was weinest du? Wen suchest du?...* Und der Angesprochene, unschlüssig über den ihm gewiesenen Weg: *Was soll ich tun?... Wie kann ein Mensch geboren werden, wenn er alt ist? Kann er auch wiederum in seiner Mutter Leib gehen und geboren werden?...* Demgegenüber gibt es auch falsche Fragen *(Herr, was soll dieser Mann tun?)* und solche, die nichts weiter als Spitzfindigkeiten sind und die Jesus nur mit leiser Geringschätzung oder überhaupt nicht beantwortet. Eine aus lauterem Herzen gestellte Frage ist das Anzeichen für eine geistige Bereitschaft, ohne die kein Meister einen Schüler annimmt. Ist jedoch Skepsis oder bloß Neugier herauszuhören, ist der Betreffende ungeeignet. Heutzutage gelten Kinder als »hochintelligent«, wenn sie die Art von Fragen stellen, die früher kein Zeichen von Intelligenz, sondern von einer tödlichen Dummheit waren. Kinder stellen von Natur aus selten solche Fragen. Ein kleines Kind, das sich selbst überlassen ist, stellt Fragen, die entweder ausschließlich praktisch orientiert sind oder die Ausdruck und Antrieb seines Suchens sind. Ähnlich steht es mit dem Gralsritter, der die Einfalt eines Kindes haben muß: Wenn er endlich der Stimme seines Herzens folgt und unaufgefordert um die Auskunft bittet, die ihn die erhabene Funktion des Grals und sein damit verbundenes eigenes Schicksal verstehen läßt, tut er es nicht aus reiner Neugier (in einer Fassung der Sage will man ihm dies weismachen), sondern er erfüllt damit seine Aufgabe in Reaktion auf einen ihm zugedachten Wink, in diesem Fall auf das Schauspiel, das sich seinen Augen darbietet, Prozession und Feier.

Die erste Frage, die von grundlegender Bedeutung und zudem buchstäblich die erste ist, die im biblischen Bericht von Geburt, Tod und Auferstehung Christi fällt, wirkt auf den ersten Blick eher wie eine zaghafte Regung des Zweifels; wenn wir sie jedoch so lesen, reißen wir sie aus ihrem Kontext innerhalb des Gesamtkomplexes, zu dem sie gehört.

Wie soll das zugehen, da ich doch von keinem Manne weiß?

Der Erzengel Gabriel hat Maria nicht gesagt, es sei ihre Pflicht, eine Frage zu stellen. Auch Parzival und Galahad wurde nicht gesagt, was sie tun sollten; sie mußten es selbst herausfinden. Das Wesentliche bei solchen Fragen ist, daß sie spontan aus dem Herzen kommen müssen, in dem Verlangen nach einer Antwort. Marias Frage, zu der Gabriel ihr den Anlaß gegeben hat, entspringt nicht einer gewissen Skepsis. Maria fragt, damit sie verstehen kann, was von ihr persönlich erwartet wird. Der Akt unbedingten Gehorsams, durch den sie sich hingibt – und den Samen Gottes empfängt –, geschieht in genauer Kenntnis dessen, wozu sie ihre Einwilligung gegeben hat. *Der heilige Geist wird über dich kommen, und die Kraft des Höchsten wird dich überschatten.* Dieses Kommen, dieses Überschattetwerden in all seiner Furchtbarkeit ist es, was das 14jährige Mädchen akzeptiert, wenn es sagt: *Mir geschehe, wie du gesagt hast.* So nimmt sie Gott in ihren Schoß auf. Sie wird zum *Vas spirituale,* zum Gefäß des Geistes.

Die Kirche hat der Jungfrau viele seltsam anmutende Namen gegeben und sie als Gefäß, als Spiegel, Turm, Thron und Garten bezeichnet: Beim Rezitieren ihrer Litaneien ziehen die Bilder vor dem inneren Auge vorbei und erinnern uns daran, daß der gleiche Teil der Wirklichkeit eine Vielzahl von Formen annehmen kann. Die Formen schieben sich vor- und übereinander wie Schleier, sie verhüllen und offenbaren zugleich die dahinterliegende Wirklichkeit. Die heilige Gefäß- oder Kelchform ist also nur eine der Manifestationen des göttlichen Weiblichen, das in der jüdischen Tradition als Schechinah erscheint und in der christlichen als Maria, die gebenedeite Mutter Christi. Es besteht eine mystische Übereinstimmung zwischen dem Bild des Grals, dem jungfräulichen Schoß und dem noch unbenutzten Grab, in das der Leib des Herrn gelegt wird, als er für eine gewisse Zeit der Macht des Todes unterliegt. Diese Übereinstimmung findet sich auch in den Legenden der beiden Josephs, die jeder als Hüter des Gefäßes beschrieben werden – des Schoßes, Grabes oder Kelches –, ein Hinweis auf das ständig neue Eingehen und wieder Hervorkommen des lebendigen Gottes.

Im Reich der Legenden bedeutet die Übereinstimmung zweier Namen, daß deren Träger in gewisser Weise eine übereinstimmende Funktion haben. In den Evangelien, die das heilige Leben und Wirken Jesu aufzeichnen, gibt es zwei Josephs. Der erste ist Joseph, der Beschützer der Jungfrau. Dieser Joseph ist mit Maria vermählt und entdeckt, daß sie schwanger ist. Ein Engel sagt ihm jedoch, daß sie noch jungfräulich ist und erklärt ihm den wunderbaren Ursprung des Kindes. Von ihm wird nun gefordert, daß er seine legalen Rechte als Ehemann aufgibt und ihre Jungfräulichkeit für immer unangetastet läßt. Seine Frau ist nicht von seinem Samen, sondern vom Heiligen Geist schwanger geworden. Joseph willigt in die ihm zugewiesene Rolle ein und wird Hüter sowohl der Jungfräulichkeit Mariens als auch ihres göttlichen Kindes. In ähnlicher Weise begibt sich Joseph von Arimathia seines Anspruchs auf ein neues (oder jungfräuliches) Grab, das er für sich hatte in den Fels hauen lassen. Dieses Grab, das eigentlich seinen eigenen Leib aufnehmen sollte, wird zur letzten Ruhestätte Jesu. Bei der Auferstehung tritt Jesus daraus hervor in einen schönen Garten. Der »hegende Garten« ist ein Sinnbild der beiden Marien, der Mutter und der Geliebten, und erinnert an das Hohelied Salomos, das auf eigenartige Weise ahnen läßt, wie Maria den Geliebten ihrer Seele verliert und wiederfindet. Der erste Joseph herrscht also über die Geburt und der zweite über Tod und Auferstehung des Herrn. Schoß und Grab sind im Grunde eins: das doppelte Antlitz des einen Mysteriums vom Tod im Leben und Leben im Tod.

Joseph von Glastonbury, der fast als dritter Joseph bezeichnet werden könnte, würde ihn die Legende nicht eindeutig mit dem zweiten identifizieren, ist der Hüter des heiligen Kelches. In einer Textfassung seiner Geschichte erscheint ihm Christus in einer Vision und überreicht ihm in Anerkennung seines Dienstes den Kelch des letzten Abendmahls. Man kann natürlich auch einfach davon ausgehen, daß er auf ganz gewöhnliche

Weise in den Besitz des Kelches gelangte und ihn aufgrund der wenigen Tropfen heiligen Blutes, die er darin auffing, als der Leib Jesu vom Kreuz genommen wurde, als Reliquie bewahrte. Der Kelch kommt in christlichen Legenden öfters vor. Wir denken normalerweise sogleich an den Kelch des letzten Abendmahls und damit an das heilige Sakrament. Aber in jener Nacht im Garten Gethsemane spielt er eine Doppelrolle und ist einmal der Leidenskelch, den Jesus in seinem Gebet zum Vater meint, wenn er sagt: *Ist's möglich, so gehe dieser Kelch an mir vorüber*, und später das *Viatikum* (Wegzehrung): Engel stärken ihn aus ebendemselben Gefäß, der Quelle der spirituellen Nahrung, die aus seinem göttlichen Wesen sein menschliches Selbst macht. In vielen traditionellen Gemälden vom Leiden Christi im Garten fällt die Übereinstimmung der beiden Kelche untereinander und mit dem Kelch des letzten Abendmahls ins Auge. Ein ähnliches Gefäß ist auf Kreuzigungsbildern zu sehen: Damit fängt ein beim Kreuz schwebender Engel das Blut auf, das aus den Wunden des sterbenden Christus tropft. Um diese Vorstellung des Kelches verstehen zu können, aus dem in der Legende vom dritten Joseph der Gral wird, der Ausgangspunkt für die großartige mittelalterliche Sage von der Gralssuche, sollten wir uns einen Kelch denken, der so lauter ist, daß Form und Inhalt identisch sind. Das ist das *Vas spirituale*, die Leere, die (um eine Sufi-Weisheit zu zitieren) »erfüllt ist vom Licht aus dem Herzen des Himmels«. Beim ersten Schöpfungsakt zieht Gott sich zurück, um eine Leere zu schaffen. In diese Leere projiziert er sich als Wort und kehrt als dritte Person der Dreifaltigkeit zu sich zurück, als göttliche Sophia, deren zeitliche Manifestation die gebenedeite Jungfrau ist.

Maria darf nicht in einem absoluten Sinne mit der göttlichen Sophia gleichgesetzt werden. Die Kirche hat immer gelehrt, daß sie nicht göttlich ist, sondern eine Manifestation, ein Gefäß des eigentlich gestaltlosen Geistes, der in Form der unbefleckten Empfängnis eine zeitliche Dimension gewinnt; erst nach ihrer Himmelfahrt, in der sie zum Herzen Gottes emporsteigt, genießt sie göttliche Verehrung. Durch sie ist das Göttliche den Menschen *zeitlich* gegenwärtig. In der Liturgie der römisch-katholischen Kirche wird sie stets durch die Verlesung von Auszügen aus den apokryphen Büchern der Weisheit an ihren Hauptfesttagen als nur halbgöttliche Gestalt dargestellt, die der ersten Emanation der göttlichen Sophia nahekommt (welche uneingeschränkt mit dem Heiligen Geist identisch ist). Wir wollen uns in unserer Meditation über den Gral einen bestimmten Abschnitt aus diesen Texten vornehmen, der uns dabei hilft, uns ein inneres Bild von dem Gefäß zu machen, bei dem aufgrund der absoluten Lauterkeit von Form und Inhalt beide identisch sind:

> Denn die Weisheit ist das Allerbehendeste;
> sie fähret und gehet durch alles, so lauter ist sie.[1]

Bei flüchtigem Lesen erscheint einem dieser Vers wunderlich. Wir fragen uns zuerst, warum die Lauterkeit denn behende sein sollte, und weiter, warum diese vollkommene Lauterkeit jede andere Substanz durchdringen kann, ohne sich dabei zu besudeln. Bei tieferem Nachsinnen wird einem jedoch allmählich klar, daß vollkommene Klarheit durch eine absolute Flüchtigkeit und Leichtigkeit der Bewegung gekennzeichnet ist und daß sich die beiden Teile des Verses gegenseitig bedingen wie Ursache und Wirkung. Jedes Hemmnis, jede Verzögerung in dieser Wechselbeziehung kann nur durch einen in beide Richtungen wirkenden Widerstand hervorgerufen werden. Absolute Lauterkeit, in die sich auch nicht das kleinste Stäubchen materieller Schwere mischt, kennt keinen Widerstand. Durch

etwas, das ihrem Wesen fremd ist, fährt sie sofort hindurch. Dieser Betrachtungsweise entspringt die Idee, daß das heilige Gefäß – Jungfrau, Schoß oder Gral – den göttlichen Geist zu fassen und unendlich auszubreiten vermag, während es selbst unsichtbar bleibt und damit die Form beibehält, die der Geist immer annimmt.
Eine andere bildhafte Vorstellung des Schoßes ist die Tafelrunde mit den Sitzplätzen für die zwölf Ritter oder Apostel. Manche mittelalterlichen Gemälde[2] stellen die Verbindung sehr klar her: Die runde Tafel mit ihren zwölf Tellern wirkt eindeutig wie ein Eierstock mit seinen zwölf Eizellen, die im Laufe von zwölf Monaten abfallen. Die Berichte von dieser Tafel sind nicht ganz eindeutig: Waren es wirklich zwölf Sitze – oder dreizehn? Im allgemeinen wird angenommen, daß Jesus einen dreizehnten Platz innehatte. Doch ein überraschendes geometrisches Gesetz könnte zumindest den, dessen Geist im Bereich des Mythos zu Hause ist, leicht zu einer abweichenden Auffassung bringen. Hier ein Zitat aus Keith Critchlows Essay *The Soul as Sphere and Androgyne:*

> Wenn wir eine geschlossene Kugel gleich welcher Größe nehmen und herausfinden wollen, wie viele Kugeln derselben Größe sie umgeben können, kommen wir anhand von Berechnungen oder durch physikalische Experimente auf genau die Zahl *Zwölf*. Die erste vollständige aus Kugeln geformte Hülle oder »Sphäre«, die die Ausgangskugel (den Kern) umgibt, besteht aus genau zwölf Kugeln, die alle zugleich einander und den Kern berühren.

Wenn wir nun die mystische Bedeutung der Zahl anerkennen, wie es jeder traditionell eingestellte Mensch ohne Zögern tun würde, folgt daraus nach dem Gesetz der Entsprechung, daß Jesus gewissermaßen die Kugel im Zentrum repräsentiert oder von ihr repräsentiert wird. Sich ein klares Bild von der Szene zu machen, ist nicht leicht, da sie nicht wortwörtlich genommen werden sollte und wir uns schwertun, uns etwas vorzustellen, das sich in mehr Dimensionen bewegt als nur den dreien, die wir mit unserem gewohnten Denken erfassen. Einen Hinweis gibt uns die Information, daß sich Johannes an die Brust Jesu lehnte. Mit anderen Worten: Sie nahmen denselben Platz ein. Jesus wartete auf den Sitz, von dem er wußte, daß Judas ihn freimachen würde. Die Rolle des Judas in der Leidensgeschichte ist vieldeutig: Wir können sie auf unsere Weise interpretieren – als Sinnbild des Ovums, das sich aus dem Ring löst, um geboren zu werden. Judas erhebt sich und geht hinaus – und es war Nacht. Nach dieser Vorstellung ist die zentrale Kugel vorübergehend *von innen nach außen* umgestülpt, und es ist jetzt vollkommen leer und dunkel. Es ist die Welt des »Sündenfalls«, »diese Welt« fern von Gott. Dieser Punkt muß unbedingt klar sein: Die Welt des »Sündenfalls« darf nicht ohne weiteres mit *unserer* Welt gleichgesetzt werden, wie wir sie normalerweise erleben; vielmehr ist *unsere* Welt ein Seinszustand, in dem sich die Sünde einerseits und die Erlösung durch das Wirken des Wortes Gottes andererseits in einem unsicheren Gleichgewicht befinden. Das Wort ist Christus, der aus dem Schoß geboren werden und sich in die bodenlose (nichts fassende) Dunkelheit der sündigen Welt (am Kreuz) ausbreiten muß, damit *unsere* Welt in einem Prozeß, den wir als *Zeit* erleben, im himmlischen Zustand wiederersteht. Judas ist der Verräter, denn durch ihn kommt – aufgrund der unauslöschlichen Liebe, die Gott selbst mit der gefallenen Menschheit vereint – das Christus-Prinzip in die Welt und wird dem Tod unterworfen. Das Ovum trägt bei seinem Fall in eine Welt, die zunächst als sündig und dunkel gesehen werden muß, den fleischwerdenden Herrn mit sich. Judas überläßt Jesus seinen Sitz, und dieser nimmt erst dort Platz, um sich dann zu erheben und den Schritten seines Vorgängers zu folgen. In dem dunklen Garten, dem Vorraum des Todes, wird er mit »Schwertern und Stangen« ergriffen (die physiologische Entsprechung ist nicht zu übersehen). Wieder nimmt er den Platz des Judas ein, der letztlich nicht leben kann, sondern zugrunde gehen muß wie eine unbefruchtete Eizelle im »Blutacker«. Durch diese Stellvertretung (die im Kuß symbolisiert ist) wird Gott mit dem Tod vereint und geht im Triumph daraus hervor. »Die Leere ist erfüllt vom Licht aus dem Herzen des Himmels.« Wenn wir uns dann wieder dem runden Tisch des »oberen Raumes« zuwenden, steht das Gewölbe offen, und der Heilige Geist tritt hindurch. Der Raum des Abendmahls ist nun identisch mit dem Schoß der Jungfrau und mit dem heiligen Kelch, der das flüssige Feuer von Jesu Leib und Blut enthält.

Eine zeitgenössische Ikone von einem Mönch des Ordens vom hl. Seraphim von Sarow vereint in besonders gedrängter Form die Symbolik der drei Josephs in sich:[3] Joseph von Glastonbury blickt auf den Gral hinunter, der in einer Gruft oder einem Grab eingeschlossen ist, aus dem oben der Dornbusch von Glastonbury herauswächst. Von dem heiligen Kelch gehen Lichtstrahlen aus, die durch den Stein dringen. Hinter diesem weiblichen Symbol erhebt sich der Altar des Tor, überragt von seinem Turm; hinter dem Heiligen ist die Kirche unserer lieben Frau zu sehen. Der hl. Joseph hält in einer Hand ein grünes Reis, das zugleich der wunderbare Dornzweig als auch das Kennzeichen des Gatten der Jungfrau ist. (Das Bild nimmt Bezug auf die Geschichte von der Wahl des zukünftigen Gatten der Maria anhand eines Zeichens. Jeder der versammelten Freier bekommt ein Reis. Aus Josephs Reis fliegt eine Taube heraus, was im allgemeinen durch das Bild des ergrünten Reises ausgedrückt wird.) Sein Mantel ist leuchtendgrün, von der Farbe der knospenden Natur und des Smaragds, der aus Luzifers Krone fiel und zum Gral wurde. (Auch hier treffen wir wieder auf das Bild, daß etwas aus seinem festen Platz in einem Ring fällt.) Über seinem Arm trägt er ein helles Tuch, das Leichentuch Christi. Dieses Tuch steht nach einer mittelalterlichen Überlieferung, die sich mit den verschiedenen Sakralgegenständen befaßt, wie sie in der Messe gebraucht werden, mit dem heiligen Kelch in Zusammenhang. Besucher der Kathedrale von Canterbury werden dort einen Kelch und einen Hostienteller aus dem 12. Jahrhundert finden; auf dem Rand des Tellers steht in lateinischer Sprache geschrieben:

> Der Altar vertritt das Kreuz,
> der Kelch das Grab,
> der Hostienteller den Stein
> und das reine Leinen das Leichentuch.

Honorius von Autun (*Gemma Animae*, Buch 1, Kap. 47) erklärt die Sache noch eingehender:

> Wenn der Priester *Per omnia saecula saeculorum* sagt, tritt der Diakon vor ihn hin und hebt den Kelch empor. Einen Teil davon bedeckt er mit einem Tuch; dann dreht er sich zum Altar um und deckt das Korporale darüber in Nachahmung Josephs von Arimathia, der den Leib Christi vom Kreuz nahm, sein Antlitz mit einem Schweißtuch bedeckte, den Leib in das Grab legte und dieses mit einem Stein verschloß. Das hier Dargebotene wie auch der Kelch werden mit dem Korporale bedeckt, einem Symbol für das Leichentuch, in das Joseph den Leib Christi wickelte. Der Kelch steht für das Grab und der Hostienteller für den Stein, mit dem es verschlossen wurde.

Robert de Boron legt in seinem Roman *Roman de l'Estoire dou Graal* Jesus, als er Joseph im Kerker erscheint und ihm das heilige Gefäß übergibt, die folgenden Worte in den Mund:

> Du hast mich vom Kreuz genommen und mich in dein Grab gelegt, nachdem ich beim Mahl neben Simon Petrus saß und sagte, daß ich verraten würde. Da dieses am Tisch geschah, wird der Tisch auch in Zukunft bereitet werden, auf daß ich geopfert werde. Der Tisch bedeutet das Kreuz; die Gefäße, mit denen Opfer und Wandlung durchgeführt werden, bedeuten das Grab, in das du mich gelegt hast. Dies ist der Kelch, in dem sich mein Leib in die Gestalt der Hostie wandelt. Der Hostienteller, der daraufgelegt wird, bedeutet den Stein, mit dem du die Öffnung des Grabes verschlossen hast, und das Tuch, das darübergebreitet wird, bedeutet das Leinen, das du um meinen Leib gewikkelt hast. So wird die Christenheit allezeit bis zum Ende der Welt um den Sinn deines Tuns wissen.[4]

Der Canterbury-Kelch hat zwölf gerippte Knäufe anstelle eines Fußes und läuft nach unten in zwölf Zipfel aus. Obgleich er natürlich jüngeren Datums ist als das von Jesus gebrauchte Gefäß, ist er doch der Idealtyp des mittelalterlichen Grals. Kelch und Hostienteller wurden im Jahre 1890 von dem damaligen Dekan und Domherrn frevlerisch aus dem Grab des Erzbischofs Hubert Walter entfernt. Heute werden sie sakrilegisch gegen Geld in einer Dauerausstellung gezeigt. Man kann sich gut vorstellen, wie es wäre, wenn sie wieder ihren angemessenen Gebrauch bei den großen Kirchenfesten fänden und in der Zwischenzeit jeweils in einem besonders heiligen Teil der Kathedrale aufbewahrt würden, vielleicht in der östlichsten Kapelle, auf die der Gesamtbau ausgerichtet ist. In der richtigen Weise der Öffentlichkeit dargeboten, statt auf entwürdigende Art als »Kulturgegenstand«, könnte der Canterbury-Kelch durchaus, wie er es in einem tieferen Sinne zweifellos schon *ist*, der heilige Gral sein. Jeder bei der heiligen Kommunion verwandte Kelch hat seinen Sinngehalt von dem Gefäß, das durch die Hände Christi geheiligt wurde. Die Heiligkeit des ursprünglichen Gefäßes leitete sich von seiner Einheit mit dem göttlichen Weiblichen her, das es in Form und Funktion manifestierte, genauso wie das Grab im Garten, der Schoß der Jungfrau – und die Jungfrau selbst.

Unsere Meditation verbindet also Untrennbares miteinander: den Leib und das Blut des heiligen Sakraments und die leuchtende (da lichtdurchlässige) Gestalt der *Theotokos*, der Muttergottes. Maria wird mit Recht die Gottesgebärerin genannt, weil sie sich mit Herz und Seele dieser Funktion überantwortet hat, den Heiligen Geist auszutragen, dessen Verkörperung sie ist. Ihr eigener Leib bleibt unsichtbar, außer als Form oder Gefäß des himmlischen Lichts. Ebenso ist der Gral das Gefäß des heiligen Blutes. Im Abendmahlskelch werden Wasser und Wein gemischt, um die Verbindung der Jungfrau mit ihrem Sohn anzudeuten. Wasser ist die Grundmanifestation spiritueller Lauterkeit; es ist das reinigende Element beim Taufritus. Blut (in Form von Wein) ist dem Feuer verwandt; aber noch fester als das Feuer ist es der Wirklichkeit des göttlichen Lebens verbunden: Vergossen wird es zum heiligen Opfer, durch das die sündige Welt dem Tod entrissen wird. Der Gral als Kelch ist wie Dante Alighieris mystische Rose (die im Grunde die gleiche Bedeutung hat) das letzte Bild, ehe bei der Erkenntnis der Wahrheit alle Bilder wegfallen. Diese Erkenntnis wird uns allen im Augenblick des Todes zuteil, und sei es auch nur den Bruchteil einer Sekunde lang, und sie eröffnet uns die Möglichkeit, uns hier und jetzt dafür zu entscheiden, in die Gegenwart Gottes einzugehen. Das *Bardo Thödol*, das tibetanische Totenbuch, beschreibt sie als klares, weißes Licht, das der Seele unerträglich ist, bis sie schließlich, nachdem sie sich entwickelt und ihr Schicksal in der Zeit erfüllt hat, den Punkt erreicht, an dem es keine Wiederkehr gibt.

Johannes vom Kreuz, der vermutlich nie etwas vom *Bardo* gehört hat, drückt doch genau das gleiche aus, wenn er sagt: »Die Seele wird, wenn sie geläutert ist und von allen nur dem Verstand faßbaren Formen und Vorstellungen befreit ist, in diesem reinen, unverfälschten Licht verweilen...«

Und Plato versichert uns, wenn er von dem Augenblick, der jenem letzten Sichausliefern unmittelbar vorausgeht, spricht, daß wir »die Erkenntnis des absolut Schönen erlangen und endlich wissen werden, was das Wesen der Schönheit ist«. Diese Erkenntnis ist vielleicht das letzte kaum merkbare Zögern am Rande des physischen Todes: Die Antwort auf die Frage der Seele kann nur kommen, wenn diese aus freiem Willen aufhört, sich an dieses Erdenleben zu klammern.

Wem dient der Gral? Er dient uns allen im Augenblick des Todes, wo er die Funktion des *Viatikums* erfüllt, des letzten, was wir sehen, bevor wir nichts mehr sehen und er uns das ewige Leben zum Geschenk macht.

ANMERKUNGEN

1 *Die Bibel*, »Die apokryphen Schriften«: Weisheit 7, 24.

2 Siehe John Matthews: *The Grail: Quest for Eternal Life*, Thames & Hudson, London 1981, S. 44.

3 *Ebenda*, S. 36.

4 Emma Jung und Marie Louise von Franz: *Die Graalslegende in psychologischer Sicht*, Walter Vlg., Olten, 3. Aufl. 1983.

Teil III

Magie und Vorstellungskraft

9

MERLIN UND DER GRAL

Gareth Knight

Sowohl als magische wie auch als mystische Erfahrung gesehen, eröffnet der Gral einen Weg, auf dem die Einheit aller Dinge und Wesen erreicht werden kann. Gegenwärtig leben wir in einem Zeitalter, das noch weitgehend von männlichen Impulsen beherrscht wird. Es ist Zeit zu erkennen, welche Rolle das göttliche Weibliche in aller Schöpfung spielt und wie die daraus entspringenden ausgleichenden oder polarisierenden Energien genutzt werden können, um das Überleben der Menschheit sichern zu helfen. Gareth Knight erforscht hier die Kräfte, die dem Gral innewohnen als Gefäß der göttlichen Gnade und der magischen Inspiration – jener zwei Pole, die wenig miteinander zu tun zu haben scheinen, die jedoch, wie sich im Lauf der Zeit und des Geschehens zeigen wird, nur zwei Seiten einer Medaille sind.

Der heilige Gral ist in erster Linie ein *mystisches* Erlebnis, das heißt eine visionäre Erfahrung Gottes und der unerschaffenen Wirklichkeiten einer anderen Ebene des Seins. Doch im Hintergrund ist sehr wohl auch ein *magischer* Zugang zur Dynamik dieser Erfahrung erkennbar. Damit meine ich eine Methode, sich der in der physischen Existenz unmittelbar wirkenden Kräfte zu bedienen, um der suchenden Seele das mystische Erleben leichter faßbar zu machen. Hier liegt der Wirkungskreis Merlins, des archetypischen Zauberers aus dem Bretonischen Sagenkreis.

In der keltischen Mythologie, die wie alle Mythologien eher eine *magische* als eine *mystische* Dynamik hat, erscheint der Prototyp des heiligen Grals als Kessel der Inspiration, der Fülle und Erneuerung. Als solcher befindet er sich in der Obhut der Göttin Ceridwen und wird von neun Jungfrauen umsorgt. Diese haben ihre Entsprechung in den neun Musen der Antike und im kabbalistischen Baum des Lebens, dessen *neunte* Sephirah Jesod, das Fundament, ist, die unter anderem als »Schatzhaus der Bilder« bezeichnet wird.

Als Sinnbild der Fülle und Erneuerung steht der Urgral auch mit Dagda, der Obergottheit der Tuatha De Danann (der Kinder der Dana) sowie mit Brandanus (St. Brendan) in Verbindung, der seine Männer speiste und die in der Schlacht Gefallenen wiederbelebte. So ist er zusammen mit dem Speer Lugh Lavadha, dem Schwert Conary Mor und dem Lia Fail, dem Orakelstein, der die rechtmäßigen Könige bestimmt, einer der größten Schätze der Tuatha De Danann. In leicht abgewandelter Form sind diese Schätze noch immer in den traditionellen magischen Waffen der vier Teile des magischen Kreises zu finden – Luftschwert im Osten, Feuerlanze oder -gerte im Süden, Wasserkelch oder -kessel im Westen und Erdstein, -schild, -scheibe oder -münze im Norden. Sehr ähnlich ist auch die Symbolik des Tarots, dem die Bilder und Farben unserer heutigen Spielkarten entstammen.

In uralter Zeit bestand eine enge Beziehung zwischen diesen Schätzen und dem Prinzip der Souveränität, die in der *weibli-*

chen Gestalt der Eriu, der Souveränität Irlands, verkörpert ist. Sie teilte diese Schätze aus und hatte zwei Gesichter. Manchmal wirkte sie schön und ein andermal wieder abscheulich. In dieser Charakterisierung stimmt sie mit anderen großen Göttinnen des Altertums überein, die, jede auf ihre Art, Aspekte der Naturgottheit Isis darstellten. Auch in der Gestalt der Gralsbotin oder -jungfrau kehrt sie wieder.

Der endgültige Ausgleich und die Bejahung des göttlichen Weiblichen (in sicherer Verkleidung) vollzieht sich jedoch in der Frieden und Harmonie spendenden Erfüllung des neuen Jerusalems, das wie eine Braut geschmückt ist. Natürlich muß man sich irgendwie auch mit der »Dirne« auseinandersetzen, statt einfach darüber hinwegzusehen. Letztlich muß man sich ihr oder den ihr innewohnenden Kräften mit einer allumfassenden Liebe stellen, denn dann verwandelt sie sich in eine strahlende, heilende Gestalt.

Man braucht nicht allzuweit in diese Symbolik einzudringen, um sich der Vielzahl von Vorstellungsbildern bewußt zu werden, die das weibliche Prinzip mitbestimmen. In ihm ist das ganze Formprinzip enthalten und damit das Prinzip der Welt, der Erde, der Menschheit als solcher und aller Formen samt Inhalt, aller Kelche, Städte, Häuser, Länder und Körper wie auch das Weibliche einer jeden bipolaren Gattung. Das Weibliche ist im Grunde die eine Hälfte der einen großen dichotomen Schöpfung. Alles, was existiert, nimmt Gestalt an durch die Vereinigung und Vermählung des männlichen und weiblichen Prinzips; diese beiden Prinzipien tauchen in vielen metaphysischen Philosophien auf: als *Yang* und *Yin, Ida* und *Pingala,* als positiv und negativ, männlich und weiblich, Kraft und Form, oder in Gestalt der beiden Säulen Jachin und Boaz, die vor dem Eingang des Tempels der Mysterien stehen.

Sie sind die Grundlage der Meditationspraktiken verschiedener

Yoga-Systeme und ihrer westlichen Entsprechungen. Heutzutage treten sie auch in diversen Psychotherapien in Erscheinung. Ihr eigentlicher Sinn aber geht tiefer, als die Psychologie erfassen kann. Er weist ins Reich der Magie – deren archetypischer abendländischer Vertreter Merlin ist. In der Magie wird gezielt und objektiv von der Vorstellungskraft als einem Wahrnehmungs- und Handlungsorgan Gebrauch gemacht. Ihre Dynamik entsteht durch die beiden Pole einer »horizontalen« Polarität, wie man es nennen könnte, die durch ihre Harmonisierung und ausgewogene Nutzung zu Trägern von Kräften werden können. Umgekehrt können solche Kräfte auch von ihnen losgelöst und unwirksam gemacht werden. In ihrem tieferen Sinn sind das die Mechanismen von Geburt und Tod – und zugleich von allem Schaffen und Herstellen, von künstlerischem und anderem Wirken, von der Bildung gesellschaftlicher und sozialer Gruppen, seien sie nun kurzlebig oder von Dauer. All das entsteht im Wechselspiel horizontaler Polaritäten, die bei entsprechender Manipulation unter Umständen eine »vertikale« Polarität zur Folge haben.
Bei vertikaler Polarität manifestiert sich das Leben auf unterschiedlichen Ausdrucksebenen. Eine höhere Kraft bedient sich eher einer relativ weiblichen Form, um sich auszudrücken, während die einer niederen Form innewohnende Kraft eher männlich ist.
Grundsätzlich entspricht die vertikale Polarität einer *mystischen* Dynamik, denn bei dieser Strömungsrichtung treten die gestaltlosen Wirklichkeiten in die Welt der Gestaltungen ein. Die horizontale Polarität ist eine *magische* Dynamik, denn obgleich sie bei höchster, lauterster Anwendung mystischen Zwecken dient, ist ihr *Modus operandi* und das Material, von dem sie ausgeht, der Struktur nach vollkommen der Welt der Gestaltungen entnommen. Auf den unteren Stufen der Magie

werden also nur Veränderungen im materiellen Bereich hervorgerufen, während auf höheren Stufen auch das Wissen um die Phantasie und die Imagination genutzt wird. Und auf einer noch höheren, noch machtvolleren Stufe werden Eingebungen formuliert und manipuliert, um schließlich bis »hinunter in alle Ebenen« ihren Ausdruck zu finden.
Obwohl hier von der Magie die Rede ist, sollten wir nicht vergessen, daß diese ein vollkommen natürlicher Prozeß ist, der in *allen* Denkvorgängen seinen Ausdruck findet, die konkret etwas bewirken. Es besteht keine Kluft oder Schranke zwischen der magischen und der gewöhnlichen Welt. Wir bedienen uns, um unser Leben zu leben, genauso der Magie, wie wir uns beispielsweise der Prosa bedienen, um zu reden – ohne uns dieser Tatsache unbedingt bewußt zu sein. Das versuchten die Alchimisten mit aller Macht deutlich zu machen durch ihre Behauptung, ihr Urstoff sei überall zu finden und werde doch allgemein übersehen oder als gegeben hingenommen. Ihr Prinzip des *solve et coagula* – »löse und binde« – ist kein großes, nur wenigen vorbehaltenes Geheimnis; vielmehr handelt es sich um ein grundsätzliches Lebensprinzip, von dem alle auf natürliche und instinktive Weise den verschiedensten Gebrauch machen: Destillation, Präzipitation, Kalzination und andere Begriffe aus der Chemie, die die Alchimisten verwendeten, sind samt und sonders genaue Definitionen verschiedener Bewußtseins-»Prozesse«.
Das Ergebnis unserer unbewußt ausgeübten Magie oder Alchimie ist die Welt, die wir um uns herum erschaffen. Magie oder Alchimie ist demnach nicht zu unterdrücken; ohne sie würde nichts existieren. Man könnte ebensogut versuchen, die Wahrnehmung oder den Stoffwechsel zu unterdrücken. Letztlich zählt nur, wie bewußt davon Gebrauch gemacht wird, denn eine Vertiefung des Glaubens oder der Motivation wirkt sich

steigernd darauf aus, so wie eine Verstärkung des Luftzugs das Feuer auflodern läßt und einen heimischen Herd gewissermaßen in einen alchimistischen Schmelzofen verwandelt.

In der höchsten Magie erstreckt sich die vertikale Polarität von der unerschaffenen geistigen Quelle jenseits der Form, ja sogar des Formlosen, bis hin in die physische Welt der greifbaren Erscheinungen. Das wird allerdings selten erreicht, denn die meisten, die sich auf diesem Planeten zu dieser Zeit verkörpert haben und diese Welt bewußt wahrnehmen, sind gerade aus diesem Grunde nicht in der Lage, auch höhere Ebenen *bewußt* wahrzunehmen. Selbst das Reich der Intuition ist vielen verschlossen.

Das materialistische Denken will natürlich das Kausalprinzip auf der Wirkungsebene nachweisen – und läßt dadurch im Grunde die Seele abstumpfen und spirituell brachliegen. Dieser entstellten Sicht der Dinge sind zwar ein paar kurzlebige technische Errungenschaften entsprungen, aber die Welt eilt nur noch schneller voran wie ein Zug, der in einen dunklen Tunnel ohne Ausgang hineinrast. Was als Abenteuer des Geistes begann, das Francis Bacon in seinem *Neu-Atlantis* freudig begrüßte, zeigt jetzt Anzeichen einer drohenden Katastrophe weltweiten Ausmaßes: Umweltzerstörung und atomare Vernichtung.

Das außergewöhnliche Ereignis, das diesen Lauf in die globale Vernichtung noch aufhalten könnte, wäre womöglich eine Manifestation des heiligen Grals. Der reine Mystiker und die christliche Westkirche würden sagen: »Der Wind bläst, wo er will«, und die Menschheit brauche nur zu glauben, zu beten und sich in den Willen Gottes zu schicken. Aber auch wenn sich der Heilige Geist keine Vorschriften machen läßt, müssen wir von unseren Menschenkräften und unserem freien Willen Gebrauch machen. Das tun wir sogar schon, nur falsch und auf üble Weise, so daß es des persönlichen Einsatzes derer bedarf, die im Besitz des Wissens, des Willens und der Fähigkeiten sind, um den Weg zu bahnen. Wäre dem nicht so, hätte die Suche nach dem heiligen Gral, der sich alle Artusritter verschrieben haben, überhaupt keinen Sinn gehabt. Die Ritter hätten einfach auf Camelot bleiben und beten können, daß der Gral zu ihnen komme.

Hinter alledem treffen wir auf Merlin, den Erzmagier, und seine Gemahlin, die Herrin des Sees, die die Besten der Ritterschaft für diese überaus wichtige Suche vorbereiten. Es besteht eine gewisse unheilvolle Parallele zu unserer heutigen Zeit, denn der Überlieferung nach war der Ur-Merlin Überlebender eines Feuerinfernos, bei dem eine alte Zivilisation in den Wellen versank: das legendäre Atlantis. Wie sich noch zeigen wird, dürfen die Ursprünge der Artussage nicht in das 5. Jahrhundert n. Chr. datiert werden, wenn auch der von zeitgenössischen Geschichtsschreibern heißgeliebte römisch-keltische *Dux bellorum* sozusagen einen Angelpunkt darstellte, um den sich alte Erinnerungen kristallisieren konnten. Die wirklichen Wurzeln der Macht in der Überlieferung gehen viel weiter zurück auf die Erbauer der Megalithgräber in Westeuropa.

Der Überlieferung nach wurden die Erbauer dieser alten Stätten in der Jungsteinzeit zuerst von Einwanderern aus dem fernen Westen angeleitet, die entlang der Westküste des europäischen Kontinents, in Irland, Schottland, Wales, Südwestengland, in der Bretagne, auf der iberischen Halbinsel und bis hinein ins Mittelmeer auf Inseln wie etwa Malta bedeutende Niederlassungen gründeten. Die meisten dieser Gebiete werden heute mit den Kelten in Zusammenhang gebracht, deren Kultur allerdings die der Ureinwohner nur überlagerte, denn die Kelten absorbierten und bewahrten Brauchtum und Volksgut der bronze- und jungsteinzeitlichen Kulturen, die sie verdrängten.

Die eigentliche Dynamik der Artus- und Gralssagen wurzelt also in der keltischen Mythologie. Sie zeigt sich in dem Versuch Merlins, mit Hilfe der Herrin des Sees durch eine Art von Genmanipulation eine neue Dynastie zu begründen, was die Zauberin Morgan verhindert. Der eingeborene Adel, vertreten durch König Uther Pendragon, sollte sich mit den Nachkommen der alten Priesteraristokratie der Atlantier vermischen, die durch Igraine verkörpert wurde, der Überlieferung nach eine Prinzessin der Atlantier, die eine Heimat als Gattin eines Häuptlings der kornischen Halbinsel gefunden hatte – des Gorlois von Tintagel.

Das alte Geschlecht der Atlantier war durch eine erbliche Eigenschaft des Blutes ausgezeichnet, die mit der Gabe des Hellsehens einherging. Auf dieser Grundlage besteht das *Sang real*, denn wer die Gabe der Hellsicht besaß, hatte Zugang zu inneren Mächten und Kenntnissen, die gewöhnlichen Sterblichen versagt blieben. Das System entspricht dem, das sich im alten Ägypten fast bis zur Zeit Alexanders erhielt, und bildet die Grundlage für die Aristokratie und das Königtum. Problematisch war wie bei allen Formen hochselektiver Fortpflanzung die Degeneration, deren Wahrscheinlichkeit wächst, je weniger frisches Blut zur Wirkung kommt.

Dieses System hat auch in neuerer Zeit seine Bedeutung, und es hat Auswirkungen auf die moderne Geschichtsschreibung gehabt, besonders im Hinblick auf die Institution der Monarchie. Der Begriff des »Gottesgnadentums« der Könige leitet sich von daher und hat sich durch die Hinrichtung Karls I. besonders dem britischen Volksbewußtsein tief eingeprägt. Auf einem bekannten Stich aus dem 17. Jahrhundert kniet er vor dem Altar und vertauscht seine irdische Krone mit der himmlischen Krone des Märtyrers. Der freiwillige Opfertod birgt eine ungeheure Macht in sich, besonders wenn es sich um einen König handelt, denn schon in uralten Zeiten pflegte sich der göttliche König eines Stammes zum Wohle seines Volkes und für die Fortdauer des Naturkreislaufs freiwillig zu opfern. Obwohl im letzten Jahrhundert republikanische und demokratische Institutionen eine starke Verbreitung gefunden haben, hat das Königtum nichts von seinem romantischen Reiz verloren, wie die Zeitungsberichterstattung in aller Welt zeigt. Die Aristokratie ist allerdings nicht mehr eine mit besonderen medialen Kräften begabte Elite, die ihre Macht der Fähigkeit verdankt, »den Willen der Götter« oder das Fließen übermaterieller Kräfte erfassen zu können, aber trotzdem hat sie als Institution so lange überlebt, weil sie ihren Ursprung in einer überaus starken psycho-spirituellen Dynamik hat.

Geschichtlich läßt sich die Verbindung zwischen *Sang real* und dem heiligen Gral als Verkörperung des weiblichen Prinzips an dem Einfluß ablesen, den die Königinnen von England und später von Großbritannien auf das Schicksal ihres Landes nahmen. Nicht nur große Königinnen wie Elisabeth I. und Viktoria oder bedeutende Übergangsgestalten wie Maria I. »die Katholische« und Anne, die die Vereinigung Englands mit Schottland betrieb, sondern auch einflußreiche Gattinnen wie Eleonore von Aquitanien, die Gemahlin König Heinrichs II., und andere Regentinnen stellten die Verbindung zu anderen Teilen Westeuropas her (die unter Maria wieder zerbrach) und knüpften damit auch an alte esoterische und prähistorische Gemeinsamkeiten an.

Eleonora hat eine Schlüsselrolle, was die Gralsforschung und den Bretonischen Sagenkreis betrifft, denn sie war die Schirmherrin der ritterlichen Minne und der Minnesänger, die wesentlich an der literarischen Ausformung der alten mündlichen Artus- und Gralsüberlieferung durch Chrétien de Troyes und seine Nachfolger beteiligt waren. Zudem war sie die Mutter des charismatischen Richard Löwenherz und seines Bruders Johann ohne Land, die ihre dunkle und lichte Rolle in der großen Balladentradition des legendären Robin Hood spielen, der eine als übler Machthaber, der andere als einstiger und künftiger König.

Viele dieser Zusammenhänge können nur angedeutet werden, als Hinweis für zukünftige Forschungsansätze. Beispielsweise wäre das innere Wirken des elisabethanischen Magiers, Mathematikers, Geographen und Bücherfreundes John Dee eine eingehendere Untersuchung wert. Dee ist eine dem legendären Merlin verwandte Gestalt – und das hat es ihm bei den Geschichtsschreibern nicht leichtgemacht. Er hatte unter den verwaschenen Vorurteilen der akademischen Welt nach der Renaissance zu leiden, ein Los, das sogar solche Geistesgrößen wie Newton mit ihm teilten, deren alchimistische und andere esoterische Forschungen von einem intellektuellen Establishment ignoriert wurden, dem jede Qualifikation zu ihrer Beurteilung fehlte. Solche Forschungen sind nicht einmal der Verunglimpfung für würdig befunden worden. Es ist zu hoffen, daß endlich eine neue Generation von entsprechend ausgebildeten Gelehrten dieser Fundgrube esoterischer Erkenntnisse von seiten der großen Wissenschaftler des 17. und frühen 18. Jahrhunderts Gerechtigkeit widerfahren läßt, die noch nicht durch die Aufklärung zu einer ausschließlich materialistischen Betrachtungsweise gekommen waren.

Praktisch war es Dees Bibliothek, derer sich Drake, Raleigh und andere berühmte Seefahrer der damaligen Zeit zu ihrer Orientierung bedienten, wie Artus und seine Verbündeten bei Merlin strategischen und taktischen Rat einholten. Dee war ebenso bewandert in der Magie der Renaissance wie Merlin in vordruidischen Praktiken. Er war an den großen Höfen Europas bekannt und hatte Einfluß auf sie, genauso wie Merlin, der die

Königreiche des alten Logres durchstreifte – Cornwall, Lionesse, North Galles und so weiter. Ähnlich wie Merlin eine umfassende Strategie für das Land Logres ausgearbeitet hatte, entwickelte John Dee als logische Konsequenz seiner kartographischen Fachkenntnisse die Idee eines Empire.

Vielleicht hat sich die Reichsidee und mit ihr die Erhaltung des königlichen Blutes als Herrschaftsmedium überlebt, aber ursprünglich war sie eine Kraft im Dienste der kollektiven Volksseele, die überdies einen, manchmal allerdings pervertierten, Führungsanspruch in bezug auf andere Völker enthält. Die Vorstellung von Britannien als völkerführender Nation erscheint vielen dem Internationalismus zugeneigten Zeitgenossen veraltet und töricht, ist jedoch ein alter Archetypus, der weit in nebelhafte Zeiten zurückgeht, als die britischen Inseln noch das religiöse Zentrum der keltischen Welt waren. Der römische Geschichtsschreiber Plinius erachtete den religiösen Genius der Briten gar für fähig genug, die Perser zu unterweisen – jene großen Priester, die in der Alten Welt das Wissen über die Sterne besaßen.

Die Vorstellung hängt mit der Überlieferung von dem untergegangenen Kontinent Atlantis zusammen, der, wenn auch seine Existenz von der heutigen Wissenschaft angezweifelt wird, damals visionäre Bilder von großer Kraft weckte, die frühe Seefahrer wie den hl. Brandanus dazu veranlaßten, die Inseln der Seligen zu suchen. Die Kraft dieser Vision ist so machtvoll, weil sie die Erinnerungen eines Volkes an ein goldenes Zeitalter repräsentiert, das Teil der bewußten menschlichen Erfahrungen in früheren Erkenntnisstadien ist. Derlei Vorstellungen sind dem modernen analytischen Denken fremd, aber Rudolf Steiner hat sie in seinen Schriften und Vorträgen über die »Geheimwissenschaften« eingehend erklärt und Methoden zu ihrer Erforschung vorgeschlagen.

Die Weisheit der alten vorrömischen Welt kam aus dem Westen. Die britischen Inseln waren das Zentrum einer großen religiösen Kultur und Weisheit, besonders die westlichen Gebiete und davon speziell Irland. Anglesey war noch immer ein berühmtes Zentrum der druidischen Lehre, als die Römer es eroberten. Auch das keltische Christentum breitete sich später von Irland nach Osten aus, um im finsteren Mittelalter das Licht der Gelehrsamkeit leuchten zu lassen. Darin spiegelt es die viel frühere Ausbreitung der jungsteinzeitlichen Kultur von der Boyne-Ebene (mit ihren bedeutenden Stätten Tara und Newgrange) auf das britische Festland wider.
Man könnte also sagen, daß die überlieferten Volksseelen der verschiedenen Stämme und Geschlechter, die nacheinander die britischen Inseln bewohnt haben, in einem gewissen Sinne das menschliche Bewußtsein dieses bestimmten Erdenwinkels verkörpern. Diese Überlieferungen haben ihr Wissen vom Westen bezogen, und die Völker der britischen Inseln als westlichster Vorposten Europas legen Wert darauf, die ersten Hüter dieser Weisheit zu sein – einer Weisheit von solcher Tiefe, daß sie das Schicksal von Völkern bestimmt.
Etwas von dieser Vorstellungswelt hat Charles Williams in seinem Gedichtzyklus *The Region of the Summer Stars* und *Taliessin through Logres* anschaulich gemacht. Sein Held, der Barde Taliessin, trifft am Rand des Zauberwaldes Broceliande Merlin und die Herrin des Sees (hier Brisen genannt). Die Gewalt des Zaubers ist so abgründig und groß, daß Taliessin sie nur in einer Vision schauen kann. Darin beschwört Merlin mit machtvollen Formeln die Kraft der Sterne, während Brisen, die das weibliche Prinzip verkörpert, nackt mit der Landschaft Gesamteuropas und des Mittleren Ostens verschmilzt. Bei diesem großartigen symbolischen Einswerden mit dem Land entsprechen die verschiedenen Teile ihres Körpers bedeutenden Zen-

tren der Kultur und Zivilisation: dem Vatikan, der Pariser Universität, der Weltstadt Toledo, Jerusalem, dem Kaukasus; bezeichnend ist, daß ihre Brauen, ein Sinnbild des Geistes und des intuitiven Bewußtseins dessen, was sein sollte und kommen wird, auf Logres ruhen, während sie ihren Blick über das vom Zauberwald gesäumte westliche Meer schweifen läßt, in dem die Gralsburg zu finden ist.

Die Gralsburg ist ein Zustand innerhalb des Unbewußten, das durch den Wald symbolisiert wird, und sie steht mit dem Hauptzentrum des religiösen Strebens, mit der Hauptstadt des symbolischen Weltreiches, Byzanz, in Zusammenhang. Diese mythische Reichshauptstadt, die sich am gleichen Ort befindet wie das historische Byzanz und am Nabel der Brisen, ist das Ziel aller Gebete und Inbegriff aller religiösen Sehnsüchte. Die große Mehrheit der Menschen ist aufgerufen, danach zu trachten, auf kürzestem Wege dorthin zu pilgern, statt sich auf die gefährlichen Pfade des westlichen Waldes Broceliande zu wagen, in dem seltsame, gespenstische Wunder geschehen und Ungeheuer weilen und den nur Dichter, Wahnsinnige und Liebende betreten – er ist allerdings auch eine Domäne der Parapsychologen, Psychoanalytiker und Okkultisten. Es heißt, niemand könne den Wald betreten und unverändert wieder herauskommen. Die Kräfte der Unterwelt und des Unterbewußten lassen immer ihren Stempel zurück. In gewisser Weise sind sie auch die Kräfte von Tod und Wiedergeburt.

Jenseits eines bestimmten Teils des Waldes – und nur eines ganz bestimmten Teils – liegt die Gralsburg. Wer sich verirrt, der gerät unter Umständen wirklich in die Fänge des Bösen und fällt unter die mit Greifarmen bewehrten Günstlinge des widerlichen kopflosen Kaisers von Po-Lu. Was aber ist diese Gralsburg inmitten eines gefahrvollen Waldes? Sie ist das weibliche Prinzip Gottes, das dem tiefsten Bewußtsein der Materie selbst innewohnt.

Hier stoßen wir auf ein Grundgeheimnis alter Initiationen und der Alchimie. Die alchimistischen Rosenkreuzer verpflichteten den Schüler durch ein Akrostichon, das auf dem universellen Lösungsmittel VITRIOL beruhte, ins Innere der Erde vorzudringen und dort den verborgenen Stein zu finden und zu läutern. *(Visita Interiora Terrae Rectificando Invenies Occultum Lapidem.)*
In einer anderen bedeutenden alchimistischen Handschrift der Rosenkreuzer, der *Chymischen Hochzeit Christiani Rosenkreutz*, erscheint das weibliche Prinzip in einem unterirdischen Grab in der schlummernden Gestalt der nackten Frau Venus. Es ist die Isis der Natur, die Göttlichkeit, die sich als Kraftzentrum kosmischer weiblicher Energien manifestiert. Wer immer es wagt, die schlummernde Venus aufzuwecken, vorausgesetzt, er findet ihre geheime Kammer (deren Eingang eine symbolische Kupferfalltür ist), wird erkennen, daß sie einem König das Leben geschenkt hat.
Kaum jemandem ist bewußt, daß der *Entdecker* der schlafenden Venus, der Isis der Natur, selbst der neue König ist, den sie unter dem Herzen trägt. Durch die persönliche Erkenntnis der wahren Gestalt der Natur wird der Mensch in ein geistiges Wesen verwandelt, das seinem Schicksal selbst befiehlt. Er »weiß« jetzt, wie er selbst auch gewußt wird. Das ist die Erkenntnis der Gnosis. Er ist sich der *Natura naturans* jenseits der *Natura naturata* bewußt.
Dieser alternative Weg zur spirituellen Erleuchtung wird kaum freudig begrüßt werden vom orthodoxen Kirchentum, das schon genug Schwierigkeiten hat, auf der »Hauptstraße« mystischer Gotteserfahrung beruhende spirituelle Offenbarungen zu tolerieren, wie sie symbolisch durch die breiten Reichsstraßen nach Byzanz dargestellt werden. Wie könnte es da solche tolerieren, die noch seltsamere Wege gehen? Die eher im weib-

lichen als im männlichen Aspekt der jüdisch-christlich-islamischen theologischen Auffassungen Erleuchtung finden? Die in der Materie die Erleuchtung suchen, statt diese durch Askese zu verleugnen?

Dennoch ist der Weg da, vorgezeichnet selbst in der christlichen Mythologie. Das Jesuskind liegt in einem Stall oder einer Höhle, umgeben von höchst erdverbundenen Tieren – Esel und Kuh –, und wird von seiner Mutter gewiegt. Nach Beendigung seiner Mission findet die Auferstehung erst statt, nachdem sein Leib in einem Felsengrab bestattet ist und Jesus von dort hinabfährt zum Hades. Selbst in Dantes großem mittelalterlich-christlichem Epos führt der Weg zum Himmel zuerst hinab ins Innerste der Erde. Dort mag die Hölle sein, die jedoch unbedingt durchlaufen werden muß, da sonst weder die Sühne am Läuterungsberg noch die Fahrt durch die Himmel erlebt werden können.

Der Weg der Mehrheit besteht wahrscheinlich im Warten auf das Kommen eines rettenden Erlösers und darin, sich in der Zwischenzeit von einer sorgenden Kirche behüten zu lassen. Das heißt aber nicht, daß die Pilgerseele keinen anderen Weg beschreiten könnte. Im Osten ist es der Weg des Mahayana-Buddhismus, auf dem mit allen persönlichen Kräften Erleuchtung gesucht wird, um das Gewicht der Unwissenheit in der Welt der Sinne, der Begierde und der Gestaltungen zu mindern. Einer westlichen Kirche mag es vermessen erscheinen, wenn jemand danach trachtet, ein *Bodhisattva* oder »Erlöser« zu werden, aber die Anweisung Christi: »Darum sollt ihr vollkommen sein, gleichwie euer Vater im Himmel vollkommen ist« ist sicher eine Einladung an die suchende Seele, und auch das Gleichnis von den anvertrauten Pfunden muß wohl seinen Sinn haben. Die Kirche sollte nicht den Fehler begehen, ihren Seelen die Möglichkeit zu versagen, mit ihren Pfunden zu wuchern.

Daß der Weg zu den Sternen durch den Mittelpunkt der Erde geht, spiegelt auch die Sage wider, in der Merlin von der Herrin des Sees, Nimue, verzaubert wird. Er ist von ihrer Schönheit so berauscht, daß sie ihm seinen Zauber ablauschen und ihn umgarnen kann; er wird schließlich von einem Weißdorndickicht festgehalten, das ihm wie ein Gefängnis vorkommt, und kann deshalb seiner Aufgabe nicht mehr nachkommen, Artus und der Tafelrunde beizustehen.

Die hellseherische Untersuchung gewisser alter Gräber legt die Vermutung nahe, daß diese Sage die Erinnerung an die freiwillige Grablegung eines Priesterkönigs oder Führers wachhält, der sich zum Wohle seines lebendigen Volkes mit der Erde und mit seinen Ahnen verband. Außerdem steckt die Vorstellung dahinter, daß der gestirnte Himmel und seine Kräfte im Innern und nicht außerhalb der Erde liegen – ganz gegen unsere gewohnte Auffassung.

Mit dieser Vorstellung kann der moderne westliche Mensch nicht viel anfangen, aber die so freigesetzten Energien haben ihre Spuren hinterlassen in einem Muster psychischer Spannungen, das mit den Quellen und Sammelbecken herabgeleiteter (oder »herausgeleiteter«, je nach Auffassung) stellarer Kräfte ein Netz von Kraftlinien bildet; diese werden heutzutage Stückchen für Stückchen aufgespürt von Leuten, die sich mit der Erforschung von »Leylinien« und ähnlichen Dingen befassen. Auch daran, daß die Tradition des heiligen Grals für zukünftige Entdeckung an einem geheimen Ort verborgen ist, zeigt sich der ganze Komplex magischer Kräfte.

In der Geschichte des Grals, wie sie uns durch Thomas Malory überliefert ist (dessen Hauptquelle eine Zisterzienserfassung mit Galahad als Leitfigur war), ist die Artussuche bestenfalls halbwegs erfolgreich.

Galahad, der den Gral erringt, kehrt nie zur Erde zurück, sein

Verlangen steht nur nach dem Himmel. Dieser zielstrebige Idealismus hat sein Gutes; aber die Preisgabe Logres' und die Einstellung zum Diesseits haben etwas strikt Klösterliches an sich. Aus der Sicht des tibetischen Buddhismus, der eine seltsame Übereinstimmung mit den alten keltischen Mysterien aufweist, würde Galahad eher dem kleinen Fahrzeug des Hinayana angehören als dem großen des Mahayana. Das heißt, er ist einer, dem es mehr um die eigene Seele geht als um das Mitleid mit allen fühlenden Wesen, aus dem heraus dem *Nirvana* entsagt wird, bis auch sie erlöst sind. In dieser Vorstellung sind sich die höchsten Lehren der christlichen und der buddhistischen Tradition einig, und diese letzte Himmelfahrt aller wird den Zeitpunkt markieren, an dem sich Osten und Westen treffen, wie es das Wesak-Fest, eine im August stattfindende Mondfeier zu Ehren Buddhas und Christi, in schöner Harmonie vorwegnimmt.

Was Galahad erreicht hat, wird nicht ohne Bedeutung und Wirkung für die Welt der Gestaltungen geblieben sein, aber der Gral wurde nie zurückgebracht, um der Erde Segen zu spenden. Galahads Gefährten, Parzival und dessen Schwester, kehren ebenfalls nie wieder; bedeutsam ist immerhin, daß letztere ihr Leben für eine andere läßt, indem sie ihr reines Blut einer unheilbar Kranken hingibt.

Es war der weniger besungene Bors, der von der erfolgreichen Gralssuche zurückkehrt und erzählt, was geschehen ist. Bors ist ein Familienvater und ganz von dieser Welt, doch die Klosterchronisten in ihrer dürftigen Scheinheiligkeit beanstanden, daß er einen Sohn hat, und meinen, dadurch sei er in Ungnade gefallen. Ohne Bors' Zeugnis wüßten wir nichts von der eigentlichen Geschichte des Grals; er wäre spurlos in heilige nebelhafte Fernen entschwunden.

Aber die Zeit ist nahe, da die Gralssuche von neuem und in einer Form wiederaufgenommen werden wird, die den heutigen Bedürfnissen entspricht. Sowohl wissenschaftliche als auch religiöse Institutionen müssen ihre Position radikal neu überdenken, denn sie befinden sich seit ihrer katastrophalen Spaltung, die durch die Entwicklung der wissenschaftlichen Methodik im 17. Jahrhundert hervorgerufen wurde, gleichermaßen auf dem Holzweg. Die Kluft zwischen ihnen wurde zeitweise von Menschen mit Weitblick mehr oder weniger überbrückt, je nach deren Art und Fähigkeit. Zu nennen sind in diesem Zusammenhang die Namen so berühmter Leute wie Robert Boyle, Johannes Kepler, Elias Ashmole und Isaac Newton, ferner solche, die ziemlich in Vergessenheit geraten sind wie Michael Maier, Robert Fludd und Athanasius Kircher, und schließlich die anonym Gebliebenen wie etwa Mitglieder des Rosenkreuzerordens. Parallel zu dieser Spaltung verlief der Ausbruch der Krise um das *Sang real*, die damals kaum und seitdem nur von wenigen begriffen wurde, und sich im Bürgerkrieg, im Opfertod eines Königs und in der späteren Wiedereinsetzung des Geschlechts der Stuarts äußerte. Auch das Intrigenspiel des Freimaurer- und Jesuitentums und sein innerer Zusammenhang mit einer tiefen Krise der menschlichen Seele besonders im Schmelztiegel Britannien (dem Reich Merlins) sowie dessen spätere Ausbreitung auf dem Festland und im ganzen Reich ist nie in vollem Umfang verstanden oder aufgezeichnet worden. Es sind Auswüchse einer tiefen Magie, die über das normale Verständnis dieser Kunst weit hinausgehen.

Der Bruch zwischen Wissenschaft und Religion ist ein Abgrund von so katastrophalen Ausmaßen geworden, daß inzwischen die Zukunft der Menschheit und die Bewohnbarkeit des Planeten für höhere Lebensformen auf dem Spiel steht. Ein wenig Hoffnung weckt die Tatsache, daß manche Fachrichtungen wie etwa die Physik an die Grenzen ihrer Vorurteile gestoßen sind und daß in neuen Disziplinen wie der Ökologie moralische Verantwortung übernommen wird, die überlebensnotwendig ist und die Erde vor der fortwährenden Schändung bewahren soll.

Der Weg vor uns führt entweder in den atomaren Holocaust und damit in den Untergang wie beim legendären Atlantis, das unter dem Gewicht seiner eigenen Sünde, seines Stolzes und seiner Gewalttätigkeit versank, oder zu einer Neueinschätzung des geistigen Schicksals des Menschen auf seinem kleinen Planeten. Die letztgenannte Richtung ist ein magischer Weg, denn sie führt direkt zur bewußten Zusammenarbeit mit »inneren« oder »okkulten« Kräften. Mystischen Charakter erhält sie dadurch, daß diese Kräfte zu Kanälen für die höchste Wirklichkeit Gottes in der Welt der Form werden – und der Inbegriff dafür ist das visionäre Sinnbild des Grals. Der Kelch entsteht durch die Erkenntnisse von Männern und Frauen, physischen Inkarnationen aus dem Stoff der Erde selbst; jeder von ihnen ist ein Miniaturgral, der in sich das Blut des Heiligen Geistes trägt, des Ausdrucks des eigenen wahren Wesens. So wird der Mensch in besonderer Weise zum Gott, der sich auf Erden verkörpert – ein Gedanke, den die Kirche heute noch als ketzerisch verdammt und über den die etablierte materialistische Wissenschaft nur lachen kann.

Diejenigen jedoch, die geübt sind, die Bewegungen im Innern wahrzunehmen, sehen die Wogen heranrollen, und groß werden die Veränderungen in den geistigen Grundlagen sein, auf die die Sandburgen der Menschheit gebaut sind. Die Hoffnung für die Zukunft kann sich in verschiedenster Form ausdrücken. Die Vision des Grals ist nur eine ihrer symbolischen Formen, aber sie birgt unendliche Verwirklichungsmöglichkeiten in sich, denn sie ist bedeutungsgleich mit dem Geist als Gestalt, dem Himmel-auf-Erden. Wir erkennen sie wieder in den alten

Mysterien des Weiblichen, in der Himmelfahrt und Krönung der gebenedeiten Jungfrau Maria, in der Passion, Auferstehung und Himmelfahrt des menschgewordenen Gottes, in dem göttlichen Priesterkönigsopfer des heidnischen Altertums, im Tantraweg des Mahayana-Buddhismus, in der Errichtung des salomonischen Tempels, im Blühen der Rosen am Kreuz, im alchimistischen Prozeß, in der Gnosis, wie sie sich der Maria Magdalena offenbart hat, oder auf eine andere der mannigfachen Weisen, durch die sich die Heiligkeit der Form und ihre Erlösung vom Zustand der Sündhaftigkeit (die weitgehend durch eine sündhafte Wahrnehmung bedingt ist) im Bewußtsein der emporstrebenden Menschheit ausdrückt.

10

DER KÖRPER ALS GRALSGEFÄSS

R. J. Stewart

Da das Thema der Regeneration und Erneuerung eine zentrale Stelle in der Gralsliteratur einnimmt, liegt auch der Gedanke nahe, daß der menschliche Körper das erhabenste Beispiel für den Gral als Gefäß sein könnte – die Jungfrau, die Leib und Blut des Erlösers in sich trägt. Hier wird dieser Gedanke noch weiter verfolgt bis in den Bereich der Genmanipulation hinein; der Autor warnt uns zwar davor, Worten nicht zuviel Bedeutung beizumessen, aber seine Äußerung, »der physische Körper ist auch das Gefäß der spirituellen Erneuerung« enthält doch eine wesentliche Wahrheit. Denn hier geht es um die Substanz des Grals: daß das symbolische Gefäß eine Wirklichkeit in sich birgt, die physikalische Fakten übersteigt, und daß in Geist und Seele eines jeden Menschen, der die Suche erfolgreich abschließen will, ein alchimistischer Prozeß stattfinden muß.

I

Unter den vielen dunklen, faszinierenden Berichten über den Gral findet der eifrige Leser Hinweise auf zwei selten genannte Gefäße: »Und als unser Herr mit den Dornen gekrönt wurde, fing Joseph das Blut in zwei kleinen Krügen auf«, heißt es in Robert de Borons *Leben Josephs von Arimathia* und in der *Historia de Rebus Britannicis*: »Joseph hat bei sich in seinem Sarkophag ein weißes und ein silbernes Kännchen voll Blut und Schweiß vom Propheten Jesus.« Auf diese seltsamen Angaben werden wir später zurückkommen, denn sie sind fester Bestandteil einer mündlichen Überlieferung, die sich bis heute hartnäckig erhalten hat. Im Mittelpunkt dieser Erörterung gewisser Aspekte der Gralssage steht nämlich nicht, wie man eigentlich annehmen sollte, der im Titel angesprochene Gegenstand. Damit nun der Leser den Verfasser nicht der Vorspiegelung falscher Tatsachen bezichtigt und die betreffenden Seiten aus dem Buch herausreißt, bedarf unser Umgang mit der Überlieferung, an die diese Betrachtung anknüpft, einer Erklärung.

Die äußere Erscheinungsform eines Gegenstandes oder Motivs gibt selten genauen Aufschluß über dessen Ursprung und Identität, besonders dann, wenn es um alte, dunkle Bräuche, Sagen, Legenden, Lieder und um die angesammelten Interpretationen und Kommentare zu diesem Material geht. In zahlreichen gewichtigen Veröffentlichungen, die unter lautem Fanfarenschall in den letzten Jahren erschienen sind, wird die Überlieferung als eine Art okkulter oder politischer Verschwörung dargestellt. Im folgenden soll gezeigt werden, daß Überlieferungen weder Verschwörungen sind, die durch eine Dokumentarserie im Fernsehen aufgedeckt werden könnten, noch Schatzkästen für exzentrischen alten Flitterkram, sondern katalytische Formen der Bewußtseinsveränderung für Individuum und Gruppe. So gesehen kann die Tradition einmal passiv sein, ein kollektives Sammelbecken miteinander in Wechselbeziehung stehender Symbole, die über lange Zeiträume hinweg auf unterschiedlichste Weise bewahrt und weitergegeben wurden, oder aber sie spielt eine aktive Rolle. Aktiviert wird sie durch eine Wiederbelebung der Grundsymbole in der Vorstellung, ein Vorgang, auf den wir näher eingehen werden, wenn wir uns mit den Symbolen der Gralssage befassen.

Jeder Schriftsteller, der eine solche Theorie aufstellt, steht so hilflos da wie der Hüter am Eingang von Tophet, dem Bestattungsplatz der verbotenen und verfluchten Götter. Die Hebräer pflegten schon bei der bloßen Nennung dieses Ortes auszuspucken, der in vieler Hinsicht der keltischen Unterwelt Annwn gleicht, dem Ort, an dem der Gral zu finden ist. Warum hilflos? Weil die große Anzahl pseudo-wissenschaftlicher Traditions-Plünderer, die geschäftig überall hinlaufen, nicht einmal ihre Spucke an eine solche Theorie vergeuden würde; man kann ja gar nichts damit »beweisen«.

Der Gral ist ein Gefäß der Unterwelt, egal, welchen Höhenflug er in den Händen exaltierter Intellektueller schon gemacht hat. Kabbalisten werden dieses Paradox sofort verstehen, während es für orthodoxe Christen oder solche, die einem dem Westen angepaßten östlichen Pfad folgen, schwerverständlich sein dürfte.

Wichtig ist, daß man mit dem Quellenmaterial vertraut ist; denn alle Theorien sind völlig sinnlos, wenn sie keinen direkten Bezug zu den frühen, grundlegenden Gralstexten oder anderen in diesem Zusammenhang erwähnten Quellen haben (unsere Hauptquelle ist die *Queste del Saint Graal* aus dem frühen 13. Jahrhundert). Keine noch so gründliche spätere Kommentierung kann die echten Sagen ersetzen; sie allein sind das Aus-

drucksmittel einer lebendigen, machtvollen und letztlich unleugbaren inneren Verwandlung. Wie die Überlieferung erkennen läßt, geht dieser Verwandlungsprozeß im Innern vor sich, um schließlich sichtbar zum Ausdruck zu kommen, dann allerdings nicht in politischer, religiöser oder anderer kurzlebiger Form.[1] Kennzeichen eines so großartigen Symbols wie des Grals ist, daß es sich der menschlichen Wahrnehmung in unterschiedlichster Weise offenbaren kann, in jeder Gestalt jedoch mit dem Wesen des Originals in Einklang steht. Mit dieser Definition ist keineswegs gesagt, der Gral sei »alles, was Menschen darin sehen« oder »alles, was er unserem Wunsch nach sein soll«. Selbst ein großes Symbol, der Schlüssel zu einer Bewußtseinsveränderung, hat seine Grenzen, auch wenn wir sie nicht sehen, und wir dürfen ruhig annehmen, daß der Gral keine Ausnahme von dieser Regel bildet.
Die Aktivierung eines großen Ursymbols kann innerhalb der scheinbar linear ablaufenden Zeit ganz verschiedene Auswirkungen haben, die aber trotz abweichender Ausdrucksformen immer auf das Original zurückverweisen. Die Beziehung zwischen solchen Manifestationen läßt sich nicht durch Auflisten ihrer Entsprechungen ergründen, sondern nur durch die tiefe Erkenntnis, daß es sich um simultane Äußerungen eines Ursymbols handelt.
Bei gründlicher Überlegung drängt sich uns die Vermutung auf, daß ein großes Symbol zwar durchaus vielgestaltig sein und auf mannigfaltige Weise zum Ausdruck kommen kann, andererseits jedoch keine der so entstehenden Facetten für sich allein originalgetreu sein wird. Sich in einer definitiven Form zu materialisieren schließt die Begrenzung mit ein. Wir sollten uns auch nicht zu der Annahme verleiten lassen, wenn alle begrenzten Ausdrucksformen zusammengesetzt würden, ergäbe das die Summe aller Teile. Bei dem Versuch, dem Symbol so

schematisch auf die Spur zu kommen, geht die Macht und Klarheit des Originals unweigerlich verloren.

Eins der wichtigsten Funktionsgesetze der Magie besagt, daß das Ganze in einem Teil wirksam werden kann, auch wenn die Summierung aller Teile nie das Ganze ergibt. Die Alten mit ihrer Philosophie und ihrer Metaphysik wußten um die gleichzeitige Verschiedenheit in der Einheit, und seit kurzem besteht wieder erhebliches intellektuelles Interesse daran.

Die heidnische und christliche Symbolik war äußerst praktisch orientiert. Man erwartete, ja forderte, daß die mächtigsten Symbole sich physisch in einem Körper manifestierten. In diesem Kontext ist der Gral zu sehen, wobei wir nicht vergessen wollen, daß seine Manifestation in körperlicher, menschlicher Gestalt dem Wesen (wenn auch nicht dem Ausdruck) nach mit jeder anderen aus ihm abgeleiteten Form übereinstimmt.

Im orthodoxen Christentum ist die einschneidendste, weitreichendste religiöse Variante dieser machtvollen Manifestation in verschiedenen Formen zu finden, die sich nur durch die Art unterscheiden, wie der einzelne dem ursprünglichen Glaubenskern kultischen Ausdruck gab. Der christliche Begriff der Fleischwerdung gründete sich auf ein weitverbreitetes magisches System, das nicht allein sogenannten »Eingeweihten« zugänglich war, sondern auch gewöhnlichen Sterblichen.

Anhänger des esoterischen Christentums werden zwar daran festhalten, daß die Fleischwerdung einer höheren Ordnung oder Ebene angehört als vergleichbare heidnische Rituale, aber sie müssen billigerweise zugeben, daß die Symbolik der Jungfrauengeburt auch vor, während und nach dem Erscheinen des Erlösers bestanden hat und längst ein Begriff war. Die orthodoxe Religion will natürlich von solchen Überlegungen nichts wissen, selbst dann nicht, wenn die historischen Tatsachen dafür sprechen, die der klassischen Literatur, der Archäologie

oder den vergleichenden Religionswissenschaften und der Mythologie zu entnehmen sind.
Von besonderem Interesse ist in diesem Zusammenhang, daß ein derartiges altes rituelles System offenbar noch heute seine Geltung hat, beziehungsweise daß es Leute gibt, die von seiner Wirkung überzeugt sind. Ob ein solches System im 20. Jahrhundert in irgendeiner Weise relevant oder effektiv sein kann, mag dahingestellt bleiben.
Das neuerwachte breite Interesse an altem Volksgut, ein Neuerwachen, das nahezu in jeder Generation wieder zu beobachten ist, hat dazu geführt, daß der Gral allgemein als keltisches oder frühchristliches Symbol anerkannt wird. Trotz der Literaturflut zu diesem Thema und der damit verbundenen Erforschung alter Handschriften und Überlieferungen gibt es noch verschiedene unbeachtet gebliebene Besonderheiten bezüglich der »Gralskunde«, wie man es nennen könnte, die sich auch auf andere Traditionen auswirken und die in dem größeren Kontext magischer Praktiken sowie heidnischer und christlicher Symbolik zu sehen sind.
Unsere Analyse dreht sich zwar um eine enge, ganz spezielle Überlieferung, beschränkt sich jedoch nicht darauf und bedient sich auch nicht der typischen Methode des Vergleichs der einschlägigen Literatur oder der pseudowissenschaftlichen Folkloristik. Vieles von dem dargebotenen Material wird dem Leser wahrscheinlich vertraut sein, aber manche Schlüsse werden ihn doch in Erstaunen versetzen.
Die Tradition, mit der wir uns hier befassen, ist angenehm übersichtlich und hat ihren literarischen Ausdruck im frühen 13. Jahrhundert durch das Werk Robert de Borons gefunden. Der Hinweis auf zwei Gefäße oder »Kännchen«, die einen Bezug zum Gral haben, ist bereits aus der Geschichte Josephs von Arimathia bekannt, der mit der heiligen Stätte von Glaston-

bury in Verbindung steht. Das endlose Hin und Her über Ursprung und Gültigkeit dieses Materials ist zur Genüge bekannt, aber seine Aufnahme in die volkstümliche esoterische Tradition ist eine nähere Betrachtung wert. (Robert de Boron: *Joseph d'Arimathie,* um 1200.)

Es gibt kaum eine bessere Methode, alten Traditionen ihre lebendige Kraft zu nehmen, als die, ihren Ursprung »nachzuweisen«. Nur selten begreifen die Leute, die mit dem Wort »Beweis« Schindluder treiben, daß viele scheinbar künstlich geschaffenen Traditionen ihren Weg in die allgemeine Vorstellungswelt finden und sich noch lange, nachdem ihre Schöpfer (oder mutmaßlichen Schöpfer) längst zu Staub zerfallen sind, öffentlicher Anerkennung erfreuen.

Ehe wir weiter vordringen, muß dem Leser klar sein, daß wir keineswegs vorhaben, irgend etwas zu »beweisen«. Traditionelles Sagengut braucht keine Beweise; wenn es nachgewiesen werden könnte, hätte es keinen Wert. Uns geht es einzig und allein um die unwiderlegbare Tatsache, daß eine Tradition existiert und daß sie, obwohl sie sich ganz unterschiedlich niederschlägt (literarisch, volkstümlich und esoterisch), immer die gleiche Botschaft übermittelt, wenn auch vielleicht in verworrener, bruchstückhafter Form.

Solches Material detektivisch anzugehen und anzunehmen, daß es wirkliche »Geheimorden« gab oder gibt, die die Überlieferung bis in die heutige Zeit bewahrt haben, um die Welt beherrschen zu können, setzt lediglich den Wert des überlieferten Volksgutes herab und macht die Engstirnigkeit der Urheber derartiger Theorien deutlich.

Man kann den Gral nicht »besitzen«, und man kann auch keine Tradition »nachweisen«.

Die Quellen der zur Debatte stehenden Tradition sind zahlreich, und Hinweise darauf finden sich unter anderem:

1. in orthodoxen christlichen Lehren und Schriften; im Alten und Neuen Testament;
2. in heidnischen Parallelen zur christlichen Mythologie;
3. in volkstümlichen Sagen, Epen, Liedern, Balladen, Spielen und rituellen Dramen;
4. im Hauptkomplex der Gralsliteratur aus dem 12. und 13. Jahrhundert mit einer Fülle von heidnischen und christlich-häretischen Überlieferungen;
5. in den esoterischen Lehren magischer Schulen und Systeme in ganz Europa. Dazu gehören auch die medial von außerirdischen Quellen übermittelten Lehren, die sich in zahlreichen mündlichen Überlieferungen finden, vom wiederbelebten Hexenwesen bis zu den verschiedenen Formen der Kabbala.

Es sei noch einmal betont, daß im folgenden absolut nichts »bewiesen« werden soll, ebensowenig wie sich der Autor darin zu einem Glauben oder einer Praxis bekennen will. Der wahre Wert esoterischer oder symbolisch formulierter Überlieferungen liegt nicht in ihrem Inhalt, sondern in der Wirkung dieses Inhalts auf das Bewußtsein.

Erst wenn wir ganz von der sozialen, traditionellen historischen, ja selbst der literarischen Gültigkeit eines Stoffes absehen, können wir uns mit der ihm innewohnenden Kraft befassen, das Bewußtsein von einzelnen und Gruppen zu formen und weiterzuentwickeln. In manchen Fällen hat diese Kraft eine unmittelbare, dynamische und unwiderrufliche Wirkung.

Östliche Techniken zur Veränderung des Bewußtseins haben beachtliches Interesse gefunden, und der Gebrauch bestimmter Geschichten und Sprüche, etwa der berühmten Zen-»Koans«, ist mittlerweile allgemein bekannt. Methoden dieser Art sollen

das Bewußtsein des einzelnen wachrütteln und ihm neue, unerwartete Dimensionen eröffnen. Die gleiche katalytische Kraft kann auch in sehr bewegender Weise durch das Gralsmysterium erlebt werden.
Innerhalb eines großen Mysteriums gibt es eine Reihe weniger großer, aber dennoch bedeutungsvoller Geheimnisse, die ihm wesensgleich sind und Subsymbole genannt werden können. Diese Subsymbole sind dabei nützlich, einen Zugang zum großen Mysterium zu finden, und haben oft den Charakter einer Abkürzung, eines Geheimweges zum Verständnis, während sie gleichzeitig unlautere, autoritäre Wege umgehen.
In diesen Zusammenhang sollten wir esoterische Traditionen stellen, die von möglichen leiblichen Nackommen Jesu Christi sprechen. Sie müssen nicht unbedingt den tatsächlichen Sachverhalt wiedergeben, obwohl auch das durchaus denkbar wäre, aber es bleibt natürlich nichts von ihnen übrig, wenn sie erst einmal der Presse als Aufmacher für Skandalgeschichten dienen.
Im Grunde handelt es sich auch hierbei um »Koans« oder Gleichnisse. Die Vergegenwärtigung eines traditionellen genetischen Erbes, einer magisch aktivierten Abstammungslinie, sollte dem Bewußtsein des Initianden einen Schock versetzen und ihm Zugang zu neuen Formen oder Bereichen der Wirklichkeit verschaffen. Der auslösende Stoß ist unter Umständen ausgesprochen hart angesichts einer abgestumpften Orthodoxie, aber der durch den ersten Schock in Gang gesetzte Assoziations- und Absorptionsprozeß stimmt den Betreffenden auf eine Bewußtseinsebene ein, die religiöse Propaganda unterläuft und sich eine dauerhafte Tradition schafft.
Von einem praktischen Standpunkt aus noch bedeutsamer ist, daß die gewaltige katalytische Wirkung nicht auf rein verbaler oder literarischer Ebene verursacht wird; vielmehr tritt sie

spontan als überraschende innere Gewißheit ein, ausgelöst durch die Partizipation an der Symbolsprache des Gralsmysteriums. Von daher gesehen richten populäre Autoren, die mit der Vermarktung alter Überlieferungen und esoterischer Symbole Geld verdienen wollen, doch nicht so viel Schaden an, wie man meinen sollte.

In vergangenen Jahrhunderten wurden allerdings Erkenntnisse wie die oben erwähnten als Geheimnis betrachtet, aber nicht an sich, sondern in ihrer Funktion als Bindeglied oder Brücke zwischen esoterischen Praktiken und dem Massen-, Gruppen- oder Volksbewußtsein. Diese Geheimnisse, deren offizielle Verkündung als strafbare Ketzerei galt, wurden als Spiele, Scherze oder törichte Geschichten behandelt. Der Mythenhistoriker Geoffrey of Monmouth beispielsweise wies immer wieder darauf hin, daß in seinen Texten viele Wortspiele versteckt seien, selbst auf die Gefahr hin, seine adeligen Gönner vor den Kopf zu stoßen. Die Gralssagen, wie ernst auch die ihnen zugrundeliegende Absicht sein mag, enthalten ebenfalls diese kindlichen Elemente des traditionellen Volksgutes.

Beispiele für diese Anschauung gibt es seit uralten Zeiten; im Lukasevangelium 18, 17 heißt es ganz klar: »Wahrlich, ich sage euch: Wer nicht das Reich Gottes annimmt wie ein Kind, der wird nicht hineinkommen.«

Nun liegen zwar keine stichhaltigen Beweise dafür vor, daß sich eine einheitliche Geheimlehre über die Jahrhunderte erhalten hätte, aber es läßt sich nachweisen, daß eine Tradition immer wieder auflebt – unzerstörbar in ständig veränderter Form. Vom Standpunkt der Magie aus, ja selbst von den weitgehend materialistischen Annahmen der modernen Psychologie aus läßt sich feststellen, daß dieses mit »genetischer Magie« verknüpfte Sagengut durch den wirklichen oder eingebildeten Kontakt mit gewissen Formen der »westlichen Mysterien« spontan entsteht.

Aus Überlieferungen dieser Art stammt der Hinweis, daß die bei de Boron erwähnten »Kännchen« oder »Krüge« Nachkommen des Jesus von Nazareth seien – ein männliches und ein weibliches Gefäß für Samen und Blut. Sowohl in der orthodoxen als auch in der esoterischen Symbolik ist »Wasser« in einem bestimmten Kontext ein Euphemismus für Samen oder Sperma.

Die esoterische Überlieferung kann mündlich übermittelt werden oder auch als »Mitteilung« unkörperlicher Wesen auftreten. Durch solche »Mitteilungen« werden in sich schlüssige, praktisch anwendbare Traditionen gelehrt, die heidnische und christliche Erleuchtung in sich vereinen und innerhalb des materiellen Rahmens eines Mysteriums das Ziel der Manifestation durch die Fortpflanzung und Reinkarnation verfolgen.

Die Stichhaltigkeit dieser Lehren ist unwichtig, wohingegen es von großer Bedeutung ist, daß sie im Bewußtsein von einzelnen und von Gruppen immer wieder bis auf den heutigen Tag in Erscheinung treten. Daran zeigt sich, wie gewisse symbolische Funktionsweisen des Bewußtseins über Gefühl und Intellekt physischen Ausdruck finden.

Dasselbe »Mysterium« ist über Tausende von Jahren wiedergekehrt und hat sich in immer neuer Form im Sagenkomplex um den Gral niedergeschlagen. Ab und zu gilt es als modern, den »Beweis« zu erbringen, daß das Geheimnis verfälscht oder erfunden ist, oder auch, daß es Wirklichkeit ist und in den okkulten Aktivitäten von Geheimbünden weiterlebt. Die Wahrheit ist vermutlich viel schlichter und beruht einfach auf der Wiederbelebung solcher Vorstellungen im Gruppenbewußtsein. Wenn etwas sich nicht erneuert, ist es auch nicht der Gral.

Die Entstehung einer europäischen Symbolik im Zusammenhang mit Gefäßen der Erneuerung läßt sich zurückverfolgen bis auf einige Stellen in berühmten alten Handschriften, die sich auf alte keltische Traditionen beziehen. Die Angaben, die wir dort finden, werden bestätigt durch Vergleiche mit klassischen Quellen und mit Funden aus dem 1. Jahrhundert n. Chr., der römisch-keltischen Zeit. Fundstätten wie Aquae Sulis mit seinem keltisch-römischen Tempel der Sul Minerva sind praktische Beispiele für den heidnischen Glauben an die Erneuerung in der Jenseits- oder Unterwelt.

Dieses Motiv der Erneuerung taucht bis ins 20. Jahrhundert hinein in den mündlich überlieferten Sagen und Volksliedern auf, wenn auch weit verstreut und ohne Nennung des Wortes »Gral«.

In den ketzerischen Gralssagen des 12. und 13. Jahrhunderts werden heidnische und frühchristliche Überzeugungen mit dem starken Band klösterlicher Interpretation zusammengehalten. Diese nicht immer orthodoxe Art der Interpretation ist der Zement, durch den das heidnische, eigentlich »gefährliche« Volksgut seine Geschlossenheit bewahren konnte. Während im Werk des Geoffrey of Monmouth die verschiedenen mythischen Traditionen nach einem alten »Sintflut«-Modell zusammengefaßt sind, wurden sie in der *Queste del Saint Graal* nach dem »Welterlösungs«-Schema miteinander verbunden.

Aus mittelalterlichen walisischen Sagen wissen wir, daß die Kelten an einen Kessel der Unsterblichkeit glaubten. Dieser Kessel erweckte Tote wieder zum Leben, wenn sie auch manchmal stumm blieben; er spielte eine wichtige Rolle in einem heiligen Fest zu Ehren der verstorbenen Ahnen und wurde in einem Ritual verwendet, das göttliches Wissen und Unsterblichkeit verleihen sollte. Etwa Ähnliches findet sich auch im griechischen Mythos und Kult.

Der magische Kessel stammte aus unterirdischen Gefilden; alle Brunnen, Quellen und Seen galten als Tore zu dieser Unterwelt. Ein oft zitiertes walisisches Gedicht mit dem Titel *Preid-deu Annwn* erzählt von dem magischen Überfall einer Schar von Helden auf die Unterwelt, und dieses Thema vom Raub aus der Tiefe kehrt in unterschiedlichster Form in der Sage, in Magie und Religion wieder. Das Gedicht ist wahrscheinlich ein frühes Beispiel für die Gralssuche.

Der Glaube an einen mit Macht ausgestatteten Kessel, der der Unterwelt angehörte, lag in der heidnischen Vorstellung von einem Austausch zwischen Mensch und jenseitiger Welt begründet, einer Vorstellung, die in der rituellen Magie noch heute ihren Platz hat. Die Dualität von Tod und Leben war noch unbekannt; beide wurden als Manifestationen einer einzigen Kraft gesehen und nicht als miteinander in Konflikt stehend.

Ein Gefäß, das sich für die magischen Kräfte im Diesseits geradezu anbietet, ist der Mensch; die Vorstellung von einem Austausch wird durch Inschriften aus der keltisch-römischen Kultur und klassische Berichte von der Einstellung der Kelten zum physischen Tod belegt. Die Menschheit feilschte mit der Unterwelt.

Auf dem Hintergrund dieses Austauschs und Wechselspiels zwischen dem Menschen und jenseitigen Mächten entwickelten sich auch rituelle Menschenopfer; derartige Praktiken waren untrennbar mit einem System der Kontrolle über Geburt und Wiederverkörperung verbunden.

Obwohl in modernen Werken über die Magie häufig die Rede von diesem System ist, bleibt vieles von dem betreffenden Material verschwommen und unsinnig; es gibt aber tatsächlich starke Anhaltspunkte für seinen Fortbestand in esoterischen Traditionen und im volkstümlichen oder bäuerlichen Zauber. Die heute wieder auflebende Hexenbewegung ist zwar in ihrem Versuch, die Beziehung zu den Naturkräften wiederzufinden, wichtig und lobenswert, aber sie hat auch den Blick für alte magische Vorstellungen getrübt, weil sie Traditionen aufgegriffen hat, ohne sich gleichzeitig mit der Metaphysik zu befassen, in der deren Praktiken begründet waren. Während die Christen den Versuch machten, Vorstellungen und Denkmodelle der Alten zu übernehmen, ohne die zeugungskräftige Magie zuzulassen, die ihnen erst Leben verlieh, haben sich die modernen Heiden die ausrangierten Zeugungsorgane wiedergeholt, ohne dabei zu bedenken, daß diese einer großen, heiligen Weisheitstradition entlehnt sind. Wen wundert es angesichts eines solchen Konflikts noch, daß es vom invaliden Fischerkönig der Legende heißt, er sei durch die Schenkel gestochen worden und habe damit seine Zeugungsfähigkeit verloren. Damit soll nicht nur in symbolischer Weise eine spirituelle Krankheit oder Disharmonie angezeigt werden, sondern auch eine tatsächliche Störung der Fortpflanzungsfunktion.

In ihrer schlichtesten Form erzählt unsere Sage von Helden, die die geheimnisvolle Unterwelt überfallen, um große Beute zu machen; in ihrer komplexesten Form erzählt sie von der Gralssuche. In beiden Fassungen ist ein starkes Fruchtbarkeitsmotiv erkennbar; Fruchtbarkeit nicht in einem rein geschlechtlichen, reproduktiven Sinne, sondern als durchgehende Linie der Fruchtbarkeit von der Unterwelt über den physischen Körper zur geistigen, emotionalen und spirituellen Fruchtbarkeit des einzelnen, des Stammes oder des Volkes.

Was sich nicht erneuert, ist auch nicht der Gral.

In der keltischen Ahnenverehrung (dem Totenkult) herrschte die Überzeugung vor, daß der Geist in eine Jenseits- oder Unterwelt hinübergeht und dann mit einem Seher oder einer Seherin in Verbindung tritt, die noch in der Menschen- oder Diesseitswelt lebten. Diese Auffassung war so verbreitet unter den alten Kulturen, daß hier ein kurzer Hinweis darauf genügt, da dem interessierten Leser zahlreiche Werke zur Verfügung stehen, die das Thema sehr eingehend behandeln. Die esoterischen Praktiken einer kontrollierten Fruchtbarkeit und zeitlich festgelegten Empfängnis zielten auf die Reinkarnation bestimmter Ahnen ab. Im Laufe eines langen Zeitraums war ein Reservoir erleuchteter Seelen entstanden, das den damit operierenden Mysterienkulten zur Verfügung stand. Man ging davon aus, daß jeder König im wahrsten Sinne des Wortes das Medium für alle seine Ahnen darstellte, und das spiegelt sich in Beispielen aus der irischen Tradition wider.

Die weitverbreitete vorchristliche Königstradition, in der heutigen Literatur oft als »Ritual des heiligen Königs« bezeichnet, drang durch die orthodoxe Religion bis tief in die geschichtliche Zeit ein, und vieles von ihren komplexen Praktiken und Wirkungsweisen ist in den Gralssagen bewahrt. Es ist dort in zwei Formen erhalten geblieben: in speziellen, fast willkürlich auftauchenden Beispielen scheinbar zusammenhangloser Ereignisse, und als kontinuierliche Reflexion über die gottverliehenen Vorzüge des Adels.

Deshalb sollte es uns nicht verwundern, daß in einem Teil dieser Texte die Rede von leiblichen Kindern Jesu von Nazareth ist, die dem »Blut« der legendären dunklen Frau des Christentums, Maria Magdalena, entstammen sollen.

Die hier angesprochene Überlieferung erscheint in einem grob autoritären Sinne furchtbar unorthodox, und doch steht sie mit einem tiefgründigen, fortdauernden Mythos im Einklang, der im Kollektivbewußtsein, wie es in den westlichen Mysterien zum Ausdruck kommt, wurzelt. Das physische Gefäß des Körpers ist dabei zugleich das spirituelle Gefäß der Erneuerung, entweder im zeitlosen Erlebnis der Inspiration oder auf dem Weg über zahllose Wiederverkörperungen, je nach dem Willen, den Überzeugungen und der Kultur des einzelnen.

In der keltischen Vorstellungswelt besteht kaum eine Trennung zwischen den Toten, den Ahnen, den Feen oder jenseitigen Mächten und denen, die geboren werden sollen. Ähnliche Vorstellungen herrschten in vielen heidnischen Kulturen vor, und sie hatten oft einen hohen Grad der Verfeinerung und Komplexität erreicht.

Die Auswahl aus den Überlieferungen, auf die wir uns hier beschränken, würde sicher oberflächlich und willkürlich wirken, wären da nicht verschiedene unleugbare Fakten, die uns in unseren wunderlichen Überlegungen bestärken, ohne sie je zu beweisen. Der wichtigste Anhaltspunkt ist die Wiederkehr bestimmter Motive innerhalb und außerhalb der schriftlichen Überlieferung, besonders in den Sagen und esoterischen Lehren, die mündlich weitergegeben werden.

Einen weiteren wichtigen Anhaltspunkt finden wir in der relativ neuen Vererbungslehre. Erkenntnisse auf diesem Gebiet haben sich womöglich schon die Alten zunutze gemacht, allerdings wohl nach einem anderen Grundmodell als dem der deduktiven, experimentellen Wissenschaft.

Wenn wir einmal versuchen, dieses komplexe Gebiet in wenigen Worten zusammenzufassen, könnten wir vielleicht die Genetik als einen der Hauptfaktoren in dem Gebilde definieren, das als »Mensch« in Erscheinung tritt. Die Genetik bietet eine der Matrizen, durch die eine Wesenheit auf den unterschiedlichsten Funktionsebenen in der manifestierten Gestalt zu operieren vermag. Die Wissenschaftler sind sich zwar noch immer nicht ganz einig über die relative Bedeutung von Vererbungsfaktoren im Verhältnis zu Umwelt, Konditionierung, Instinkten und dergleichen mehr, aber die genetische Erbfolge selbst ist so gut nachgewiesen wie andere anwendbare wissenschaftliche Theorien, und fortwährend werden neue Anwendungsgebiete für die Genetik entdeckt.

Aus dieser Wissenschaft erfahren wir also, daß wir etwas von unserer Ahnen erben, und das wußten unsere Ahnen selbst schon. Diese Idee steht im Mittelpunkt vieler Praktiken der rituellen Magie; die orthodoxe Obrigkeit konnte Heiden und Ketzer deshalb der Nekromantie anklagen. Bei Geoffrey of Monmouth heißt es, daß der britische König Bladud »die Nekromantie über das ganze Land verbreitete«, was nichts anderes bedeutet, als daß er ebenso wie seine Vorfahren der Ahnenverehrung huldigte. Sowohl die Archäologie als auch klassische Quellen bestätigen übrigens Geoffreys Angabe.

Das keltische Sagengut schimmert bei Geoffrey überall durch, und in seiner *Historia Regum Britanniae* wird der Leser viele Parallelen zu späteren Gralssagen finden. Obwohl Geoffrey eine der bekanntesten »Quellen« für die Gralssagen war, weil »sein Werk ihrem Erscheinen vorausging«, vermuten die Gelehrten heute, daß das gesamte Material allgemeinen Quellen der mündlichen Überlieferung entlehnt sein könnte – eine Idee, die den Lehrern esoterischer Traditionen und den modernen Volkskundlern längst vertraut ist.

Auffällig ist, daß Geoffrey seiner nachsintflutlichen Mythenhistorie einen genealogischen Nachweis beifügt.

Wie wird ein genetisches Erbe weitergegeben? Durch die Interaktion männlicher und weiblicher Charakteristika. In der Sprache der Magie sind diese Faktoren immer schon als »Same« und »Blut« bezeichnet worden. Daß die Kelten selbst so großen Wert auf die Genealogie legten, hängt nicht mit den darauf gegründeten Ansprüchen auf soziale Überlegenheit zusammen. Die Genealogie war für sie dasselbe, was für uns heute ein genetisches Diagramm ist: ein Richtungsweiser für die Zukunft, bestätigt durch Daten und Fakten aus der Vergangenheit.

Wer mit der christlichen Bibel vertraut ist, wird sich daran erinnern, daß in den ersten Kapiteln des Matthäus- und Lukasevangeliums zwei verschiedene Genealogien für die Abstammung Jesu aufgestellt werden. Bei Matthäus ist die orthodoxe männliche Erbfolge dargestellt, bei Lukas hingegen eine weibliche Linie einschließlich der wunderbaren Empfängnis Jesu und Johannes des Täufers, die durch Vermittlung des Erzengels Gabriel den »Töchtern Aarons« Elisabeth und Maria zuteil wurde.

In vielen alten Kulturen ist die matrilineare Erbfolge ausschlaggebend für Rasse, Stamm, Erbrecht und anderes mehr, das gleiche geht auch aus vielen keltischen Sagen hervor. Die neuen Heiden sehen darin vielleicht zu Recht einen Beweis für die einstige Dominanz einer Göttinnenkultur, aber vor allem spiegelt sich darin die magische und metaphysische Beschäftigung mit den Vererbungslinien wider.

Viele der deutlich im Mittelpunkt des Gralszyklus stehenden Ereignisse, bei denen es um weibliche Abstammungslinien, Blut und geheimnisvolle Empfängnis geht, sollten einmal im Licht der modernen Genetik untersucht werden. Wahrscheinlich stellen sie magische Analogien oder praktisch anwendbare Modelle dar, die sich zwar einer anderen Sprache bedienen, sich jedoch auf die gleichen Prozesse beziehen wie die heutigen Erklärungen. Dieser Vergleich sollte allerdings nicht allzu wörtlich genommen werden, denn die magischen oder metaphysischen Modelle bezogen sich nur auf die erbliche Übertragung jenseitiger Kräfte auf den physischen Körper und beruhten auf Beobachtungen und Vergleichen über lange Zeiträume hinweg in Verbindung mit der Wahrsagetradition. Auf solche langen Zeiträume beziehen sich beide Abstammungsberichte Jesu, und sie treten erneut in Gestalt Galahads, des Abbilds Christi, in Erscheinung.

In welch besonderer Form Jesus die Rolle des in die Unterwelt einbrechenden Helden einnimmt, wird vielfach in der keltisch-

christlichen Mythologie betont, der ältesten Form eines eigenen britischen Christentums.
Nach einer alten Überlieferung der Bewohner des schottischen Hochlands ist Jesus von der dort heimischen Göttin Brigit aufgezogen worden, der mächtigsten gütigen Gottheit des keltischen Pantheons. In frühen Gesellschaftsformen waren Ziehmutter und Hebamme genauso wichtig wie die leibliche Mutter; magisch ausgedrückt: Das, was einem Kind aus dem Mutterleib heraushilft, hat eine starke Wirkung auf die äußeren Lebensumstände dieses Kindes. Die Geburt des Erlösers wurde als Segen der bedeutendsten Göttin des heidnischen Kulturkreises betrachtet, der keltischen Brigit oder römischen Minerva, Schirmherrin so vieler Helden, die gegen die dunklen Mächte der Unterwelt auf Raubzug ausgingen, Ungeheuer erschlugen und andere Großtaten für ihr Volk verrichteten.
Infolge dieser besonderen Form der Geburtshilfe, die unterschiedlich ausgelegt werden kann, erfüllte Jesus erwartungsgemäß seine Pflicht und »fuhr nieder zur Hölle« – also zur Unterwelt. Es wäre undenkbar gewesen, daß ein derart göttlicher Held aus der Welt geschieden sein sollte, ohne Nachkommen zu hinterlassen; seine Blutlinie trägt die Botschaft seiner Erfahrungen als Mittler und Erlöser weiter. Die Kraft geht *direkt* auf den Körper über, statt einen Umweg über Geist und Gefühle zu nehmen.
Kein Wunder, daß dieser ketzerische Aspekt des frühen Christentums rigoros unterdrückt wurde – Ziel der späteren Kirche war es, die erwähnte Kraft zu kontrollieren und zu unterdrükken, statt sie wie einen universellen Samen breitwürfig auszustreuen. Die esoterische Tradition warnt uns zwar, daß die Sinnlichkeit ein Fallstrick sein kann, lehrt jedoch, daß die geschlechtliche Fortpflanzung einer ganz bestimmten Erblinie für uns alle ein Segen sein kann. Ideen dieser Art lassen sich

gut mißbrauchen, und zwar auf schlimmste Art und Weise, wie die Geschichte bis in unser Jahrhundert hinein beweist. Der Mißbrauch entsteht durch den wörtlich genommenen Versuch, durch die »Reinerhaltung« bestimmter Rassen oder Gruppen einen »Beweis« für das System anzutreten, ein völlig absurdes, unmögliches Unterfangen, bei dem das komplexe Zeitmaß magischen Wirkens völlig außer acht gelassen und der Geist wahrer Güte und Erleuchtung verleugnet wird, der bläst, wohin er will.

Trotz der offenkundigen Möglichkeiten des Mißbrauchs, denen wir aber vielleicht die erschreckende Bilanz der orthodoxen Kirchen als Unterdrücker weiter Teile der Menschheit gegenüberstellen dürfen, wollen wir uns einige Spekulationen erlauben. Wenn Jesus von Nazareth in die alten Mysterien eingeweiht worden wäre – entweder als Essener oder während seiner durch bestimmte Traditionen bezeugten Jugend im druidischen Glastonbury –, hätte er eine klare Vorstellung von dem magischen Wissen um die Heiligkeit der Fortpflanzung und der Reinkarnation gehabt. Aus den bruchstückhaft erhaltenen, lange unterdrückten gnostischen Evangelien geht in der Tat hervor, daß er von diesem Wissen auf ganz besondere Weise Gebrauch machte, indem er nämlich versuchte, die Erleuchteten durch die Übung magischer Keuschheit von der physischen Matrix der Konsensrealität loszulösen. Auf spätere, weniger ausgeprägte Formen dieser kaum noch geübten Praxis werden wir noch einmal zurückkommen.

Der Gedanke, es könne keinen besseren Weg geben, in einer sündigen Welt eine spirituelle Revolution für immer in Gang zu halten, als ihren Keim in das Blut aufeinanderfolgender Generationen zu legen, erscheint uns nicht als zu phantastisch. Darum geht es in der esoterischen Tradition mit den zwei Gefäßen oder Kännchen, die mit dem Gral in Zusammenhang stehen.

II

Wer rückblickend eine Untersuchung der Sagen und Symbole einer Schrifttradition anstellen will, steht immer wieder vor dem Problem, daß es schwierig ist, genau festzustellen, welcher Art der Gegenstand seiner Untersuchung eigentlich ist. Darum werden unablässig die frühen Texte und mündlich überlieferten Geschichten und Lieder eingehend studiert.

Das Material kann nach dem Auftreten der Motive in lokale, nationale oder gar internationale Einheiten gegliedert werden, aber dabei kommt kaum mehr als eine grobe statistische Übersicht zustande, eine allererste Organisationsform, die lediglich den Boden für die eigentliche Untersuchung bereitet.

Letztlich ist es doch die persönliche Überzeugung dessen, der einen bestimmten Sagenkreis erforscht, die der jeweiligen Interpretation Leben und Farbe gibt. Manche Schriftsteller von heute betrachten altes Sagengut lediglich als zwangsläufiges Nebenprodukt vergangener wirtschaftlicher und sozialer Kämpfe; viele Völkerkundler sind der Auffassung, daß die angeblich aus einer früheren Zeit stammenden magischen oder heidnischen Elemente im heutigen Volksgut der Einbildungskraft des Interpreten entspringen, wenn sie nicht einer unreinen oder verdorbenen literarischen Tradition entlehnt sind. Bedauerlicherweise haben sie damit häufig recht.

Wir haben bei unserer Untersuchung die ungeheuerliche Theorie aufgestellt, daß eine Menge alter Vorstellungen in die mündliche Überlieferung eingeflossen sind und daß solche Vorstellungen in unterschiedlichster, wenn auch abgeschwächter Form bis in die Gegenwart erhalten blieben. Dieser Vermutung haben wir noch mit der Annahme die Krone aufgesetzt, daß der sorgfältige Vergleich gängiger Volkssagen und -lieder, magischer Symbolik und heidnischer Philosophie viele nützliche Aufschlüsse geben kann, was die Gralssagen betrifft.

Jeder Schüler der Magie, der über das oberflächliche Wissen hinausgeht, das durch zahlreiche Veröffentlichungen jedem erreichbar ist, wird sich darüber im klaren sein, daß die Magie irgendwie auch mit der »Genetik« in Verbindung steht. Unsere Ahnen, von denen wir sowohl die Magie als auch unsere körperlichen Merkmale geerbt haben, hatten ein außerordentliches Interesse daran, bestimmte, mit speziellen Fähigkeiten ausgestattete Blutlinien zu erhalten. In diesem Licht betrachtet, quellen die Gralssagen über von Hinweisen auf eine genetische Magie, deren erklärtes Ziel die spirituelle Erneuerung in Übereinstimmung mit der physischen Regeneration war.

Wie bereits erwähnt, sind in der *Historia Regum Britanniae* traditionelle magische und religiöse Motive auf dem Hintergrund einer mythischen erdgeschichtlichen Katastrophe zusammengefaßt, und es hat damit eine Rationalisierung des Mythos nach dem klassischen Vorbild des Falls von Troja und der Flucht einer Schar von Helden stattgefunden. Die Gralssagen hinwiederum handeln von Sündenfall und Erlösung. Als allmählich alchemistische Werke erschienen, deren Grundlage die allgemeine, auch in heidnischen Legenden und in den Gralssagen vorkommende Symbolik war, die später von den großen hermetischen Philosophen des 15., 16. und 17. Jahrhunderts vervollkommnet wurde, hatte die esoterische Tradition als solche eben begonnen, sich mit der Erlösung und Erneuerung der sündigen Welt zu befassen. In dieser Atmosphäre entstanden die monumentalen Werke der christlichen Metaphysik, die der magischen Praxis nahestanden. Der scharfsichtige Leser wird einen ähnlichen Verlauf unter veränderten Bedingungen vom 18. Jahrhundert bis heute bemerken, bei dem die drei Phasen auf einen kürzeren Zeitraum verteilt sind.

Auffallende Beispiele für die genetische Magie in der Gralssuche wären:

1. Lanzelot, dessen Vortrefflichkeit sich auf seine Herkunft und nicht auf seine eigenen Leistungen gründet. Er fällt der Sünde und Verzweiflung anheim, weil er seine natürlichen Gaben vergeudet, und leidet erhebliche Qualen, ehe er sich endlich daranmacht, sein spirituelles Wesen oder seine wahre Natur zu entfalten, indem er sein leibliches Erbe und seinen Heldenmut auf das richtige Ziel hinlenkt. Wer an die Reinkarnation glaubt, wird vielleicht die Auffassung vertreten, daß Lanzelot das Kapital aufzehrt, das er in vergangenen Leben angesammelt hat, ohne sich voll und ganz seiner Funktion in seinem gegenwärtigen Leben bewußt zu sein. Er ist gewissermaßen ein Beispiel für den normalen Menschen, wenn auch in vieler Hinsicht ein besonders großartiges und edles Beispiel.
2. Galahad, die Frucht der geheimnisvollen Liaison Lanzelots mit einer Jungfrau. Galahad ist offenbar so sehr der Inbegriff der Vollkommenheit, daß ihn sein eigener Vater fragt, warum er ihm nicht aus seinem spirituellen Elend heraushilft.
   Die esoterische Antwort auf diese Frage lautet, daß Lanzelot und Galahad erst jeder ihr Maß an spiritueller Freiheit erlangen müssen, um dann die alten genetischen Zyklen des magischen Wirkens durchbrechen und zur wahren spirituellen Erkenntnis kommen zu können.
3. Artus, Nachkomme einer durch magische Täuschung zustande gekommenen Verbindung, der nach der Überlieferung seine Kindheit unter dem Schutz des Zauberers Merlin verbracht hat.

Am meisten Gewicht jedoch hat das modellartige Hauptmotiv, das viele der weniger starken Exempel und Charaktere in den Gralslegenden erklärt; deshalb wollen wir uns sofort damit befassen, ohne weitere Gestalten aufzuführen, insbesondere, da die Gralssuche selbst klare Aufschlüsse über diese Abstammungslinien gibt.

Der wichtigste Schlüssel ist natürlich die Geschichte vom »Baum des Lebens«, die der Menschheit eindeutig die Erlösung durch das Wirksamwerden weiblicher Macht verheißt. Sie sollte in allen Einzelheiten studiert und mit topologischen Modellen wie etwa dem kabbalistischen Baum des Lebens verglichen werden, einer mathematischen Struktur, die die Wechselbeziehungen zwischen der Metaphysik und den menschlichen Kräften durch eine Reihe geistiger Welten hindurch aufzeigt. An ihr werden auch die von der modernen Wissenschaft und Psychologie »entdeckten« Vererbungs- und Beziehungsmuster deutlich.

Besondere Relevanz für unsere Annahme, daß der Gral sich in Form der Ahnenverehrung oder Nekromantie manifestieren kann, hat Salomos Auftritt in der Gralslegende vom »Baum des Lebens«. Als Salomo, der Inbegriff oder Archetypus der Weisheit, über das Wesen der Weiblichkeit nachsinnt, wird ihm offenbar: »Eine Frau wird kommen, durch die der Mensch hundertmal größere Freude erfahren wird, als dein Leid groß ist, und sie soll aus deinem Erbe geboren werden.«[2] Entzückt von seiner Erkenntnis, studiert Salomo »jedes Zeichen, das ihn bestätigt, ob im Wachen oder Träumen, in der Hoffnung, auf die Wahrheit vom Ziel und Ende seines Geschlechts zu stoßen«. Als er schließlich entdeckt, daß die Jungfrau von seinem Blut sein soll und daß der letzte männliche Sproß seiner Linie noch heldenmütiger als Josias sein wird, beschließt er, seinen Nachkommen über die Zeiten hinweg eine Botschaft zukommen zu lassen.

Das daraufhin entstehende Zauberschiff wird – wie wir uns denken können – von seiner vorausschauenden Gattin erfunden, die sich dazu der Symbolik der drei Farben Rot, Weiß und Grün vom Baum des Lebens bedient. Während der Mann bemüht ist, sein Wissen durch die Zeit weiterzugeben, schafft das Weib ein Medium dafür, während eine dritte Kraft das Schiff in Bewegung setzt und es über den Ozean des Lebens treibt (siehe Kap. 4).
Das Ganze ist im Grunde nur eine Neuauflage der keltischen Ahnenverehrung, der magischen Vererbungslehre und der Divination, lauter Künsten, die den fortschrittlichen Leuten der alten Welt geläufig waren und die sich in verwässerter Form bis in die heutige Zeit erhalten haben.
Bei einer Betrachtung der Gralssagen wird die Tatsache leicht übersehen, daß sie ursprünglich einer mündlichen Überlieferung angehörten; dem Zuhörer der damaligen Zeit war es ein leichtes, sie im Zusammenhang mit einem großen Fundus ähnlicher Geschichten, Lieder und Lustbarkeiten zu betrachten, die in allen Gesellschaftsschichten bekannt waren.
Erst seit relativ kurzer Zeit haben Gelehrte soviel Einblick in das überlieferte Volksgut, daß ihnen dämmert, was es mit dem Gralsmaterial auf sich hat; es ist einem alten Sagenschatz entnommen und bearbeitet worden und enthält zweifellos unzählige Querverweise, Themen und Motive, die der heutige Leser nicht mehr erkennen kann oder deren Sinn verloren gegangen ist.
Die Themen und Motive können allerdings nicht auf irgendeinen »Ursprung« zurückverfolgt werden, da sie eine Art Tauschmünzen im traumartigen Prozeß der kollektiven Phantasie darstellen. Es kann nicht nachdrücklich genug betont werden, daß das Sagengut um den Gral mit voller Absicht aus Teilen allgemeingültiger, allseits gebräuchlicher Vorstellungen

und Bilder zusammengefügt worden ist; zweifellos bildet es als Ganzes ein neues, machtvolles Imaginationsmuster, das bei seiner Aktivierung als Mittel der Transformation dient. Ein Vergleich mit den Werken Homers drängt sich auf.

Heute würde man sagen, daß die Gralssagen und ihnen verbundene Werke wie die *Historia Regum Britanniae* oder die *Vita Merlini* Modelle einer Volkspsychologie sind; aber man könnte sie auch als Landkarten einer magischen Physiologie in der Beziehung zwischen den Ahnen, dem Land und der Unterwelt bezeichnen.

Primitive Formen dieser Art von Symbolik traten Anfang dieses Jahrhunderts in Ritualen in Erscheinung, und einige wenige sind noch heute erhalten. Die Liste der Beispiele aus dem historischen Volksbrauchtum wäre wahrhaftig lang. In einem in England bekannten Ritual zum Beispiel wird ein legendärer Vogel, »The Cutty Wren« (vertreten durch einen wirklichen Zaunkönig), rituell gejagt und in einem »riesengroßen Kupferkessel« gekocht; was übrigbleibt, ist so viel, daß die Armen allein von den Rippen verköstigt werden können.

Befürworter der Theorie von der Opferung der Könige führen dieses Ritual, von dem ein bekanntes Volkslied handelt, häufig als Beweis für die Lebendigkeit des Stoffs an, aber einmal abgesehen davon, ob diese Ansicht wirklich haltbar ist, sind ähnliche Motive wie der Überfall auf die Unterwelt in dem bereits erwähnten Gedicht *Preiddeu Annwn* zu finden. Denn obwohl die Kluft vieler Jahrhunderte dazwischen liegt, ist die Botschaft über die Zeiten auf dem Weg einer gemeinsamen Tradition übermittelt worden.

Der genetische Strom, der die Kommunikation mit den Ahnen in der jenseitigen Welt prägt, ist eng mit dem Fortbestand einer gemeinsamen Tradition verknüpft, die in Liedern, Geschichten und Ritualen zum Ausdruck kommt und einen Stoff in sich birgt, der vermutlich aus alten kulturellen und magischen Quellen stammt. Es sei auf den äußerlichen, oberflächlichen Charakter dieser Ähnlichkeit hingewiesen, die wahrscheinlich eher die Folge einer tiefgreifenden Erneuerungskraft des Gruppenbewußtseins ist als die aktiver Erhaltungsmaßnahmen.

Die Legende vom »Baum des Lebens« verschafft ebenfalls Einblick in das Wesen der magischen oder spirituellen Unberührtheit, einer esoterischen Vorstellung, die erheblich älter ist als ihre christliche Erscheinungsform in der Gralssage. Unberührtheit, so heißt es dort, ist ein rein physischer Zustand, während Jungfräulichkeit ein Erkenntnis- oder Bewußtseinsmodus ist. Wer die Gralstexte weitergibt, führt damit ein zentrales und machtvolles magisches Gesetz an – das erst voll und ganz ins Bewußtsein gedrungen sein muß, ehe magische Handlungen überhaupt eine echte Wirkung zeigen. Das Gesetz hat wenig mit körperlicher Tugendhaftigkeit und Keuschheit zu tun; »jungfräulich« muß nach den Vorstellungen der Alten nicht unbedingt »unberührt« heißen, und diese Art von »Jungfräulichkeit« gibt es, wie aus den Gralssagen deutlich hervorgeht, ebenso bei Männern wie bei Frauen.

Die Jungfräulichkeit oder »Unschuld« ist ein ursprünglicher oder spiritueller Zustand, wohingegen die Unberührtheit der physische Spiegel dieses Zustandes ist und mit jeder Erneuerung des Körpers durch die Reinkarnation wiederhergestellt wird. Ein unberührtes Mädchen muß nicht unbedingt »Jungfrau« in diesem Sinne sein, aber solche Mädchen sind für die Magie entgegen der landläufigen Meinung und Darstellung kaum von Nutzen.

Jesus hat dieses metaphysische Gesetz klar ausgesprochen: »Ich aber sage euch: Wer eine Frau ansieht, ihrer zu begehren, der hat schon mit ihr die Ehe gebrochen in seinem Herzen« (Mt. 5, 28). Leider sind subtile magische Gesetze dieser Art

stets mit Fleiß entstellt und falsch wiedergegeben worden, wodurch heutige Männer und Frauen der wahren Macht ihrer Aussage trostlos entfremdet sind.
Wenn wir hören, daß sowohl die Mutter Jesu als auch die Mutter Johannes des Täufers »Töchter Aarons« waren und jungfräulich empfingen, können wir darin eine mythische Wiederaufarbeitung der magischen Rituale sehen, die schon den Heiden vertraut waren und nach denen eine besondere Art der Fortpflanzung, abgestimmt auf Zeit und Ort, durch die Reinheit der männlichen und weiblichen Partner gewisse mächtige Vorfahren oder jenseitige Wesen wieder hervorbringen sollte. Ein solcher Gedanke stellt jedoch keineswegs die religiöse oder spirituelle Macht der Jungfrau Maria in Frage oder schmälert sie, da sie die Essenz und die Jungfrau aller Jungfrauen ist, in deren menschlicher Gestalt sich der Gral manifestiert.
An diesem Punkt angelangt, haben wir den Kreis unserer Betrachtung geschlossen und wiederholen noch einmal, daß ein großes Symbol wie der heilige Gral sich simultan in unterschiedlichster Weise manifestieren kann. Der Unterschied liegt im Grunde in der Wahrnehmung oder Bewußtseinsebene des Empfängers begründet, wie der Schluß der Gralssuche klar zeigt. Aber wenn unsere Überlegungen auch eine schöne Rundheit erreicht haben, so heißt das noch nicht, daß alle Mysterien in ihrer Wirkungsweise und in ihren Ergebnissen identisch wären, selbst wenn sie sich der gleichen Methoden und Schlüsselsymbole bedienen. Was die »genetische Magie« betrifft, gibt die esoterische Tradition verschiedene Quellen für die magischen Linien der Übertragung, Initiation und Kommunikation durch jenseitige Wesen an. Diese erstrecken sich über so bekannte (aber kaum verstandene) Quellen wie den untergegangenen Kontinent Atlantis bis hin zu ganz unbekannten einzelnen Menschen einer lokal eng begrenzten Tradition. Oft ge-

hören königliche und adelige Familien dazu, obgleich eine lange Ahnenreihe noch keine Garantie für magische und spirituelle Kräfte ist. Denn, nebenbei bemerkt, wie jeder aufmerksame Geschichtsstudent weiß, beruhen die meisten, wenn nicht alle alten europäischen Adelslinien auf Usurpation.
Grob gesagt: Nicht alle in das Mysterium Eingeweihten sind Nachkommen Jesu Christi, aber es gibt eine Symboltradition, die besagt, daß jeder von ihnen es sein *könnte*. Die entsprechende Folgerung, jeder von uns könnte der Nachkomme eines halbwegs göttlichen Helden oder heiligen Königs sein, ist fast genauso bedeutungsvoll.
Dieses Imaginationspotential wirkt wie ein Super-Katalysator, der das Bewußtsein in neue Dimensionen katapultiert, und die eintretenden Veränderungen werden bestimmt durch die Matrix, in der die Imaginationskräfte zum Zeitpunkt des Übergangs oder der Übertragung enthalten sind. Deshalb unterscheidet sich diese Methode drastisch von den normalen Vorstellungen, die man sich vom Gebet, Glauben oder auch von der Meditation macht; sie ist eines der echten magischen oder esoterischen »Geheimnisse«, das unsere eigene Tradition uns überliefert hat. Die Kenntnis dieses Bewußtseinsmusters, dieser Wandlungsmethode, hat die frühchristliche Obrigkeit in die Lage versetzt, gewisse Kontrollprogramme tief in das Gruppendenken einzupflanzen, indem sie sich kollektiver Symbole bemächtigte und sie einfach absichtlich ein wenig anders und verworren wieder zusammenfügte.
Wenn die Genetik recht hat mit ihrer Behauptung, daß ein Koordinatenkomplex unsere von unseren Vorfahren ererbte physische Seinsform bestimmt, und wenn, wie die moderne Psychologie in oberflächlicher Plagiierung der Philosophie der Alten annimmt, ein großer Schatz an kollektiven Erinnerungen existiert, wie können wir dann an diese Weisheit, dieses

Wissen und Verständnis herankommen, das in unsere Zellen und in die verborgenen Tiefen unseres Bewußtseins eingeschlossen ist? Ob nicht die tiefen Erinnerungen und das Körpermuster ein und dasselbe sind?

Die magische Tradition sieht das tatsächlich als gegeben an und bietet eine vollständige, effektive Methode, diesen Zugang zu finden.

Sie wird darin von den Volkssagen bestätigt, in denen von gewissen Personen die Rede ist, die noch in leiblicher Gestalt Fahrten zur jenseitigen Welt unternahmen. Manche von ihnen kehrten als Seher oder Seherinnen zurück, während andere verschollen blieben, ohne darum tot zu sein. Ein typisches Beispiel für diese Art von magischem Verschwinden ist der Geistliche Robert Kirk von Aberfoyle (geb. 1644), der als erster die Bibel ins Gälische übersetzte und eine Sammlung früher Feensagen und Berichte über das Zweite Gesicht anlegte. Noch vor einer Generation gab es Leute, die Kirk aus dem Feenland befreien wollten und die sich damit in eine örtliche Überlieferung einreihten, die fast 300 Jahre überdauert hatte.

Beispiele aus der religiösen Tradition sind Henoch, der mit Gott ging und »nicht war«, oder, mehr auf den Gral bezogen, der römisch-katholische Glaube an die physische Himmelfahrt der Jungfrau Maria.

Es ließen sich noch zahllose andere Beispiele anführen, aber in unserem Zusammenhang kommt es in erster Linie darauf an, daß der Glaube innerhalb der britischen oder keltischen Tradition an historische Personen wie Kirk, Thomas von Ercledoune und andere geknüpft war. Diese Forderung nach einer echten physischen Manifestierung (oder vielleicht auch Entmanifestierung) gehört zum innersten Kern der »westlichen« Magie; die gleiche, tiefeingewurzelte Vorstellung, die göttlichen Kräfte müßten durch den Körper strömen, hat zu vielen volkstümlichen Mißverständnissen in bezug auf das Wirken der Alchimisten, Magier und Metaphysiker vergangener Jahrhunderte geführt. Sie ist in gewisser Weise auch für die häufig laut werdende Klage über die »Magie« verantwortlich, diese Kunst würde nichts bewirken, da der Experimentierende keine greifbaren Ergebnisse erziele, die beobachtet oder erfahren werden könnten.

Zu verlangen, daß die magische Arbeit sich in der äußeren Matrix oder physischen Welt niederschlage, ist kein infantiles materialistisches Begehren; vielmehr ist es von alters her tief in uns begründet und entspringt wohl der stärksten kollektiven Vision: daß die Wirklichkeit veränderbar ist.

Wie die Geschichte lehrt, hat es immer wieder starke Impulse gegeben, magische Kräfte, Blutlinien und zeitliche Macht miteinander zu vereinen, etwa durch Gründung des Hosenbandordens, der sich auf die Gralssymbolik stützt. Derartige Organisationen mit einer ähnlich hierarchischen Struktur wie die orthodoxe Kirche sind unweigerlich zum Scheitern verurteilt.

Der eigentliche Wert solcher Traditionen wie der oben angesprochenen liegt in der vollkommenen Absorption der Symbolik, aus der heraus sie später aktiviert werden und eine radikale Bewußtseinsveränderung bewirken können. Eine radikale Veränderung nicht nur in Politik, Religion oder persönlicher Denkungsart, sondern in allem und jedem, was das menschliche Dasein ausmacht, eine Veränderung, die sich im Körper manifestiert und von da aus eine grundlegende Verwandlung hervorruft. Der Wind des Geistes bläst, wo er will, dagegen kann keine hierarchische Autorität an.

Eine letzte konsequente Überlegung ist die, daß die schließliche Zerstörung des Königreiches, in dem Artus und seine Ritter nach der Gralssuche vernichtend geschlagen werden, eine Folge ihrer Suche nach dem Gral ist. Daß diese Zerstörung durch Artus' eigene Nachkommenschaft, jenes durch Inzest gezeugte, magisch begabte Kind, verursacht wird, ist nach dem, was wir inzwischen über die genetische Magie wissen, kaum verwunderlich.

Das vom Willen gesteuerte Streben nach der Macht des Geistes zieht Zusammenbruch und Veränderung nach sich (Mt. 10, 34); so wird nach der ältesten Fassung der Gralssuche das Gefäß aus der Unterwelt gestohlen, aus dem Reich brodelnder, sich ewig wandelnder Energie. Wenn diese Energie im Diesseits nicht durch vollkommene Ausgeglichenheit und Lauterkeit im Zaum gehalten wird, durchläuft sie immer wieder die Zyklen des Entstehens und Vergehens, denn das ist ihre einzige Möglichkeit, sich ihrem innersten Wesen gemäß zu manifestieren. Dieses zyklische Muster aus der alten Volksüberlieferung finden wir auch in den Gralssagen wieder – trotz der durch den Heiland möglichen Erlösung einer höheren Ordnung.

Uns wird jedoch verheißen, daß Artus nicht tot ist, sondern nur in der jenseitigen Welt schlummert und auf den richtigen Zeitpunkt für seine Wiederkehr wartet. Es wäre allerdings unklug, das Grab eines unserer wirklichen Könige, der Jungfrauen und Helden zu suchen, denn sie leben in einem jeden von uns weiter und warten nur darauf, durch die Macht des Geistes, durch die Erneuerungskraft des heiligen Grals aufgeweckt zu werden.

ANMERKUNGEN

1 Wer auf akademische Quellenangaben und Querverweise aus ist, der wird mit der Fülle von Fußnoten in jedem guten wissenschaftlichen Werk über mittelalterliche und Volkssagen auf seine Kosten kommen. Einige Titel, die auch für die-

sen Essay von unschätzbarem Wert waren, sind im folgenden aufgeführt. *La Queste del Saint Graal*, übersetzt von P. Matarasso: *The Quest of The Holy Grail*, Penguin, Harmondsworth 1969; J. Cable: *The Death of King Arthur*, Penguin, Harmondsworth 1971; J. Gantz: *The Mabinogion*, Penguin, Harmondsworth 1976; H. Jennings: *The Rosicrucians*, George Routledge, London 1907; Rev. R. Kirk: *The Secret Commonwealth*, Brewer/Rowman & Littlefield, Cambridge, N. J. 1976; Pagels, E.: *The Gnostic Gospels*, Weidenfeld & Nicolson, London 1980; Steiner, R.: *Die Ätherisation des Blutes*, Steiner Vlg., Dornach, 6. Aufl. 1980, und: *Blut ist ein ganz besonderer Saft*, Steiner Vlg., Dornach, 10. Aufl. 1982.

2 Matarasso: *The Quest of The Holy Grail*, S. 222–235. Im Vergleich zu dem anderen Stoff der *Quest* ist die Funktion dieser Legende interessant, denn sie ist fast so etwas wie ein rückwirkender Schlüssel zu den vorangegangenen Abenteuern. In dieser ihrer erklärenden Funktion bereitet sie den Leser auf die bevorstehenden Offenbarungen vor.

11

DER WEG ZUM GRAL

Dolores Ashcroft-Nowicki

Die innere Reise der Seele auf der Suche nach Weisheit bleibt stets dem einzelnen vorbehalten. Wie die Verfasserin dieses Essays in ihrer Einführung sagt, steht der Gralssucher »immer abseits von denen, denen er dient«. Das Lesen der Gralssage ist bereits eine lohnende Erfahrung, kann aber nur ein erster Anfang sein. Sie erschließt eine Wirklichkeit jenseits ihrer Bilder und Worte. In dem vorliegenden Text werden all denen, die aus eigener Kraft *mehr über den Gral erfahren wollen, praktische Anregungen gegeben. Dabei nimmt das gedruckte Wort, wie im folgenden Teil des Essays, neue Dimensionen an und bringt den Suchenden zu einer höheren Art von Erkenntnis – zur Erkenntnis der inneren Reise selbst.*

Wenn sich ein Mensch von Gott abkehrt, ist das der Augenblick, in dem er sich auf den langen Weg zu ihm begibt. Der Mensch ist von Gott umgeben, und gleichgültig, wohin er seine Schritte lenkt, um von seiner Schöpferquelle fortzukommen, wird er ihm doch einmal unweigerlich von Angesicht zu Angesicht gegenüberstehen. Das ist der eigentliche Grund für die Gralssuche, die Fahrt des Volkshelden, das abenteuerliche Leben des Witwensohnes, die ewige Mär, die Suche nach dem goldenen Vlies. Wie immer die Suche auch genannt wird, sie bezeichnet nichts anderes als die Rückkehr zu jener Quelle, von der wir gekommen sind[1] und an der wir erfrischt und erneuert werden. Es ist ein uralter Tanz, an dem wir alle ohne Ausnahme teilnehmen, ob wir wollen oder nicht, nur kommen manche viel später hinzu als andere.

Die Gralssuche ist nur einer von vielen Wegen, die zur spirituellen Erleuchtung, wie es im Osten heißt, führen. Jede Tradition hat ihren eigenen Weg, und keiner ist besser als der andere. Für uns im Westen, denen König Artus und seine Ritter von der Tafelrunde als Volkshelden gelten, hat der Gral eine besondere Bedeutung als Ursymbol unserer Überlieferung.

Der Suche nach dem Gral liegt wie allen Dingen in diesem Kosmos ein grandioser Plan zugrunde, der befolgt werden muß, ein Muster, ein paar Schritte im großen Tanz, Schritte, die man nur auf eigene Gefahr unbeachtet läßt. Die Geheimtraditionen halten sich genau an dieses Muster; der Schüler wird wirklich zum Helden oder Sucher und geht bei seinem Training auf eine innere Reise nach altem Vorbild. Dadurch verdichtet er die Erfahrungen vieler Leben auf ein einziges und kann die Erkenntnisse, die ihm diese Erfahrungen bringen, in einer relativ kurzen Zeitspanne verarbeiten. Aber der Erfolg hängt von seiner Fähigkeit ab, nach dem alten Muster vorzugehen, an einem Kreuzweg die rechte Richtung einzuschlagen, und vor allem davon, daß er zur rechten Zeit die rechten Fragen stellt.

Dabei hilft dem ernsthaften Schüler ein Tutor, eine Art persönlicher Merlin, der diese Straße selbst schon gegangen und zurückgekehrt ist, denn die Rückkehr ist das Wichtigste an der ganzen Suche. Wichtig zu wissen ist, daß der Suchende sich nicht nur zu seinem eigenen Wohl auf die Suche macht, sondern ebenso zum Wohl seines Volkes wie auch all derer, die nicht selbst gehen können oder deren Zeit noch nicht gekommen ist.

Die Reise, auf die sich der Sucher begibt, ist ein Widerspruch in sich. Einerseits lenkt sie den Geist mitten ins Herz, in den Saal der inneren Tafelrunde, wo die vielen Facetten der im Laufe der Jahrhunderte von dem Suchenden angenommenen Persönlichkeiten sitzen; andererseits lenkt sie den Geist auch nach außen, wo er der Alltagswelt einen Begriff von den Erlebnissen im Innern geben und diese Erfahrungen soweit wie möglich auch denen zugänglich machen soll, die zurückgeblieben sind.

Wer sich auf die Suche begibt, findet und zurückkehrt, wird zu einer Janusgestalt an der Schwelle zu vielen möglichen Welten. Seine Augen sind anders als die irgendeines anderen Menschen. Sie blicken tiefer, glänzen stärker vor Weisheit und weinen bitterlicher. Ein solcher steht für immer abseits von denen, denen er dient, und zwar aus freien Stücken. Um richtig dienen zu können, muß man erst einmal lernen, allein und abseits zu stehen und still zu beobachten.

Die Suche hat drei Phasen:

1. Die Trennung von allem, was bekannt ist und geliebt wird. In Sagen und Märchen ist das die Zeit, in der der junge Held oder die Heldin Abschied von Heim und Familie nimmt, meist von einem schon älteren Elternteil, der darüber tiefbetrübt ist. Im wirklichen Leben ist es der Augenblick, in dem die Seele den Ruf im Innern vernimmt und sich bewußt wird, daß sie dessen Quelle ausfindig machen, sich im Gral der Grale erneuern muß.

2. Die Reise, die Gefahr, das Wunder, die Umwandlung der Seele durch die Erfahrung. Für den Schüler ist das die Zeit des Trainings und Studiums, die ihn vor schwere Prüfungen im wirklichen Leben stellt.
3. Die äußerst wichtige Rückkehr, mit dem Geschenk im tiefsten Herzen. Dieses Geschenk ist eine abgewandelte Tafelrunde, nur diesmal in Form eines nach innen gewölbten eigenen Grals. Er ist mit der Essenz der Liebe, Erkenntnis und Weisheit gefüllt, die sich aus dem Wissen herauskristallisiert hat, das all die verschiedenen Persönlichkeitsfacetten beisteuern, dem Destillat von Myriaden Leben. Ein solcher Gral hat nur den einen Zweck, alle daraus trinken zu lassen, die es *können*. Doch der Träger dieses Grals kann selbst nie aus seinem Gefäß trinken, er muß jemanden suchen, der ihn aus seinem eigenen Herzen labt.

Der Wein aus einem solchen Kelch kann sowohl sauer als auch lieblich sein, und wir wissen es erst, wenn wir davon gekostet haben. Der wahre Eingeweihte genießt beides mit gleicher Freude. Der Gral wird wohl noch immer gesucht und gefunden, und jeder Mensch ist vielleicht ein Artus voller Weisheit und Liebe, der auch seine eigenen Schwächen kennt. Oder er ist ein Lanzelot, tapfer und stark, aber leicht zu beeinflussen. Am Ende der Suche ist er schließlich ein Galahad, der immer mehr Gutes und immer weniger Schlechtes in sich vereint. Jede Frau ist womöglich eine Ginevra, königlich und zugleich launisch, eine Nimue, bezaubernd, aber herzlos, und doch wird auch sie zur Kapelle kommen wie die Gralsjungfrau Elaine. Wir alle sind in unserem Alltagsleben auf einer Art Gralssuche, aber nur wenn wir in diesem Leben an den Punkt gelangen, wo es darum geht, wirklich zu suchen, zu wagen und zu wissen und dann wissend zu schweigen, begeben wir uns bewußt auf die innere Reise. Die Geheimtraditionen besitzen den Schlüssel zu solchen Fahrten des Geistes und der Seele. Ihnen wurden in alter Zeit Geheimnisse anvertraut, die sie bewahren sollten, bis der Mensch das Gewicht der Erkenntnis seiner eigenen Göttlichkeit zu tragen vermöchte. Diese Schlüssel sind geduldig und mutig auch angesichts der größten Widrigkeiten bewahrt worden. Dabei sind sie in vieler Hinsicht gar nicht mehr nötig. In den letzten hundert Jahren ist der Mensch sehr schnell gewachsen, hat seine Fähigkeit, zu einem inneren Verständnis seiner selbst zu kommen, hundertmal zugenommen. Die, deren Seelen noch jung sind, und die, deren größerer Erfahrungsschatz ein härteres Training erforderlich macht, brauchen noch, was die Geheimlehren zu bieten haben, wohingegen andere mit ein wenig Hilfe bereits selbst einen Teil des Weges finden können. Wenn dies so ist, und ich glaube, daß es so ist, dann müssen wir, die wir die Schlüssel schon so lange besitzen, sie zugänglich machen.

Jahrhundertelang waren Dichter, Maler, Musiker und Träumer im Besitz eines jener Schlüssel. Er gehörte als wesentlicher Bestandteil zur Ausbildung eines jeden Barden in keltischen Landen. Chaucer und Shakespeare kannten ihn und machten von ihm Gebrauch, ebenso John Donne. Er strahlt aus den Werken von Coleridge, Wordsworth, Tennyson und Whitman, er leuchtet aus den Bildern von Michelangelo, Leonardo da Vinci, Turner und Constable, und er wirkt in uns nach durch die Musik der kleinen Schar von Männern und Frauen, die die überlieferten Weisen und Texte unseres alten Erbes lebendig erhalten.

Jedes Kind, das am Ufer eines Flusses mit einem Stück Holz spielt oder an einem regnerischen Nachmittag stillsitzt und aus dem Fenster schaut, hält genau den gleichen Schlüssel in Händen, den wir für unsere innere Suche nach dem Gral brauchen.

Wir könnten ihn die »schöpferische Phantasie« nennen. So schlicht und einfach er ist, hat der Mensch doch ohne ihn weder visionäre Kraft noch Träume, noch das Empfinden, mehr zu sein als nur ein Staubkorn. Mit seiner Hilfe kann er zum Herrscher über ein eigenes inneres Reich werden, und einmal dort, wird dieses aus dem Innern kommende Gefühl für das Schaffenkönnen und Befähigtsein in die Alltagswelt ausstrahlen und die wahre Magie der Selbsterkenntnis mit sich bringen. Alle Dinge nehmen ihren Anfang auf den inneren Seinsebenen und dringen dann allmählich nach außen. Darum wohnt Gott sowohl in unserem Herzen als auch am Rande unseres Seins, so daß wir, wenn wir spirituell enttäuscht sind und vor allem, was uns an ihn erinnern könnte, davonlaufen wollen, im Grunde geradewegs auf ihn zulaufen. Vom innersten Punkt des Schöpfungskreises aus bewegen wir uns auf unserer Suche nach außen. Erst stellt der Kreis die Erweiterung unseres eigenen Bewußtseins dar, dann die Tafelrunde, in der wir Platz nehmen, und zuletzt wird er zum Gral und Zentrum unseres Innern. Letzten Endes ist Gott selbst der Gral und enthält in sich die Welt in einem Wesen, das jenseits aller Namen wie Gott oder Göttin und jenseits aller Geschlechtsmerkmale ist: eine Schöpfungsmatrix, ein Lebensspender, ein kosmischer Gral. Der Mensch, das Leben, wird dann zum Wein, der diesen Gral der Grale füllt.

Wie bei allen Dingen gibt es auch hier eine Hierarchie von Kelchen, die alle ihre Gültigkeit und ihre Bedeutung haben und alle Teil des einen Urkelchs sind.[2] Jeder, der vor seiner Einweihung steht, hat die Hoffnung, daß er erst den persönlichen Gral sucht und findet, dann den Gral seines Volkes und dadurch schließlich den Weltgral. Weiter zu gehen wagen nur die, die beim Namen gerufen sind. Wer in eine der Mysterienschulen eintritt, muß unter Umständen jahrelang lernen und sich einer

strengen Disziplin unterwerfen, was keineswegs immer geschätzt wird von solchen, die meinen, die alte Weisheit würde ihnen so mundgerecht serviert, daß keine besondere Aufmerksamkeit vonnöten wäre.
Viele jedoch sind zu sehr von ihrer Arbeit in Anspruch genommen, sie haben keine Zeit oder keinen Lehrer und kennen häufig nicht einmal die Möglichkeiten, die ihnen offenstehen. Aber auch sie können ihren Beitrag leisten und sollten sich nicht durch den Druck dieser Welt davon abhalten lassen, sich einfach auf den Weg zu machen. Für sie gibt es einen Schlüssel, der ihnen viele Türen öffnet, eine geistige Übung, die in der okkulten Terminologie »Wegbahnung« *(Pathworking)* oder einfach »der Pfad« genannt wird. Normalerweise ist damit eine Trainingsmethode für fortgeschrittene Schüler gemeint, doch kann sie auch von denen angewandt werden, die erst anfangen, die Welt im eigenen Innern zu erforschen. Durch sie kann eigentlich jeder ernsthaft interessierte Mensch den Gral in seinem Herzen finden.
Die Techniken der Wegbahnung und ihre Wirkungen, die beträchtlich sein können, bedürfen einer näheren Erklärung. Erwiesenermaßen können sie die Ablaufmuster des Lebens derer, die sie ausprobieren, in erheblichem Maße und von Grund auf verändern, obwohl eine so drastische Wirkung nicht die Regel ist. Auf jeden Fall bewirken sie Veränderungen: in den Vorstellungen, den Denkweisen, im Leben und Lieben, ja sogar im Verständnis. Ohne innere Wandlung ist der Gral nicht zu erlangen; er selbst verwandelt sich ebenfalls beständig, er ist Stein, Teller, Speer, Kelch und schließlich das »göttliche Kind« oder »Sonnenkind«, und jede Wandlung hat auf den Eingeweihten eine ähnliche oder auch komplementäre Wirkung. Wenn er den behauenen, geschliffenen Stein erringt, wird er sich seiner selbst als etwas bewußt, das in eine Form gebracht

werden muß, die am besten der Absicht der sein Schicksal bestimmenden Mächte entspricht. Bei der Visualisierung des Tellers lernt er tragen, was getragen werden muß, denn der Teller trägt die Hostie. Der Speer gibt ihm eine schmerzhafte Lektion auf: Das, was stechen soll, muß erst selbst gestochen werden, muß bluten und leiden. Aber dieses Leiden führt näher ans Ziel, an die Erringung des Kelches heran, an das Hingeben des Selbst für andere, während sich der Geber in Enthaltsamkeit übt. Ist das vollbracht, wird die letzte Verwandlung des Grals verwirklicht und der Sucher im Angesicht des »Sonnenkindes« zum Herrscher über seine eigene innere Burg.

Das ist die Art, wie die Wegbahnung sich bei Beschreiten des Gralspfades auswirkt. Unerfahrenen Gemütern die Wege zu weisen, die Anhänger einer bestimmten Schule verfolgen, wäre unklug und grausam. Es gibt dort immer Menschen, die aufgrund ihrer intellektuellen Fähigkeiten tiefer in die Grundwahrheiten eindringen können als andere. Aber um die Kräfte des Intellekts geht es gar nicht bei der Gralssuche. Wer sich darauf beriefe, würde zurückgeworfen und frustriert werden, wenn er auf Blockierungen träfe, wie es normalerweise der Fall ist. Diejenigen hingegen, die weniger Verstand, dafür aber mehr Gefühl einbrächten, würden zwar zuerst glücklich vorankommen, aber schließlich die tiefere Symbolik nicht mehr erfassen und in Apathie versinken. Eingebettet in das Lehrsystem einer Schule und unter der Führung eines Tutors werden solche Schwierigkeiten meist eingekreist und überwunden, aber für jemanden mit geringen Kenntnissen und ohne Stütze wäre die Aufgabe beängstigend. Davon ausgehend habe ich versucht, einen Mittelweg zu finden, und lehre einen Pfad, der ein Gefühl für das Wunder und das große Werk weckt, während die tiefer greifenden Wirkungen noch »wolkenverhüllt« bleiben. Sie bleiben verhüllt, sind aber dem einen unter tau-

send, auf den der Pfad wie ein Weckruf wirkt, nicht völlig unerreichbar. Durch wiederholte Übung bildet sich allmählich die Fähigkeit heraus, auf immer tieferen Ebenen verstehen zu können, und dem unermüdlichen, aufmerksamen Schüler offenbaren sich schließlich alle Geheimnisse des Pfades.
Technisch gesehen verwendet die Wegbahnung die Methode der gelenkten Phantasie und gleicht einem ruhigen Tagtraum, mit einem wesentlichen Unterschied: Der Geist konzentriert sich bewußt auf ein bestimmtes Ziel. Ohne eine gewisse Kontrolle kann daraus leicht bloßes Wunschdenken größeren Maßstabs werden. Die Schüler in einer Mysterienschule disziplinieren ihren Geist durch eine Reihe täglicher Übungen. Es wäre gut, sich durch eine Woche intensiven Trainings auf die Arbeit vorzubereiten; dadurch würde das Erleben gesteigert und die Wirkung des Ganzen erhöht. Wie ich die Menschen kenne, werden die meisten gleich in den Prozeß der eigentlichen Wegbahnung einsteigen wollen, aber vielleicht wollen doch einige lieber erst die Übungen machen, und ihnen empfehle ich für den Zeitraum von einer Woche folgende einfache Tagesroutine.

1. Nehmen Sie sich morgens vor dem Aufstehen 5 Minuten Zeit, um sich im Geiste ein möglichst klares Bild von Ihrem ersten Klassenzimmer zu machen. Lassen Sie sich Zeit und vergegenwärtigen Sie sich die Einzelheiten Stück für Stück, jeden Tag ein wenig mehr. Es braucht nicht unbedingt ein Klassenzimmer zu sein – das erste Schlafzimmer oder ein Raum, in dem Sie als Kind Ihre Ferien verbracht haben, tut's auch.
2. Suchen Sie sich ein Symbol, das für Sie eine Bedeutung hat, oder ein Bild, das nicht allzu kompliziert ist. Setzen Sie sich jeden Nachmittag 5 oder 10 Minuten, aber nicht länger, hin

und schauen Sie das Bild an; prägen Sie es sich genau 1 Minute lang ein. Schließen Sie jetzt die Augen und lassen Sie das Bild wie auf der Mattscheibe wieder vor Ihrem geistigen Auge aufsteigen. Lassen Sie es wieder fallen, sobald es da ist, und von neuem aufsteigen. Wiederholen Sie diesen Vorgang, bis Sie sich im Bruchteil einer Sekunde mit absoluter Klarheit an das Symbol oder Bild erinnern können.

3. Machen Sie am Abend oder kurz vor dem Schlafengehen im Geiste einen Spaziergang auf einem Weg, den Sie gut kennen. Es könnte Ihr Weg zur Arbeit oder zu Freunden sein, ein Feldweg, den Sie besonders lieben, oder auch ein Weg, der Ihnen aus Ihrer Kindheit noch ganz vertraut ist. Gehen Sie schön langsam und beobachten Sie so viele Details, wie Sie können. Versuchen Sie, sich an Geräusche und Gerüche und Bilder zu erinnern, denn je wirklichkeitsgetreuer Ihre Erinnerungen sind, um so besser wird die Wegbahnung gelingen, wenn sie endlich dazu kommen. Es macht nichts, wenn Sie mittendrin einschlafen; meist setzt sich die Arbeit auch im Schlaf noch fort. Es gibt sogar Okkultisten, die sich auf diese Art darin üben, von einem vorherbestimmten Gegenstand zu träumen, statt hinzunehmen, was ihnen ihr Unterbewußtsein auftischt.

Wenn diese drei einfachen Übungen eine Woche lang befolgt werden, wird die Gralssuche zu einer viel tiefergehenden Erfahrung. Falls Sie entschlossen sind, sich sofort auf die eigentliche Wegbahnung einzulassen, werden Sie vielleicht später einmal diese Wochenübung einfügen wollen, um danach zur Wegbahnung zurückzukehren. Sie werden staunen, wieviel besser es danach geht.

Alle Übungen mit gelenkter Phantasie sollten in einer ruhigen Atmosphäre stattfinden, die durch nichts gestört wird. Der plötzliche Überfall von Kindern oder Haustieren ist für das Üben nicht gerade förderlich. Vielmehr wirkt er so ähnlich, wie wenn man nachts aus dem Schlaf aufschreckt und dabei das deutliche Gefühl hat, daß noch jemand im Raum ist. Das Herz hämmert, der Atem geht schneller, und minutenlang hat man alle Orientierung verloren, während der Geist sich zu erinnern versucht, wo er ist, wo er war und wo er sein sollte.

Arbeiten Sie nicht öfter als zweimal die Woche mit Wegbahnung oder gelenkter Phantasie. Was wie harmlose Tagträumerei erscheint, ist alles andere als das. Sie werden jedoch merken, daß Sie nach jeder Übung deren Folgen besser verstehen und damit umgehen können. Nach einigen Malen werden die Bilder in Ihrem Geist verblassen und nur in Träumen in Erscheinung treten. Das ist aber nicht alles; Sie werden feststellen, daß auf einmal die sonderbaren Gesetze der Synchronizität ins Spiel kommen. Bücher, Ideen, Bilder, Unterhaltungen und Leute tauchen plötzlich auf, die alle einen Bezug zu Ihrer Gralssuche haben. Wenn sie klug sind, führen Sie genauestens Buch über alle Ereignisse vor, während und nach jeder Übung.

Zuletzt sinkt alles tief in die Erinnerung hinab, vielleicht für Jahre, um an die Oberfläche zu kommen, wenn Sie am wenigsten daran denken, unter Umständen als Vorbote einer neuen Veränderung in Ihrem Leben. Dann werden Sie womöglich die Auswirkungen erst in ihrem ganzen Umfang begreifen.

Wegbahnungen sind nicht insofern magisch, als sie in eine Art Disneyland entführen, sondern sie sind magisch in dem Sinne, daß sie auf Bereiche Ihrer selbst hinweisen, die noch unerforscht sind. Sie können auch als Karte für jene Bereiche dienen. Dem Unvorsichtigen stellen sie unter Umständen Fallen, dem Oberflächlichen halten sie mit vernichtender Wirkung einen Spiegel vor. Sie sind keine okkulten Spielzeuge und sollten auch nie als solche betrachtet werden.

Es wird Zeit, daß wir mit der Gralsarbeit beginnen, und wenn Sie die letzten Seiten mit Verstand gelesen haben, müßten Sie mit Ihrem ersten Versuch einen guten Erfolg haben und jedesmal mehr Klarheit gewinnen. Denken Sie daran, sich Notizen zu machen; Sie erleben einen veränderten Bewußtseinszustand, und Ihre Aufzeichnungen werden Ihnen helfen, Ihre Arbeit auszuwerten. Lassen Sie sich Zeit und vergegenwärtigen Sie sich alle Bilder so genau und klar, wie Sie können. Geben Sie nicht auf, auch wenn es Ihnen zu Anfang nicht allzugut gelingen will. Sollten Sie bei manchen Gegenständen besonders große Schwierigkeiten haben, sie zu visualisieren, gehen Sie ruhig ins Museum und schauen Sie sich dort etwas Ähnliches an, ehe Sie einen neuen Versuch wagen; Sie werden sehen, daß es dann leichter geht.

Die Reise zur Gralsburg

Für ein wirklich tiefes Erlebnis ist es gut, sich an gewisse Regeln zu halten. Es sollte ruhig sein, nichts Störendes eintreten können und eine zeitliche Routine eingehalten werden. Alle rituellen oder halbrituellen Übungen versetzen das innere Meer des Bewußtseins in eine rhythmische Wellenbewegung. Diese Wellen strömen heran und ebben wieder ab nach einem ganz bestimmten Muster; wenn Sie also eine Zeit festgelegt haben, versuchen Sie unter allen Umständen, sich bis auf einen Spielraum von wenigen Minuten daran zu halten. Ansonsten brauchen Sie nur noch einen bequemen Stuhl mit fester Rückenlehne und gedämpftes Licht im Raum.

Entspannung ist sehr wichtig, denn je tiefer sie ist, um so leichter läßt sich der Bewußtseinszustand verändern. Fangen Sie mit Ihren Füßen an und arbeiten Sie sich langsam bis zum Kopf

vor, wobei Sie besonders den Zonen Beachtung schenken sollten, die schnell vergessen werden, wie etwa die kleinen Muskeln hinter den Ohren oder zwischen den Augenbrauen.
Ein 4-2-4-2-Rhythmus von etwas tieferen Atemzügen als gewohnt wird Ihnen helfen, lockerzulassen und sich in einen entspannten, ruhigen Gemütszustand zu versetzen. Auch wenn Sie nie weiter als bis hierhin kommen, haben Sie sich etwas Gutes getan! Denken Sie an die Reise zur Gralsburg, die Sie unternehmen wollen, und versuchen Sie sich zu erinnern, was Sie durch vorbereitende Lektüre über den heiligen Kelch wissen.
Lassen Sie Ihren jetzt angenehm entspannten Geist zu einer Reihe von Bildern schweifen, die immer klarer werden, bis sie so wirklichkeitsgetreu wie nur möglich sind. Sie haben das Empfinden, am Ufer eines schnellfließenden Flusses zu stehen, der tief und kalt aussieht. Auf der anderen Seite erkennen Sie einen dunklen Wald, aus dem Lärm und Geraschel herauszudringen scheinen. Ihnen fällt ein, daß Sie oft davor gewarnt worden sind, den Fluß zu überqueren und in den Wald hineinzugehen. Dennoch fühlen Sie sich immer dorthin gezogen, als rufe Ihnen eine innere Stimme zu, die Warnung in den Wind zu schlagen.
Irgendwie haben Sie das Gefühl, daß der heutige Tag sich von allen anderen Tagen unterscheidet. Heute ist die innere Stimme viel stärker als je zuvor. Sie fühlen einen so unwiderstehlichen Drang, den Fluß zu überqueren und in den Wald einzudringen, daß nichts Sie zurückhalten kann. Sie gehen langsam am Fluß entlang und halten nach einer Furt Ausschau, wo Sie hinüberkommen. Unterwegs kommen andere Menschen auf Sie zu, Freunde, aber auch Verwandte. Wenn Sie gefragt werden, wohin Sie gehen, antworten Sie: »Über den Fluß und in den Wald hinein.« Entsetzen spiegelt sich auf den Gesichtern der anderen wider bei dieser Antwort, und sie flehen

Sie an, nicht zu gehen, sondern bei ihnen in Sicherheit zu bleiben. Der Wald sei erfüllt von seltsamen, schrecklichen Dingen, mordlustigen Ungeheuern oder Dämonen, die Ihnen die Seele rauben könnten. »Denk an deine Familie«, sagen sie, »bleib im Dorf.«

All diese Argumente treffen bei Ihnen jedoch auf taube Ohren, Sie gehen stetig weiter flußabwärts. Bald sind Sie ganz allein und fangen an, sich zu fragen, ob Ihre Freunde nicht doch recht hatten und sie vielleicht lieber umkehren sollten. Aber die innere Stimme spricht von Geheimnissen und hohen Ehren, die hinter dem dunklen Wald auf Sie warten. Einen Augenblick halten Sie inne und werfen einen Blick auf das in weiter Ferne liegende Dorf zurück. Tiefinnerlich wissen Sie, daß Sie auch dann, *wenn* Sie zurückkehren würden, nie wieder derselbe Mensch sein werden, daß Sie sich verändert haben, wie sich jemand verändert, der die Grenzen des Bekannten und Vertrauten gesprengt hat. Sie sind ein Außenseiter geworden.

Sie setzen sich wieder in Bewegung. Bald kennen Sie den Pfad nicht mehr, Sie haben längst die Ihnen bekannten Gebiets- und Ortsgrenzen überschritten. Sie sind glücklich und unbeschwert, als sei Ihnen eine Last von den Schultern genommen. Sie sind so gespannt, daß Ihr Rücken kribbelt, und beschleunigen unbewußt Ihre Schritte.

Die Sonne steht fast im Zenit, als Sie die Brücke sehen; sie glüht wie Feuer, und das Sonnenlicht tanzt in Regenbogenfarben darüber hin. Ihrer Form nach sieht sie aus wie jede andere Brücke, aber Sie spüren, daß sie nicht einfach einen Fluß überspannt, sie überspannt eine Grenze zwischen der Menschheit und... irgend etwas anderem, etwas, daß Sie noch nicht klar ausmachen können.

Wie Sie näherkommen, sehen Sie, daß die Brücke aus Glas ist,

so klar und durchsichtig wie der edelste Kristall. Die Sonnenstrahlen verwandeln sie in eine farbige Flammenpracht. Darüber zu gehen ist ein beängstigender Gedanke, aber Sie wissen, daß Sie es tun *müssen*, wenn Sie der beharrlichen inneren Stimme gehorchen, die Sie ständig vorangetrieben hat.
Sie gehen noch näher heran und sehen eine Gestalt neben dem glänzenden Glasbogen stehen. Sie trägt einen schwarzen Kapuzenmantel und lehnt sich schwer auf einen Stock aus Apfelbaumholz, dessen Spitze geschickt in Form einer Hand geschnitzt ist, die einen leuchtendgrünen Stein festhält.
Die Gestalt wirft ihre Kapuze ab und zeigt ihr seltsames, furchteinflößendes Antlitz. Zuerst meinen Sie, es handle sich einfach nur um eine alte Frau, aber bei näherem Hinsehen verwandelt sich das Gesicht in das Ihrer Mutter, Ihrer Schwester, in Ihr eigenes oder das eines geliebten Menschen, der im Dorf zurückgeblieben ist. Es ist jung, alt, schön und häßlich, weiß wie Porzellan, dann tiefschwarz, dann wieder goldfarben wie ein sonnengereifter Pfirsich oder von der Farbe alten Elfenbeins. Die Verwandlungen finden schnell nacheinander statt, bis Sie zurücktaumeln und sich die Augen zuhalten.
Jetzt ist die Stimme wieder zu vernehmen, streng, aber trotz aller Strenge voller Liebe. Sie schauen auf und sehen eine Frau ungefähr gleichen Alters wie Ihre Mutter, die Sie anlächelt. Vorüber sind die verwirrenden Verwandlungen, sie gleicht nun einfach anderen Frauen, die Sie kennen, hat jedoch eine Würde, die sie davon abhebt. Sie fragt, warum Sie so weit von daheim fort sind, und Sie erzählen ihr von der Stimme, die Sie über den Fluß und in den Wald hinein treibt.
Sie fragt, was Sie auf der anderen Seite zu finden hoffen. Überlegen Sie sich Ihre Antwort sehr genau. *Was* erwarten Sie denn von dieser Reise? Wenn Sie darüber nachgedacht haben, antworten Sie, und antworten Sie wahrheitsgemäß.

Die Frau fragt Sie dann, ob Sie ihrem Sohn, der in einer entlegenen Burg weit jenseits des Waldes wohnt, ein Geschenk mitnehmen können. Dafür wird ihr Sohn Sie entweder in seinen Dienst nehmen oder Ihnen erlauben, Ihre Reise fortzusetzen und weiterzusuchen.
Als Sie den Auftrag annehmen, zieht die Frau unter ihrem Mantel einen ledernen Ranzen hervor. Sie nimmt den Smaragd von ihrem Stock ab, steckt ihn in den Ranzen und händigt ihn Ihnen aus. Dann gibt sie Ihnen auch noch den Stock und sagt Ihnen, daß seine Kräfte Ihnen helfen werden, wenn Sie alles in Ihrer Macht Stehende getan haben und dennoch Hilfe brauchen. Nach diesen Worten tritt sie zur Seite und gibt Ihnen den Weg frei. Sie betreten die Brücke, gehen ein paar Schritte und drehen sich um, um der alten Frau Lebewohl zu sagen, aber sie ist fort. Auch das Flußufer ist verschwunden, ebenso das Wasser, überall ist nur wogender Nebel. Sie wissen, daß der Schritt, den Sie getan haben, unwiderruflich ist, daß die Entscheidung gefallen und nicht mehr rückgängig zu machen ist. Es ist kein Weg mehr da, Sie müssen vorwärts.
Obwohl aus Glas, ist die Brücke fest und sicher. Wie Sie durch den durchsichtigen Boden nach unten schauen, sehen Sie den Nebel drunten von Sonnenlicht erhellt. Vor Ihnen liegt das dunkle, bedrohliche Waldesgrün, das mit jedem Schritt näherkommt. Die Erinnerungen an das hinter Ihnen liegende Leben werden schon schwächer, und nur unter großen Anstrengungen können Sie sich an das Dorf erinnern, in dem Sie einst zu Hause waren; selbst Ihr Name ist Ihnen fremd, und als Sie das andere Ufer erreichen, ist alles weg. Sie haben keine Vergangenheit mehr, und Ihre Zukunft muß sich erst noch gestalten. Nur die Gegenwart zählt.
Auf der anderen Seite der Brücke öffnet sich der Wald, nimmt Sie auf und schließt sich wieder zusammen; nur der Fluß und

eine schlichte Steinbrücke träumen im Sonnenlicht, als wären Sie nie dort gewesen.
Zuerst wirkt der Wald schwarz wie die Nacht, aber sobald sich Ihre Augen an das gedämpfte Licht gewöhnt haben, sehen Sie klarer. Es ist, als wären Sie unter Wasser, wo alles durchscheinend grün ist. Sie schreiten vorwärts und schauen umher; die Bäume stehen in Reih und Glied wie stramme Soldaten, und in ihren Zweigen leuchten plötzlich die Farben der Vögel auf, die von Baum zu Baum fliegen. Das Unterholz ist sehr dicht, überall rascheln kleine Tiere herum, die aus ihrem Versteck mit Augen wie kleine funkelnde Edelsteine zu Ihnen herüberspähen.
Allmählich können Sie die Spuren eines Fußpfades im dichten Grün erkennen. Er ist schmal und ausgetreten, als hätten ihn einzelne Pilger über einen langen Zeitraum hinweg gangbar gemacht. Er windet sich viele Meilen lang um die Bäume herum, und schließlich halten Sie an, um ein Weilchen zu rasten. Ihr Magen knurrt, und Ihre Kehle ist völlig ausgetrocknet. Ihr Ruhebedürfnis ist ebenso groß wie Ihr Hunger und Durst.
Da sitzen Sie nun, fast bewegungsunfähig vor Müdigkeit, den Stock locker in der Hand, und fragen sich, ob es wohl Wasser in diesem Wald gibt oder vielleicht auch eßbare Beeren. Plötzlich zuckt der Stock in Ihrer Hand, als wenn er Sie ziehen und zum Aufstehen bewegen wollte. Sie erinnern sich an das, was Ihnen die alte Frau über seine Kräfte gesagt hat, und kommen wieder auf die Beine. Das Zerren wird stärker, als wenn der Stock ungeduldig würde. Unter der Führung des Stockes, der Sie hierhin und dorthin zieht, arbeiten Sie sich zwischen den Bäumen durch, bis Sie an einer kleinen Lichtung ankommen, an deren einer Seite ein klarer Bach fließt und in deren Mitte ein Apfelbaum voller reifer roter Äpfel steht.
Sie trinken erst einmal, das Wasser ist sehr kalt und erfri-

schend; dann greifen Sie nach einem Apfel. Doch der Ast weicht Ihnen aus, und einen Augenblick lang kommen Sie sich höchst albern vor... Sie langen wieder nach oben, und wieder entzieht sich der Ast Ihrer Hand. Wie sehr Sie sich auch bemühen, der Baum läßt nicht zu, daß Sie sich einen Apfel pflücken. Mittlerweile sind Sie ausgehungert und ärgern sich ein bißchen. Als Sie mit dem Stock einen Apfel herunterschlagen wollen, öffnet sich die hölzerne Hand, packt einen Apfel und pflückt ihn ab. Jedesmal, wenn Sie den Stock hochheben, reißt er einen weiteren Apfel ab. Sie müssen lachen, setzen sich zum Essen hin und genießen die Ruhepause. Der Stock liegt ruhig an Ihrer Seite. Er hat offenbar nicht nur besondere Kräfte, sondern auch seinen eigenen Kopf. Ein angenehmes Gefühl, als hätten Sie einen Gefährten auf dem langen Weg. Sie streicheln die hölzerne Hand; sie öffnet sich und ergreift sanft Ihre Finger, mit Wärme und Freundlichkeit.

Ein paar Äpfel stecken Sie in den Ranzen; dankbar für die Hilfe von Stock und Baum, graben Sie die Apfelkerne in einigem Abstand vom Mutterbaum in die Erde, vielleicht keimen sie und tragen eines Tages Frucht für einen anderen Reisenden. Sie sind bereits ein anderer Mensch als vorher, allmählich wird Ihnen bewußt, daß Sie ein Teil Ihrer Umgebung sind und, was noch wichtiger ist, ein Teil aller Zeiten, nicht nur derer, in der Sie zufällig leben. Ausgeruht und erfrischt nehmen Sie den Stock und gehen weiter in die wachsende Dunkelheit hinein.

Bald ist absolut kein Licht mehr da, auch kein Mond, und Sie stolpern und fallen oft hin, aber Sie dürfen nicht rasten. Bei Ihrem nächsten Sturz fällt Ihnen der Stock aus der Hand, und Sie tasten im Dunkeln nach ihm. Da ergreift auf einmal die hölzerne Hand die Ihre, führt sie zum Ranzen und zerrt an der Schnalle. Eingedenk dessen, daß sie Ihnen zuvor schon geholfen hat, öffnen Sie den Ranzen. Ein leuchtendgrünes Licht

strahlt heraus und bescheint die Bäume im Umkreis. Sie holen den Stein heraus, und sofort ergreift ihn die Hand wie zuvor bei der alten Frau. Sie heben den Stock hoch, und er beleuchtet den ganzen Pfad und macht ihn leicht gangbar und sicher.
Wie Sie so durch den Wald schreiten, beschleicht Sie trotz des Lichts von dem Stein ein unbehagliches Gefühl, denn überall ringsumher raschelt und knistert es, so daß Ihnen schließlich die Haare zu Berge stehen. Aber Sie sagen sich, daß Stock und Stein Sie leiten werden, wenn Sie ihnen Glauben und Vertrauen entgegenbringen.
Als Sie weitergehen, hören Sie die Stimme wieder, die so lange schon in Ihren Ohren klingt, nur scheint sie jetzt von dem großen Smaragd auszugehen, der fest in der hölzernen Hand des Stocks liegt. Sie vergessen, wie merkwürdig das ist, und horchen genau hin. Sie spricht von Mut und Vertrauen, von Entschlossenheit und Verständnis. Sie erzählt Ihnen von großen Taten und von denen, die sie vollbracht haben in der Zeit, als die Erde noch jung war. Voller Zuversicht gehen Sie durch den Wald, der Stock liegt warm in Ihrer Hand, und der Stein leitet Ihre Füße und Ihren Geist.
Die Morgendämmerung bricht an, der Wald lichtet sich, und obwohl Sie nicht geschlafen haben, fühlen Sie keine Müdigkeit, als hätte der Stein Sie die lange Nacht hindurch gestärkt. Sie bleiben bei einem Weiher stehen, um zu trinken und einen Apfel zu essen, und wie Sie sich über das Wasser beugen, sehen Sie darin Ihr Spiegelbild. Sie erkennen sich kaum wieder; fort sind Unschlüssigkeit und Ziellosigkeit, das Gesicht, das Sie anschaut, hat ruhige Augen, in deren Tiefe es smaragdgrün schimmert.
Sie brauchen das Licht des Steins nicht länger, nehmen ihn aus der hölzernen Hand und stecken ihn wieder in den Ranzen, und dann wandern Sie mit dem Stock in der Hand aus dem Wald heraus.

Vor Ihnen liegt ein Berg mit schneebedecktem Gipfel; er sieht unbezwingbar aus, aber Sie müssen hinauf, wenn Sie Ihre Suche fortsetzen wollen. Einen Augenblick lang sinkt Ihnen das Herz, Sie fühlen sich verlassen und haben Angst, doch da glüht der Stock warm in Ihrer Hand, Sie schauen hin, und ein Finger der hölzernen Hand deutet nach oben.
Zu Anfang ist der Aufstieg nicht allzu schwierig, aber nach ein paar Stunden Klettern wird es qualvoll, sich an winzigen Felsspalten festzuklammern und sich Zentimeter um Zentimeter hochzuziehen. Erst hatten Sie den Stock auf den Rücken geschnallt, doch er verrutscht dauernd, und so hilft er Ihnen jetzt beim Klettern, er erreicht Felsritzen zum Festhalten, die für Sie zu weit entfernt sind, und bietet Ihnen sicheren Halt, während Sie sich einige kostbare Handbreit weiterarbeiten.
Ihr ärgster Feind ist die Kälte, der Wind droht, Sie von der Felswand zu blasen, Ihre Finger sind fast zu klamm, um noch zu greifen, und Ihre Glieder sind allmählich völlig kraftlos. Mit letzter Anstrengung können Sie sich zu einem kleinen Felsvorsprung dicht unter dem Gipfel aufschwingen, und dort kauern Sie sich nieder, so müde und fröstelnd, daß Ihnen Ihre Reise gleichgültig ist; die Kälte packt Sie mit eisigem Griff.
Plötzlich erinnern Sie sich an die Hilfe, die Ihnen der Stein bisher geleistet hat, vielleicht hilft er Ihnen noch einmal, denn Sie haben alles in Ihrer Macht Stehende getan und brauchen jetzt Hilfe. Mit kältestarren Fingern machen Sie sich an der Schnalle zu schaffen, aber als Sie in den Ranzen hineingreifen, ist kein Stein darin, nur ein einfacher Silberteller. Jetzt können Sie die Tränen nicht mehr zurückhalten, sie rollen über Ihr kaltes Gesicht und erstarren zu Eis. Sie hatten auf Hilfe gehofft und sind enttäuscht worden. Die Sonne breitet hier oben einen satt orangenen Schein über die schneebedeckte Bergkuppe, aber Sie haben im Augenblick keinen Sinn für diese Schönheit.

Die hölzerne Hand an dem Stock streckt sich aus, nimmt den Teller und fängt damit die Sonnenstrahlen auf. So werden sie reflektiert und verdoppeln ihre Kraft, sie scheinen warm auf Ihr Gesicht und wecken neue Hoffnung in Ihnen. Aber Sie brauchen mehr Wärme zum Überleben. Nun legt sich der Stock den Sonnenstrahlen in den Weg, und ehe Sie es verhindern können, geht er in Flammen auf. Bei dieser jähen Hitze kehrt Gefühl in Ihre Hände und Füße zurück. Nur haben Sie dadurch Ihren Freund und Gefährten verloren, und von Kummer überwältigt, weinen Sie voll abgrundtiefer Verzweiflung. Es ist, als sei der Stock ein Teil von Ihnen gewesen und nun für immer verloren. Das Gefühl des Einsseins mit dem hölzernen Stock und dem Stein hat Ihnen die Augen geöffnet für die erhabene Wahrheit von der Einheit allen Lebens, sei es dem eines Baumes oder eines Kristalls aus dem klopfenden Herzen der Erde.

Das Liebesopfer Ihres kleinen hölzernen Freundes muß wiedergutgemacht werden. Sie heben den Teller auf und stecken ihn in den Ranzen, dann schauen Sie sich um. Am Ende des Felsvorsprungs scheint eine kleine Höhle zu sein; wie sich herausstellt, ist es keine Höhle, sondern ein Tunnel zur anderen Bergseite hinüber. Sie durchqueren ihn, und vor Ihnen liegt ein zerklüfteter, unebener Pfad, der in ein wüstes Land hinabführt.

Sie klettern hinunter, vermissen allerdings das warme Holz in Ihrer Hand, spüren aber auch innerlich, daß Sie sich wieder geändert haben, daß Sie den tieferen Sinn von Kummer und Leid begriffen haben, und Sie fragen sich, was noch alles auf Sie zukommen mag. Doch als Sie die Wüste erreichen, gibt es kein Zögern mehr, Sie wandern geradewegs hinein und halten instinktiv auf eine dunkle Stelle am Horizont zu. Beim Gehen verspeisen Sie die letzten Waldäpfel, sie spenden Ihrer ausgetrockneten Kehle willkommene Feuchtigkeit; aber schon bald ist Ihr Mund wieder trocken und ausgedörrt, und Sie denken voller Sehnsucht an den Schnee auf dem hinter Ihnen liegenden Berg zurück. Die Hitze scheint mit jedem Schritt zuzunehmen. Sie blinzeln in dem grellen Licht zu einer Ansammlung von Felsblöcken hinüber. Von dort kommt das herrliche Geräusch murmelnden Wassers, zauberische Musik in Ihren Ohren. Aber vor der Quelle, die Sie jetzt deutlich erkennen, steht ein Wächter mit gezogenem Schwert.

Habgier und Ärger zeichnen sich auf seinem Gesicht ab, er wird nicht einmal mit denen teilen, die in höchster Not sind. Irgend etwas im Gesicht dieser Gestalt kommt Ihnen seltsam vertraut vor; doch Ihr Durst ist inzwischen so groß, daß Sie sich das Wasser erbitten, erflehen, ergaunern oder erkämpfen werden. Der Gedanke schießt Ihnen durch den Kopf, was wohl der Sohn der alten Frau dazu sagen wird, daß der von ihm erwartete Stein nunmehr ein Silberteller ist. Dann fällt Ihnen ein, wie der Teller auf dem Berg die Sonnenstrahlen reflektiert hat, vielleicht geht es noch einmal. Sie könnten den Wächter so lange blenden, bis Sie getrunken haben und wieder unterwegs sind.

Sie greifen in den Ranzen, um den Teller herauszuholen, aber er ist nicht mehr da; statt dessen faßt Ihre Hand einen kleinen Speer. Einen Augenblick lang sind Sie starr vor Schreck, doch dann beginnt der Speer in Ihrer Hand zu wachsen, bis er eine normale Größe und ein normales Gewicht hat. Das Herz wird Ihnen schwer, als Ihnen bewußt wird, daß Sie den Wächter offenbar töten sollen.

Zuerst wehren Sie nur seine Angriffe ab, aber bald macht sich der Wassermangel bemerkbar, und da wissen Sie, daß Ihre Zeit gekommen ist. Ihr Wurf ist sicher und gut, aber sowie die Speerspitze den Körper Ihres Gegners durchbohrt, durchzuckt auch Sie ein schrecklicher Schmerz. Der Gefallene liegt still,

Sie hingegen erleiden nun die Schmerzen und Qualen seiner Verwundung. Es ist kein Blut, keine Wunde da, und trotzdem hält der Schmerz an. Ein Teil Ihrer selbst stirbt, muß sterben, um verwandelt zu werden. Sie taumeln zur Quelle, der Speer fällt Ihnen aus der Hand und liegt im Sand neben Ihnen. Das Wasser ist süß und kühl, und Sie stillen Ihren Durst. Während Sie dort liegen und wieder zu Kräften zu kommen suchen, kommt Ihnen der Gedanke, der Wächter sei vielleicht gar nicht tot. Es wäre barmherzig, ihm Wasser einzuflößen. Sie halten Ausschau nach einem Gefäß. Wo zuvor der Speer lag, liegt jetzt ein silberner Kelch.

Sie grübeln nicht mehr über diese Verwandlungen nach, füllen den Kelch bis zum Rand und tragen ihn zu dem gefallenen Gegner. Als Sie das staubige Haupt hochheben, blicken Sie in Ihr eigenes Antlitz, sehen Sie, wie Ihre eigenen Augen brechen, und sanft benetzen Sie Ihre eigenen Lippen mit dem Wasser. Sie warten still, bis die Augen nichts mehr sehen, dann drücken Sie sie zu und häufen kleine Felssteine über die Leiche. Danach nehmen Sie den Kelch und schreiten auf den schroffen Granitfelsen zu, der jetzt bedrohlich nahe ist.

Beim Gehen nehmen Sie einen silberhellen Klang wahr, wie die Stimme des Steins. Er geht von dem Kelch in Ihrer Hand aus; Sie merken, daß Sie den Ranzen zurückgelassen haben, aber Sie halten den Kelch fest umklammert. Die Stimme singt Ihnen in silberhellem Ton von einem, der sich auf eine lange, einsame Reise wagte, damit aus Leid und Elend ein neues Leben entspringe. Sie trauern um den Stock, und Sie trauern um das Selbst, das Sie getötet haben.

Unterwegs wird der Kelch immer schwerer, bis Sie ihn kaum noch tragen können; Sie schaffen es aber doch, irgend etwas in Ihnen hält Sie in Gang, und so setzen Sie einen Fuß vor den andren. Taumelnd und über das Maß des Erträglichen hinaus erschöpft, erreichen Sie den Fels. Der Gesang des Kelches ist jetzt zu einem Freudengesang angeschwollen, und Sie werden von dem Gefühl durchdrungen, etwas so Unermeßlichem und Herlichem anzugehören, daß Sie es weder fassen noch in Worte kleiden können.

Vom Fuß des Felsens aus windet sich ein steiler Weg empor; beim Hinaufklettern haben Sie das Empfinden, den Gipfel nie zu erreichen. Wie Sie sich weiterkämpfen, gibt der Kelch einen lieblichen Begrüßungsruf von sich, der von einer anderen Stimme in Ihrer Nähe beantwortet wird, und da schreitet an Ihrer Seite die alte Frau. Sie wirkt jetzt gar nicht so alt und trägt auch nicht den schwarzen Mantel. Ihre Kleider sind aus kostbarem Samt und Brokat, und ein weißgesäumter Umhang aus blauer Seide fällt von ihren Schultern herab. Sie geht neben Ihnen her und ermutigt Sie zu den letzten paar Schritten bis zum Gipfelende des Weges.

Der Kelch ist mittlerweile so schwer, daß Sie ihn kaum zu tragen vermögen. Doch oben am Ende des Weges warten vier starke Männer mit einer Trage. Die Frau bedeutet Ihnen, den Kelch darauf zu stellen, und dann bewegt sich der feierliche Zug auf eine Burg inmitten herrlicher, baumreicher Gärten zu. Als Sie näherkommen, schwingen die Tore auf, und viele Leute strömen herbei und heißen Sie und Ihre Begleiter willkommen.

Sie betreten die Burg und kommen in einen großen Saal. Er ist sechseckig und hat auf allen Seiten Fenster aus Kristall. In der Mitte des Saals, genau am Fuß der Stufen, die zu einem Thron aus Gold emporführen, wird die Trage niedergesetzt. Die Herrin tritt vor und wartet neben dem Kelch; er fängt so an zu leuchten und vor Licht zu vibrieren, daß Sie von der Helligkeit geblendet werden. Als der Schein vergeht, ist der Kelch weg; an seiner Stelle steht ein Knabe mit einem strahlenden Antlitz wie die Sonne selbst.

Die Herrin wendet sich zu Ihnen hin, sie hat sich wieder verwandelt und ist jetzt jung und schön. Sie dankt Ihnen, Ihr Versprechen gehalten zu haben, ihrem Sohn das Geschenk zu bringen. Sie fragen, wie das denn sein könne, da das, was sie Ihnen gegeben habe, sich viele Male verwandelt habe, zuletzt in den Sohn selbst. Sie lacht darüber, und der Knabe kommt herbei und nimmt Sie bei der Hand. Er schaut zu Ihnen hoch und lächelt: »Du bist das Geschenk, das mir meine Mutter gesandt hat«, sagt er. Er geht auf den Thron zu, und dabei verwandelt er sich in einen Mann auf seinem Thron. Er fragt Sie, ob Sie ihm dienen oder lieber wieder auf die Suche gehen wollen. Die Antwort liegt ganz bei Ihnen.

Sie fragen nach allem, was Sie zutiefst verwundert hat, nach dem Stock, dem Apfelbaum und dem Wächter an der Quelle in der Wüste. Apfelbaum und Stock, erklärt Ihnen die Herrin, seien der Teil von Ihnen, der unterhalb Ihres Denkens liege. Wie ein treuer Hund sei er nur auf Dienen bedacht gegen ein wenig Zuwendung und die Befriedigung der Bedürfnisse. Manchmal sei er sich selbst im Wege wie damals, als Sie einen Apfel zu pflücken versuchten. Aber bei ein wenig Überlegung könne er dazu überredet werden, das Nötige herauszugeben. Es sei auch dieser Teil Ihrer selbst, der dem organischen Leben auf der Erde angehöre und der Ihnen habe helfen können, als Sie sich mehr mit ihm anfreundeten. Er habe bereitwillig seine Gestalt verändert, um Ihnen zu dienen, so wie Sie sich wandelten, um dem König zu dienen.

Der Wächter sei der Hüter der Schwelle gewesen, er war all das, was nicht länger Teil Ihres neuen Ichs war und das Sie durch das »Töten« umgewandelt hätten und dem durch Sie, da Sie es erkannten und bei ihm blieben, bis es sich »verwandelt« hatte, die Macht verliehen wurde, sich in einer neuen Gestalt in Ihrem Innern wiederzubeleben. Nunmehr seien Sie sich Ihrer in einem Körper vereinten mannigfaltigen Aspekte des Selbst bewußt. Sie alle unterstünden der Herrschaft des inneren Königs, doch verdankten Sie Ihr Königtum dem vor Ihnen thronenden göttlichen König, dem Sie dafür die Lehenstreue schuldeten. Der Apfelbaum, dessen Früchte Sie in sich aufnahmen, sei das Wissen, der Stock, der Sie führte und wärmte, das Verstehen, und der Wächter die umgewandelte Weisheit. Das alles hätte von nun ab seinen Platz in Ihrem Innern.

Die Herrin bringt ihrem Sohn den Silberkelch, und der König winkt Ihnen und gebietet Ihnen, niederzuknien. Und er reicht Ihnen den Kelch der Kelche, angefüllt mit ihm selbst. Es ist, als tränken Sie reinstes Licht, das Ihr ganzes Wesen und Wissen erfüllt, und Verständnis und Weisheit verschmelzen in Ihrem Innern mit der Liebe. Das Licht wird immer heller, und als es verblaßt, sind König und Herrin, Burg und Kelch fort. Sie stehen neben einer Steinbrücke, die sich über einen rauschenden tiefen Fluß spannt.

Ihre Freunde kommen auf Sie zu, sie waren fischen und tragen einen guten Fang heim. Es ist, als sei nichts geschehen. Jetzt haben sie Sie gesehen und rufen, Sie sollten zu ihnen kommen. In ihren Augen sind Sie nie vom Dorf fortgewesen, Sie haben nur in den Tag hinein geträumt, wie immer. Aber Sie wissen im tiefsten Innern, daß Sie weiter fort waren als am Ende der Welt und nie wieder genauso wie vorher sein werden.

Manche Erinnerungen werden blasser, aber das kümmert Sie nicht, denn Sie wissen, daß sie wiederkehren, wenn Sie sie brauchen. Für die Zwischenzeit haben Sie eine Gedächtnisstütze. Sie heben den Apfelholzstock zu Ihren Füßen auf: Heute abend werden Sie an einem Ende eine Hand schnitzen, während Sie einem der Geschichtenerzähler zuhören. Eines Tages werden auch Sie ein Erzähler sein, aber Ihre Geschichten werden eine Weisheit enthalten, die einer inneren Reise vor langer Zeit entspringt. Vielleicht werden Sie eines Tages jemanden finden, dem Sie die wahre Geschichte erzählen können. Vielleicht wird er den Weg über die Glasbrücke in den Wald nehmen. Sie wissen aber auch, daß Sie die Brücke selbst wiederfinden werden, wenn die Zeit dafür reif ist, und dann brauchen Sie nicht mehr zurückzukehren.

ANMERKUNGEN

1 Siehe John Matthews, Kap. 4 des vorliegenden Buches.
2 Siehe B. Cleeve, Kap. 7 des vorliegenden Buches.

12

GLATISANT UND DER GRAL: EIN FRAGMENT DER ARTUSSAGE

Peter Lamborn Wilson

Bisher haben wir uns mit der Macht der Gralsvorstellungen und ihrer Kraft befaßt, sowohl innerliche als auch äußerliche Veränderungen hervorzurufen. Es erscheint daher angemessen, die Bilder zum guten Schluß noch einmal auf höherer Stufe zusammenzufassen und in die Alchemie eines neuen Werkes hineinzunehmen, das aus dem alten entsteht, oder, wie es der Autor macht, es aus den Fragmenten des alten zu rekonstruieren. Auch hieran können wir, wenn wir mit den Rittern dieser Sage wachen, lernen, auf unserer eigenen Suche bis zur Quelle vorzustoßen. Was die Tafelrunde spaltet, ist, mit Peter Lamborn Wilsons Worten, die Suche »nach immer höheren Riten und tieferem Verrat«, eine Gefahr, die allen Gralssuchern droht. Wenn wir zwischen den Zeilen lesen, merken wir, daß der Gral zwar verschiedenste Form annehmen kann, sein Wesen jedoch in keiner von ihnen oder in allen zugleich liegt und der Suchende einen Pfad zwischen den Mysterien hindurch zum großen Geheimnis finden muß. In diesem scheinba-

ren Paradox ist der ganze Mythos des Grals bloßgelegt. Denn aus allen Gegensätzen entsteht Harmonie, die Aufhebung aller Wahrheiten in einer einzigen Wahrheit – der, nach der alle Gralssucher suchen. Zweck dieses Buches war es, ein paar Hinweise für den Weg zu geben. Ob das gelungen ist, bleibt der Entscheidung des Lesers überlassen.

Daß Malory ein großer Dichter und nicht nur eine literarische Kuriosität ist, liegt daran, daß er wie Homer und Ovid am Angelpunkt zwischen einer epischen und einer literarischen Tradition steht – er sammelte den »Stoff« eines Volkes systematisch und ordnete eine Fülle mündlicher und handschriftlicher Überlieferungen in einer Weise – mit großer Geduld und Genauigkeit –, daß spätere Generationen in ihm eine Fundgrube von Archetypen sahen. Stilmäßig hat Malory, wenn man ihn in der alten, nicht modernisierten Textfassung liest, eine wunderbare Ausdrucksform für seinen Stoff gefunden, dichte, wiederholungsreiche kadenzierte Prosa oder das epische Gedicht, in dem nichts erklärt, aber alles anschaulich gemacht ist. Malorys strenge Musikalität verbietet eine direkte Einmischung von seiten des Autors; all seine psychologischen und spirituellen Einsichten sind in die *Erzählung* selbst eingebettet, in die *Oberfläche* seiner Kunst, das heißt in Stil und Handlung. Seine Unvollkommenheiten erscheinen in diesem Licht fast wie die Unvollkommenheiten des Lebens – in das sich stets irrationale Elemente und unbeantwortete Fragen einmischen. *Der Tod Arthurs* ist breit angelegt und deckt dadurch einen gewaltigen Bereich ab.
Die brillant gezeichnete, komplexe Gestalt des Sarazenerritters Palamydes war für mich immer der Inbegriff oder zumindest das Symbol des *orientalischen Anteils* an der Artusrunde. Lei-

der ist der Palamydes, der von Elie de Boron (der Gefährtin Robert de Borons, einer hochmystischen Autorin) stammen soll und die Lieblingslektüre Friedrichs II. und Ariostos war, nie übersetzt worden, und ebensowenig gibt es eine Übersetzung des Sammelwerks von Rusticano da Pisa, dem Kerkergenossen und Sekretär Marco Polos. (Da ich im folgenden Text ismaelitische Motive aufgreife, finde ich es faszinierend, daß Marco Polo die Ismaeliten oder »Assassinen« von Alamut aus erster Hand kannte. Seine Sage von den Assassinen mag nicht unbedingt auf Tatsachen beruhen, aber in ihrer Symbolsprache ist sie wohlbegründet. Interessant ist auch, daß die Assassinen den Troubadouren und Jokulatoren bekannt waren, die sie poetisch als Sinnbild des glühenden Liebhabers verwandten.)

Auf jeden Fall krankt eine gelehrte Analyse der persischen und arabischen Einflüsse auf unsere Autoren unweigerlich daran, daß die Themen und Motive von den europäischen Geschichtenerzählern total durcheinandergewürfelt und die sprachlichen Formen völlig entstellt wurden. Der Westen trug Scheuklappen, wenn er irgend etwas vom Feind annahm. Wer östliche und westliche Elemente zu entwirren versucht, ist auf seine Intuition angewiesen, denn er wird kaum literaturwissenschaftlich oder historisch vorgehen können (siehe Kap. 2).

Aus diesem Grund habe ich, als ich um einen Aufsatz zu diesem Thema gebeten wurde, mich davon anregen lassen, einen Plan auszuführen, der mir schon lange im Sinn lag, seit ich Malory in Persien erneut gelesen hatte, wo ich Sufismus und ismaelitische Esoterik studierte: selbst eine Folge von Prosagedichten oder gedrängten Textkadenzen zu schreiben, in deren Mittelpunkt der sarazenische Ritter stehen sollte, mit dem gewollt fragmentarischen Charakter (etwa wie die neugebauten Ruinen des 18. Jahrhunderts) eines Ritterromans. Die direkte Verknüpfung dieses Stoffs mit der Gralssage bot die Motive und

Strukturen, die mir noch gefehlt hatten. Ich habe einiges von Malory gestohlen, manches aufgegriffen und erweitert, was er nur angedeutet hat, und Elemente aus anderen Gralstexten entlehnt, unter anderem von Wolfram von Eschenbach, Bediers Version des Tristan (eines modernen Meisterwerks der Romanzenkompilation) und dem *Mabinogion*.

Das Ganze habe ich mit sufistischen und ismaelitischen Symbolen und »Mythen« durchsetzt, von denen ich meine, daß sie Teil des sarazenischen Erbes des Palamydes sind. Die Fußnoten auf manchen Seiten sollen gewisse historische, in östlichen Lehren wurzelnde Elemente erklären, von denen der westliche Leser meist nichts weiß, und zusätzliche (wirkliche und imaginäre) Informationen liefern, die nicht aus dem Inhalt hervorgehen. Die Stellen, auf die sich eine Fußnote bezieht, sind am Rande des Textes durch ein Sternchen gekennzeichnet.

Ich setze voraus, daß dem Leser Malorys Werk zumindest nicht gänzlich unbekannt ist, und habe mir nicht die Mühe gemacht, die Figuren und Charaktere näher auszuführen, die im Grunde dem *Tod Arthurs* entnommen sind. Ich habe mich bemüht, Malory von einem »sarazenischen« Standpunkt aus nachzuerzählen und Fäden, die Malory fallenlassen hat, auf ästhetisch befriedigende Weise zu Ende zu spinnen.

I

Parzival, Galahad und Bors, bei ihrer Suche nach dem Gral auf einem Tiefpunkt angekommen, stolpern über Palamydes den Sarazenen, der vor Jahren vom Artushof verschwand.

Wochenlang ritten sie, ohne eine Menschenseele zu treffen; dann eines Mittags, als sie blindlings dem Lauf eines Flusses folgten, tappten sie auf eine Lichtung, weitab von Logres und ebenso fern von Monsalvache, und benommen von der stickigen Hitze des wirren Waldes bemerkten sie gar nicht, daß die Schneise schon besetzt war: Ein Ritter saß dort und polierten sein Schwert, ans Moospolster einer schattenspendenden Eiche gelehnt, bekleidet mit einem abgetragenen schwarzen Gewand von eigentümlicher Machart, ähnlich einer Mönchsrobe; seine schwarzen Schuhe wurden an den Fußgelenken von Bändern aus getriebenem Gold zusammengehalten; neben ihm im Gras lagen Helm und Rüstung, lackschwarz und mit Goldverzierungen; seine Haut war so dunkel, daß er kein Britannier sein konnte, seine Augen funkelten schwarz, und sein Bart wallte in zwei langen Strähnen über seine Brust wie die Schwingen eines zornigen Raben.
Die drei zügelten ihre Pferde, der Ritter war auf den Füßen und sah ihnen entgegen, das Schwert locker in der Hand; ein Page, ganz in weiches karmesinrotes Leder gekleidet, sprang auf und rannte zu einem blitzverkohlten Baumstumpf, an dem ein großes schwarzes Streitroß festgebunden war und ein Schild lehnte; der Knabe begann, den Schild (der so schwer war, daß er ihn nicht

tragen konnte) zu seinem Herrn zu zerren; darauf war
* eine Hand aus Gold in einem schwarzen Feld.

Parzival rief sogleich: »Herr, wir wollen Euch nichts zuleide tun. Ich erkenne Eure Waffen, obwohl ich sie seit meiner Kindheit nicht gesehen habe. Wenn Ihr nicht die Farben eines anderen tragt, seid Ihr Herr Palamydes, den Lanzelot neben sich selbst und Herrn Tristan den größten Ritter von ganz Britannien und Armorica nannte.«

»Es ist, wie Ihr sagt«, erwiderte der schwarze Krieger, »aber ich fürchte, ich kann Euch nicht die Höflichkeit erweisen, Euch und Eure Gefährten mit Namen zu begrüßen, denn ich kenne keinen von Euch, noch weiß
* ich, welche Bedeutung Euer Wappenbild hat.«

Als Parzival sich und seine Gefährten vorgestellt hatte, sagte der ältere Ritter: »Ich erinnere mich an Euch, Parzival, Ihr wart ein Kind, dessen außergewöhnliche Tugend von einer großen Torheit verdeckt wurde, nicht für die anderen, sondern auch für Euch selbst« – und die drei jungen Ritter wunderten sich über diese Worte.

Die Hand Fatimas, Emblem der Fatimiden-Dynastie in Kairo (oder »Babylon«), wo der Vater des Palamydes seinen Grundbesitz hatte. Die fünf Finger symbolisieren die fünf »Pfeiler«, die Familie des Propheten, und die nach unten weisende Hand steht für ihre Nachkommen, die Imame. Schwarz und Gold oder Schwarz und Grüngold sind die Farben der letzten zwei Kreise des Paradieses und der letzten beiden Stufen des alchemistischen Prozesses.

Rote Kreuze auf weißem Grund, in der Mitte der Gral in Gold.

»Ich kann Euch nichts anbieten außer ein wenig Brot und Wein, doch das nehmt bitte an; ich habe seit Jahren nichts vom Hofe gehört, ich sehe, daß Ihr vom Reiten wund seid und in dieser Hitze dem Ersticken nahe. Warum erfrischt Ihr Euch nicht in jenem Strom, trinkt dann und berichtet von Euren Abenteuern; und erzählt mir von König Artus, dessen Namen ich immer dienen werde.«

Es kam ihnen vor, als sei ihnen auf ihrem dürren Weg noch nie solche Artigkeit begegnet, und sie wunderten sich im stillen über Palamydes – bei Hofe hätte er wild und fremd gewirkt mit seiner Dunkelheit, und doch atmeten seine Worte hier in diesem pfadlosen Wald feinste Lebensart. In diesem Paradox lag etwas Zauberisches – dabei konnten sie keinen Grund finden, seinen Rat und seine Gastfreundschaft abzulehnen. Außerdem wußten sie, daß jeder Zufall für sie eine Bedeutung hatte, jede Begegnung ihnen einen neuen Weg ins Abenteuer weisen mochte, denn sie ließen sich treiben wie Blätter auf jenem kühlen Strom und vertrauten darauf, daß der Gral und seine Boten ihre Geschicke lenkten.

Nachdem sie sich erfrischt und mit Palamydes und seinem Knappen das Brot gebrochen hatten, erzählten sie ihm von Logres, von der Königin und Lanzelot, von Artus' Leiden und dem Verderben, das über der Tafelrunde schwebte, und über all das weinte Palamydes. Dann sprachen sie von der Erscheinung des Grals, von ihrer Suche und ihren Mißerfolgen; darüber staunte nun Palamydes sehr, und noch eine ganze Weile, als sie verstummt waren, schwieg auch er, strich sich den Bart und starrte in die untergehende Sonne (die die Zweige

der Bäume mit bernsteingelbem Licht übergoß und stahlblaue Schatten auf die lange Wiese brannte); Vögel jagten ihre Nahrung und jubelten; der junge Page stahl sich davon, um Feuerholz zu sammeln, und noch immer warteten sie, daß Palamydes sprechen möge.
»Laßt uns ein Feuer entfachen und bis morgen wachen«, sagte der Sarazene schließlich, »denn wir haben Mittsommer, eine Nacht voller Kraft, und können die wenigen Stunden bis zum Morgengrauen dazu nutzen, unsere Abenteuer bis zu ihrem Ursprung zurückzuverfolgen und uns zu besinnen. Ich werde keinem schlafenden Ritter Genosse sein.
Mir scheint, daß nur wenige von uns, vielleicht keiner, Logres je wiedersehen wird. Das Zeitalter, das Merlin
* vorbereitete und Artus regierte, geht seinem Ende entgegen und zerfällt auf der Suche nach immer höheren Riten und tieferem Verrat. Vom Mittag bis zur Abenddämmerung habt Ihr mir vom Gral erzählt und mir unabsichtlich meinen Weg gezeigt. Von der Abenddämmerung bis zum Morgengrauen will nun ich Euch von meiner Suche berichten in der Hoffnung, daß Ihr manches für Euch Nützliche daraus lernen könnt.«
Und Palamydes schlug Stahl und Flint, entzündete ein kleines Feuer und befahl dem Knaben, mit kühlem Flußwasser vermischten Wein einzuschenken; dann senkte der Sarazene den Klang seiner Stimme auf das indigoblaue Summen der Nachtinsekten und Zikaden, der Ziegenmelker, Nachtigallen und Eulen, und hub an zu sprechen.

Palamydes sagt das Ende der Tafelrunde voraus.

II

In bestimmten Nächten pflegte der Kalif von Babylon, der Imam Hakim, heimlich seinen Palast am Nil zu verlassen und verkleidet allein umherzustreifen, auf einem Rappen und in schwarzer Kleidung (solcher, wie Palamydes sie jetzt trug, aber aus tiefschwarzer Seide), unter dem Sichelmond, wo die Palmen immer spärlicher wuchsen, an alten ausgehöhlten Überresten und Steinstümpfen gespenstischer Pharaonen ohne Antlitz vorbei in die Wüste hinein, allein seiner Kenntnis der Sterne vertrauend wie auf dem Meere, auf Abenteuersuche (Wald und Wüste sind mit der Welt des Unsichtbaren verknüpft).

In einer solchen Nacht kam er zufällig zur Oase der
* Sippe meines Vaters; vor dem Tore ihrer Umfriedung fand er einen Jüngling, allein, schlafend – stach ihn mit

---

Der Vater des Palamydes war ein Adeliger aus der Dynastie der Fatimiden. Die fatimidischen Kalifen waren zugleich die Imame der Ismaeliten und folglich Rivalen der sunnitischen Kalifen in Bagdad sowie der orthodoxen schiitischen Imame. Die Fatimiden herrschten 200 Jahre über Syrien, Nordafrika, Sizilien, kurze Zeit sogar auch Genua, und Ägypten, bis sie von Saladin gestürzt wurden. Sie waren tolerant, förderten die Künste und übertrafen die übrige islamische Welt noch an Prachtentfaltung. Die Nizari-Ismaeliten oder »Assassinen« entzweiten sich mit den Fatimiden über der Frage der Sukzession, aber beide ismaelitische Richtungen predigten die totale Hingabe an die esoterische Mystik und (in gewissen Zeiten) die Aufhebung des islamischen Gesetzes.

seinem Speer und befahl, die Tore zu öffnen, damit er und sein Roß Wasser bekämen. Der Jüngling, beschämt ob seiner Pflichtvergessenheit, weigerte sich, und als Hakim vorbeireiten wollte, gab er dem Kalifen einen harten Streich mit seinem Speer. Sofort fing der Speer in seiner Hand Feuer, so daß er ihn in seiner Angst fortwarf; ein schrecklicher Wind erhob sich, sog den Sand zu steilen Wirbeln hoch, und aus jeder dieser Säulen trat ein dämonischer Krieger mit Hirschgeweih und einer Rüstung aus lodernden Flammen.

Jetzt zog der Jüngling sein Schwert und stürzte sich erneut auf Hakim, doch bevor die Klinge noch den Schild des Kalifen berühren konnte, erhob sich das tintenschwarze Pferd in die Lüfte, woraufhin Roß und Reiter plötzlich von einem flackernden grünen Feuer eingehüllt zu sein schienen. Genau in diesem Augenblick packte ein Dschinn den Jüngling und entwaffnete ihn; das Flammenroß kam wieder zur Erde herab, und Hakim sprach: »Sag mir deinen Namen, Hüter des Tores.« Der Jüngling antwortete: »Ich werde Esclabor genannt.« »Da du im Angesicht solcher Zauberkünste so mutig gewesen bist«, sagte Hakim, »will ich dir deinen Schlaf vergeben und bitte dich um die Liebenswürdigkeit, mir Wasser zu geben, das kein Wüstenstamm einem fahrenden Ritter verwehren sollte.«

Obgleich er von zwei Ungeheuern mit Reißzähnen und fleckiger Haut festgehalten wurde, sagte der Jüngling: »Erst mußt du mir deinen Namen sagen.« Da lachte der Kalif, das smaragdgrüne Feuer erlosch, die Ghuls traten in den Schatten und verschwanden. »Wenn ich ein Zauberer wäre, würde ich ihn dir nie nennen«, sagte Hakim, »aber da ich keiner bin, so wisse, daß ich der

Imam Hakim Billah al-Fatimi genannt werde, der siebte Kalif von Babylon.«

Nun warf sich der Jüngling in den Staub vor der Schwelle und bat um Vergebung, aber der Kalif lachte wieder, stieg vom Pferd und hob Esclabor auf. Den Rest der Nacht saßen sie vor dem Tor zusammen auf Hakims Satteldecke, und der Kalif unterwies ihn in den Geheimnissen der fünf Pfeiler und der Imame. Lange sprach er von einem wilden Tier, das sich in den ausgedehnten Wäldern des hohen Nordens aufhielt. Es hatte den Kopf einer Schlange, den Körper eines Leoparden, das Hinterteil eines Löwen und Füße wie ein Hirsch; aus seinem Körper kam ein Grollen wie von dreißig dumpf bellenden Spürhunden (die Anzahl der Mondphasen). Es hieß Glatisant, das wilde Tier der Suche.

Dann, in der Stunde vor Anbruch der Morgendämmerung, bei der die nur äußerlich Glaubenden daran erinnert werden, daß Beten besser ist als Schlafen, schlug der Kalif Esclabor zum Ritter; daraufhin ging er zur Quelle, stillte seinen Durst und tränkte sein Pferd, legte den Sattel auf, schwang sich hinauf und ritt still davon in die dunkle Wüste.

Als Hakim später verschwand (oder verraten wurde), konnte Esclabor nicht länger in Babylon verweilen, sondern schloß sich in Gesellschaft mehrerer heidnischer Ritter dem fahrenden Rittertum an. Auf seinen Streifzügen kam er auch nach Rom, wo er für den Kaiser stritt; dann zog es ihn nach Gallien, dessen König gegen Uther Pendragon Krieg führte (der mit Meliadus von Liones, dem Vater Tristans, verbündet war).

Während er in den Diensten Pendragons stand, heiratete Esclabor eine christliche Maid, die ihm drei Kinder

* gebar, und das jüngste war Palamydes; aber noch bevor sein jüngster Sohn geboren wurde, fiel Esclabor auf dem Schlachtfeld. Seine Witwe zog sich auf ihre Güter im Grenzgebiet zwischen Wales und Logres, mitten in ein abgelegenes, unwirtliches Waldstück, zurück und nahm ihre Söhne mit sich.

III

Artus und das wilde Tier

In Caerlion besuchte einst die Gemahlin des Königs Lot von Orkney den jungen König Artus; sie hatte in Wahrheit die Absicht, ihn auszuhorchen. Artus war jedoch entzückt von ihrer Schönheit und schlief mit ihr. Damals wußte Artus noch nichts von seiner wahren Abstammung und konnte nicht ahnen, daß er Inzest mit seiner Halbschwester Morgan la Fay beging. Nach einem Monat kehrte sie nach Orkney zurück, und in selbiger Nacht hatte Artus einen Alptraum, wilde Verwandlungsbilder von Greifen und Schlangen. Um über sein tiefes Entsetzen hinwegzukommen, rief er im Morgengrauen zur Jagd.

Artus erspähte einen Hirsch und gab seinem Pferd die Sporen, um ihm nachzusetzen – aber stundenlang lief der Hirsch in sicherer Entfernung vor ihm her, und schließlich fiel Artus' Roß tot zusammen, und das Wild

---

Die beiden anderen Kinder von Esclabor le Mescogneu waren Segwarides und Saphir.

entkam. Er ging zu Fuß weiter, bis er an einer Quelle einen Köhler fand, dem er befahl, ihm ein frisches Pferd zu holen; dann, es war ein warmer Tag, legte er sich auf ein Moospolster neben dem murmelnden Wasser und schlief ein.

Er erwachte vom Jaulen und Bellen von dreißig Jagdhunden; wie in einer Vision sah er das seltsamste wilde Tier der Welt durchs Gehölz auf die Lichtung brechen, als würde es verfolgt – ein Tier aus seinem nächtlichen Traum –, und merkte, daß das Gebell von Hunden auf der Hetzjagd aus dem Bauch des Tieres kam. Des Königs nicht achtend, ging es an die Quelle und trank in durstigen Zügen – während es trank, verstummte das Bellen und Kläffen, aber sobald es genug hatte, fing das Lärmen wieder an. Dann rannte das Tier davon und verschwand im Dickicht.

Trotz seines tödlichen Schreckens glaubte Artus fast, noch zu schlafen; zitternd legte er sich erneut auf das Moos nieder – und war auch bald wieder eingeschlafen.

Ein paar Stunden waren vergangen, da taumelte ein Ritter zu Fuß auf die Lichtung. Als er den schlafenden Artus gewahrte, weckte er ihn mit dem stumpfen Ende seines Speers. »Hast du vielleicht ein seltsames wildes Tier hier vorbeijagen sehen?« fragte er. Verwundert bejahte Artus. »Ich habe durch seine Verfolgung mein Pferd zuschanden geritten«, sagte der fremde Ritter. »Hast du ein Roß? Wenn ja, dann gib es mir sofort.«

»Ich habe selbst mein Pferd totgeritten bei der Jagd auf einen Hirsch«, sagte Artus. »Aber erzähl mir von diesem wilden Tier – und wer du bist.«

* »Ich heiße Pellinore«, erwiderte der Ritter, »und das Tier wird manchmal Glatisant genannt. Ihm gilt all mein Trachten: es aufzuspüren oder dabei zu sterben.«

In diesem Augenblick näherte sich der Köhler und einer von Artus' Jägern mit einem Pferd. Artus sprach: »Laß mich ein Jahr lang auf diese Suche gehen, und wenn ich keinen Erfolg habe, kannst du sie wieder aufnehmen.« Da geriet Pellinore in helle Wut und schalt Artus einen Toren – griff nach dem Pferd, schwang sich hinauf und ritt auf der Fährte des wilden Tiers davon; wieder blieb der junge König ohne Pferd zurück. Ärgerlich schickte Artus seinen Diener nochmals fort und setzte sich wieder wartend an die Quelle.

Nach einigen Minuten näherte sich ihm ein Kind, ein grünäugiger Knabe von etwa 14 Jahren mit einem nachtblauen Gewand, das mit Monden und Sternen bestickt war. »Was hältst du von dem wilden Tier?« fragte der Knabe.

Artus, noch immer zu verärgert, um seine Worte zu wägen, sagte: »Ich wollte, ich wäre ihm auf der Fährte.«

Daraufhin lachte der Knabe und sprach: »Das Tier Glatisant ist für dich unerreichbar, Artus, ebenso für andere christliche Ritter. Sein Geheimnis bleibt den alten Heiden wie Pellinore oder mir oder einem Sarazenen vorbehalten; einst wird ein Ritter babylonischer Ab-

---

König Pellinore war der Vater von Lamorak de Galis, dem späteren besten Freund von Palamydes, und wurde heimtückisch von Mordred erschlagen. Von ihm stammt auch Parzival ab.

kunft sich daran wagen und ans Ziel kommen. Dir ist ein anderes Schicksal vorbestimmt.«

Artus wurde von Zorn übermannt: »Wer bist du, ein Kind noch, das solches Wissen vorgibt? Und wie kannst du es wagen, mich bei meinem Namen zu nennen, als würdest du mich kennen?«

»Aber ich kenne dich ja, Artus«, sagte der Knabe. »Ich weiß, daß dein Vater Uther Pendragon war und deine Mutter...«

»Niemand weiß das, nicht einmal ich selbst!« rief der König.

»...deine Mutter Igraine, die auch die Mutter von Morgan la Fay war, der Gemahlin König Lots von Orkney, mit der du erst vor zwei Nächten geschlafen und die du geschwängert hast. Deine Schwester, Artus.« *

Artus zog sein Schwert und hätte den Knaben erschlagen – doch der machte kehrt und rannte in den Wald hinein, wo er ihn aus den Augen verlor.

Endlich kam der Diener mit einem Pferd für den König. Artus schwang sich hinauf und wollte eben nach Caerlion zurückkehren, als er wieder eine Stimme hörte, die seinen Namen rief. Er wandte sich um und erblickte im tiefen Schatten neben der dunklen Quelle einen alten Mann.

»Merlin«, rief Artus, »bist du das?«

»Erkennst du mich jetzt?« sprach Merlin. »Vorher

---

* *Dieser Blutschande entspringt Mordred, der schließlich Artus verwundet und der Anlaß dafür ist, daß dieser nach Avalon zieht, wodurch Britannien letztendlich in die Hände der Sachsen fällt.*

konntest du nicht so gut sehen.« Und Artus bemerkte, daß der Zauberer ein blauschwarzes Gewand trug, das mit astrologischen Zeichen übersät war. Dann verschwand auch Merlin.

IV

Die Jugend des Palamydes: Er entdeckt die geheimen Bücher seines Vaters. Seine Mutter, eine fromme Christin der Britannier, zeigt allmählich ihren versteckten Haß auf den halbschwarzen Sohn.

An der Grenze, dem Landfleck zwischen den Gütern seiner Mutter und dem grenzenlosen Wald, an der Strandgutlinie, der Bewußtseinsschwelle, einer Nebelbank zwischen den Welten, erhob sich wackelig eine Turmruine, einstmals wohl sieben Stockwerke hoch, doch jetzt verkürzt auf nurmehr zwei – von lebendigem Grünspan aus Efeu überzogen –, die grauen Spuren seiner Steine verwehend in der Feuchte nebeliger Nachmittage. Auf einer Seite waren die Keller eines ritterlichen Anwesens, das in sich gesunken und verschwunden war und nur den Turm zurückließ wie einen Kamin, in dem die Eulen hausten – diese alte Stätte, verfallene Gärten voller Unkraut, Stockrosen, würzigen Heilkräutern, Lehmlachen mit Kröten, Insektenmusik, Eidechsen, verwilderten Rosen, all das dampfte in der atemberaubenden Sonne. Auf der anderen Seite lag ein kleiner See, uralte steinerne Stufen führten hinab zu stillen Algen, Riedgräsern und Seerosenteppichen –, und jenseits dieses verfallenen Teiches aus grünem

Glas breitete sich in Hunderten von Farbtönen, für die die Sprache nur das Wort Grün hat, die Hyle, die grüne *materia prima* aus: der sterbende, wiederauferstehende Wald.

Hier hielt Palamydes die Bücher verborgen, die Schriften in schwarzen und goldenen Buchstaben, die sein Vater, Herr Esclabor le Mescogneu, aus Babylon mitgebracht hatte. * Der letzte der alten Gefolgsleute des toten Ritters lehrte den Knaben, die Schrift zu entziffern, denn dieser greise Edle heuchelte den Glauben nur und verführte Palamydes, den Pfad des verrückten Kalifen Hakim einzuschlagen, der in den Sand jenseits von Nilus entschwand.

Im brüchigen Kapitellum seines Turms widmete sich Palamydes jenen Texten mit dem Feuer seiner Hingabe, das ein anderer einsam Heranwachsender von vierzehn dazu verwandt hätte, sich in der sonnenschweren Luft zu ergötzen * – oder von dem sich die Pagen am Hofe bei ihren Kriegsspielen hinreißen ließen: Er opferte seine erste aufkeimende Liebe, gab sie an dieses verworfene Wissen hin (es galt sogar bei den Sarazenen als Ketzerei), und wurde in seiner strengen Enthalt-

---

Der alte Gefolgsmann ist Gyron von Babylon; er allein nimmt sich des Knaben an, er lehrt ihn die sarazenischen Künste des Lautenspiels und Dichtens und das Arabische.

Palamydes wird von einem Waffenmeister in der Schwertkunst und im Speerwurf zu Pferde unterwiesen; dieser Mann haßt den Knaben so sehr, daß er ihn unabsichtlich zu einem starken, geschickten Krieger erzieht.

* samkeit verwandelt, als seien die Bücher so etwas wie ein Wiedehopf, der Orient-Hälfte seines Blutes entflogen, unbestimmten Paradiesen entgegen, Gärten der Morgenröte, die das Zerbrechen seines Käfigs erwarteten; eines Nachmittags, still stand er und war wie betäubt von des Tages Jugend und vom Wandelspiel des Lichts, sah den Libellen zu, die Theoreme in den sichtbaren Hauch des Atems steppten, der wie Schweißgeruch süß über dem südlichen Teich hing, auf den Steinstufen stehend, in Sammet von der Brombeerfarbe seiner Augen oder dem starken Anthrazit seiner sarazenischen Haare gekleidet, Traum um Traum träumend, bis all die Gegenströme einander aufhoben und eine ruhige, unnatürliche Geometrie des Schweigens im Flechtwerk der Stunden zurückließen, fühlte Palamydes irgendwo mitten in der unbeschreiblich modellierten Jade von Eiche und Ulme, Farn und Buschgewirr mehr, als er hörte oder erlebte, ein *Nichts* wie ein meridionales Pandämonium, das lautlose Stampfen der Füße von Ziegenmenschen, das hundepfeifenhohe, geräuschlose Rattern der reinen Panik – so unverfälscht, daß im nachhinein seine Angst einer Art von Ekstase glich, einem Heraustreten und Verdoppeln des Selbst, erreichbar nur durch vollkommenes Nichtdenken. Und aus der falschen Perspektive des grüngranatenen Weihers bogen sich die ewig jungen Dryadenbäume – oder bogen sie sich nicht? – in zeitlupenlangsamem tödlichem Schrecken weg von irgendeinem unsichtbaren

---

Vergleiche Schrawardi, den Märtyrer von Aleppo, und seinen Vortrag vom orientalischen Exil, auch: Die Hymne der Perle.

Wesen, die Blätter eingesogen oder ausgestoßen von einem bewegungslosen Wirbel, ein wildes Tier belferte im Schädel wie Paare ultralauter Hetzhunde auf der Spur einer anakreontischen Beute, die seit langem (seit Zeitaltern) verschwunden war in den Tiefen des Intellekts, verborgen hinter einem schwarzlackierten Panzer aus aufeinanderfolgenden falschen Ichs, tief in den Windungen der Bluterinnerung, untergetaucht im Mark des Denkens.

So lernte Palamydes sein Schicksal kennen, das Tier der Suche, von dem in fatimidischen Texten und bei dem persischen Alchemisten Ostanes die Rede ist: ein tierisches Mischwesen, das nur ein Engel reiten kann. Er vermutete, daß es seinen Vater von Babylon in dieses Königreich Logres gelockt hatte, einen wegelosen, sich stetig verdichtenden Wald; das Tier hatte mit Esclabor einen dunklen Tanz in diesem Labyrinth aufgeführt, bis er starb, und wartete wie ein vergrabener Nachtrag in seinem Testament, um sich an seinen Erben weiterzugeben, den dunklen, vor Angst reglosen Knaben im Turmschatten, der mit starren Augen, die nichts zu sehen schienen, über den vor Fäulnis bronzefarbenen Weiher die unsichtbare blitzende, vielformige, tiergestaltige, herzbeklemmende, schreckenerregende Verkündung anstarrte, die durchs Unterholz brach wie ein Fund aus den Gräbern des Himmels: ein Krachen, ein dumpfer Aufschlag, und dann Stille; selbst die Krähen verließ vor Angst alle Kraft, sie fielen auf den Rücken, die Silberaugen in den Höhlen verdreht, und Palamydes fing vor Sehnen zu zittern an.

V

Ein Ereignis aus dem Wanderleben des Palamydes vor seiner Aufnahme in die Tafelrunde, der er sich Tristan von Liones zuliebe anschloß.

Galahad, der edle Fürst von Surluse, hielt einst ein Turnier ab, dem Artus nicht beiwohnen konnte, woraufhin Lanzelot und Ginevra den Vorsitz führten. Palamydes wurde bei seiner Ankunft in Surluse von einer Tante gastfreundlich aufgenommen, einer sarazenischen Edelfrau mit einer wunderschönen jungen Tochter. Dieses Mädchen bat Palamydes inständig, bei dem * Stechen ihre Farben zu tragen, und den ritterlichen Grundsätzen getreu willigte er ein. So hoch war ihr Ansehen, daß am ersten Tag des Turniers Galahad selbst Palamydes aufforderte, ihre Ehre zu verteidigen, und drohte, sie zu schänden, wenn ihr Kämpe verliere.

Das war eine Beleidigung, die Palamydes leicht rächen konnte, und am Abend, als ihm seine Cousine ihre unreife Frucht darbot (wie eine harte süße Birne), widersetzte er sich mit keinem Gedanken.

Am nächsten Tag wandte sich das Mädchen an einen sarazenischen Ritter der Stadt mit Namen Corsabrin und versprach ihm insgeheim ihre Hand, wenn er Palamydes besiegen und erschlagen könnte.

Als Palamydes die Lanze mit seinem Wimpel vor dem

Palamydes trug zu diesem Turnier das Tier der Suche als Emblem auf Schild und Zaumzeug.

Zelt der Königin in die Erde stieß, wurde er sogleich von Herrn Corsabrin angegriffen. Sie stürzten aufeinander los, und jeder zersplitterte seine Lanze am Schild des anderen. Ehe noch ein zweites Paar Lanzen geholt werden konnte, zog Corsabrin sein Schwert und drang auf Palamydes ein, der seinen Schild hob, während er sein eigenes Schwert aus der Scheide zog –, aber Corsabrin hieb in den Hals des tiefschwarzen Rappen seines Gegners und schnitt durch Knochen und Adern, so daß das Blut über ihre schimmernden Rüstungen spritzte und das Roß zusammenbrach. Ohne Palamydes die Chance zu geben, ein anderes Roß zu besteigen, ritt Corsabrin mit seinem stahlgepanzerten Roß geradewegs auf den gestürzten Ritter zu und versuchte, ihn zu Tode zu trampeln.

Von kalter Wut erfüllt, sprang Palamydes auf, packte die Zügel und brachte das Roß des anderen mit einem kurzen, kraftvollen Ruck zu Fall –, wartete dann, bis Corsabrin wieder auf die Füße gekommen war und Schild und Schwert ergriffen hatte, um sich zu verteidigen. Jedesmal, wenn einer den anderen traf, schoß ein Stück Metall durch die Luft wie Funken unter einem Schmiedehammer – innerhalb weniger Minuten bluteten beide aus zahllosen Wunden.

Mit der Zeit gewann Corsabrin die Oberhand und begann, seinen Gegner zurückzuschlagen; frohlockend schrie er Palamydes zu: »Eure Cousine, die Hure, hat mir das versprochen, was sie Euch gab, wenn ich Euch töte.« Da stürmte Palamydes auf ihn los und gab ihm einen solchen Streich auf den Helm, daß dieser davonflog, in den Staub fiel und vor die Füße der Zuschauer rollte. »Ergib dich«, befahl Palamydes, aber Corsabrin spie ihm ins Gesicht und bot ihm zähneknirschend Trotz. Mit einem Streich hieb ihm Palamydes den Kopf vom Halse, der auch auf den Boden schlug und wie etwas Lebendiges, das zu entkommen sucht, auf die Menge zurollte. Kaum daß der leblose Körper in die Knie ging, verbreitete sich Leichengestank –, und als er mit Getöse auf die Erde fiel, begann der Leib sofort zu verwesen, als würde er von innen verzehrt. Als endlich Diener zur Stelle waren, ihn vom Turnierplatz zu ziehen und in ungeweihter Erde zu verscharren, quetschten sich bereits weiße Maden aus den Scharnieren der Rüstung hervor.

Lanzelot und Ginevra waren ebenso tiefbewegt von der Tapferkeit des Palamydes wie entsetzt über das abscheuliche Wunder der Verwesung Corsabrins; sie drangen in den sarazenischen Edlen, sich sofort taufen zu lassen. »Denn«, so sagten sie, »du siehst, wozu es führt, unchristlich zu sterben: Die Teufel kommen geflogen, um die Seele zu packen und das Fleisch zu verzehren, ein Vorgeschmack der Hölle.«

Palamydes hatte viele Sarazenen und Heiden besser sterben sehen als manche Nazarener, gab aber dennoch vor einzuwilligen und sagte, er wolle sich taufen lassen, wenn er sieben Schlachten geschlagen habe – denn er wußte, daß er noch weit von seinem Ziel entfernt war; überdies hatte er Verrat an seiner Liebe zu Isolde begangen – und mit den sieben Schlachten meinte er die sieben Stufen des Pfades, den er noch nicht einmal eingeschlagen hatte.

Voller Abscheu über das, was geschehen war, kaufte Palamydes ein neues Pferd und verließ Surluse schnell, obwohl er schwerverwundet war. Als Herr Mordred des gewahr wurde, scharte er sechs seiner engsten Gefährten um sich und brach auf, den Sarazenen unschädlich zu machen, wie sie auch seinen Freund Lamorak ermordet hatten – und die Verschwörer waren Dragonet, Brandiles, Uwain, Ozana, Griflet und Agravain.

Sie verfolgten Palamydes mehrere Tage lang und lockten ihn schließlich in einen Hinterhalt –, aber obgleich sie ihn gleichzeitig meuchlings angriffen, vermochte er vier von ihnen aus dem Sattel zu haben und zwei weitere direkt zu töten (Ozana und Griflet); Mordred, der auf eine günstige Gelegenheit gewartet hatte, den Sarazenen von hinten zu bedrängen (wie zuvor bei Lamorak), gab auf und entfloh.

Palamydes trug in diesem Kampf noch schwerere Wunden davon, und nachdem er sich im Wald verirrt hatte, fiel er von seinem Pferd, unfähig, sich noch länger oben zu halten, und wurde bewußtlos, so sehr hatte ihn der Blutverlust geschwächt. So fanden ihn zwei Bauern, die sogleich zu einem nahegelegenen Rittergut liefen und die Hausherrin baten, einem verwundeten Ritter beizustehen. »Was für einen Harnisch trägt er?« fragte sie. Sie beschrieben das seltsame Fabeltier auf dem zerschlagenen Schild. »Das ist Glatisant, das große Tier der Suche«, sagte sie da, »und der Ritter ist mein Sohn Palamydes. Daß er dieses Wappen führt, ist ein Beweis dafür, daß er noch immer ein Ungläubiger und Ketzer ist: ein Heide wie zuvor sein Vater. Ich werde nichts tun, um sein Leben zu retten; er soll anderswo um Gastfreundschaft bitten.«

Doch die Diener des Hauses verabscheuten die Widernatürlichkeit ihrer Herrin, sie fürchteten, alle durch ihre Sünde vernichtet zu werden; so ließen sie ihrem herumziehenden Herrn heimlich Hilfe, Arznei, Fleisch und Wein zukommen, und bald war er wiederhergestellt.

Von nun an wandte Palamydes all seine Liebe Isolde zu, der Gemahlin König Marks von Cornwall.

VI

Palamydes erzählt von seiner unglücklichen Liebe zu Isolde, der Königin von Cornwall, und der Haßliebe, die ihn mit Tristan von Liones verbindet.

Warum kann ich Isolde nicht hassen, meinen Gegenpol des Tageslichts, ich, den Artus einen Leoparden nannte, ich, der sie einst entführt hat, ich, der ich als fahrender Ritter zu viele getötet habe, um mich ihrer zu erinnern, zu viele aus dem Sattel geworfen und von ihrem Helm entblößt habe, um sie zu zählen, alles in Erinnerung an ein Lächeln, dieses Blut auf blankem Metall!

Man kann nicht zwei wilden Tieren dienen, nicht Glatisant *und* Isolde. Ich könnte mich des Einsiedlertums rühmen und die Frau als Sinnbild der fleischlichen Welt betrachten, behaupten, daß ich mir das Brandmal aus der Haut geschnitten habe, daherfaseln, daß Inzest und Ehebruch Artus' Arkadien stürzen werden – aber nein, Tristan, Isolde und ich wirbeln herum wie Planeten, wie Engel, vergiftet mit einem Liebestrank, Gespinste im Hirn eines Erzengels – die Cherubim mögen wahnsinnig werden, aber sie sündigen nicht. Diese beiden jedoch haben einander gesucht, sie haben sich zum Doppelten ergänzt, ich hingegen habe mich geteilt.

Tristan und ich haben unseren letzten Zweikampf bei Merlins steinernem Grab ausgefochten, genau an dem Tag, als Galahad erschien, um den »Platz der Gefahr« einzunehmen, dem Tag, an dem die Gralssuche begann; an jenem Tag war ich ganz neidlos und beschloß, mich auf die Suche nach dem Tier zu begeben. Ich konnte Isolde nicht hassen, doch warum konnte ich nicht wenigstens Tristan hassen? Sie waren ein Einziges, ein Zwitterwesen – ich habe keinen von ihnen so sehr geliebt wie ihrer beider Liebe. Als er wie wahnsinnig nackt in den Wald lief, suchte ich ihn, ebenso wie ich sie begehrte mit der gleichen Wollust, die der Alchemist bei der Vereinigung von Hermes und Löwin im Ofen erlebt.

Bei der Fülle deiner Haare, Königin, güldenes Öl, Elixier der Bienen, du hast mir nichts gegeben, weder die rasende Tollheit der vollkommenen Trennung noch den weißen Honig deines Speichels; neben einer Quelle im feuchten Walde, so schön wie ein Gegenparadies, weinte ich und spielte die Laute* (die mein Vater zur Zeit Uther Pendragons von Babylon mitbrachte und in diesem Land einführte), darüber sinnend, daß in diesem barbarischen Land nur Tristan und ich ein wirklich bewegendes Klagelied zustande bringen.

Meine eigenen Augen waren die Ursache meines Elends, schwarz wie die Edelsteine aus dem Schädel einer Schlange – nicht ihre Augen von der Farbe des wilden Tiers, des Waldes –, und die seinen waren natürlich blau, wie die eines Kindes, das bei einer Beerdigung

---

* *Arabisch:* al-'oud, *die Laute.*

lacht. Ich ließ mich an jenem letzten Tag von ihm taufen, warum nicht?* Da meine Religion die fromme Heuchelei duldet, war das ein passender symbolischer Akt, unsere Geschichte zu beenden – sie segelten in ihren Tod, und ich mußte in den Wald verschwinden –, dabei waren sie Heiden wie ich, beherrscht von Dionysos, und nur ein sarazenisches Paradies der ewigen trunkenen Tändelei könnte sie jemals halten, wenn es so etwas gäbe, die Zeit auf einen orgastischen Augenblick erfüllter Begierde zusammengedrängt.

Ich schaute in die Quelle und sah mich entstellt, schwur, dieses Leben um einer Liebe willen, die ich vielleicht nie erlangen noch wiedererlangen würde, aufzugeben; ich verfaßte mein letztes und bestes Gedicht, fast frohlockend, als sauge Musik das Gift aus meiner Wunde – aber an jenem Tag belauschte mich Tristan, auf der Jagd nach dem Hirsch oder auf der Jagd nach mir, beobachtete mich bei meinem Schaffen durch das Netz der Maienblätter. Faul wie ich bin, hätte ich, ohne mich an ihnen zu reiben wie die Klinge am Wetzstein, nichts vollbracht. Ich sagte ihm, ich würde ebenso gern sterben wie leben – eine Art heiliger Pflicht. »Gut vorgebracht, dein Verrat«, sprach er. Ich entgegnete: »Die Liebe steht allen Menschen frei; du und sie, ihr könnt die Freuden der Liebe genießen, aber ihr könnt mich nicht von den Leiden ausschließen.«

Alles, was er mir darauf zu bieten hatte, war noch mehr Kampfspiel, noch mehr Fechtkunst – endlich benahm er

---

* *Die* Taqiyya, *nach der die Ismaeliten jeder Religion angehören dürfen, da alle Religionen ohnehin im Kern eins sind.*

sich einmal wie der aus dem Gleichgewicht gebrachte eifersüchtige Liebhaber, während ich eine fast prophetische Eleganz gewann. Wie tanzten wir drei, Hexen im Gehölz, und woben eine Eihülle aus pulsierender Seide um uns, eine spiralförmige Pyramide voller Blitze, die durch die Nacht zuckten, Strahlen, die durch die Zweige schossen wie Irrlichter, das lange Bersten eines stürzenden Meteors.

VII

Palamydes beginnt sein Ta'wil, *das ist Arabisch und heißt soviel wie: alle Abenteuer, von denen an jenem Tag und in jener Nacht die Rede war, auf ihren Ursprung zurückzuführen, seine wie auch die der Gralsritter – die Auslegung der Geschichte, eine Erklärung der Texte, die ihre Erinnerungen ins Leben gerufen haben.*

Der nach Glatisant dem Tier Suchende merkt, daß es vielgestaltig ist: Jedesmal, wenn er näherkommt, findet er die Falle zerbrochen vor, entdeckt die Spuren seiner Flucht oder sieht noch flüchtig, wie es davonstürzt; jeden Augenblick ergibt sich eine neue Situation, manchmal ist es nur eine Dumpfheit in der Luft, nicht klar auszumachendes Stimmengewirr, die Lichtintensität, unsichtbare Wirbelwinde oder ein Gerassel von Gegenständen kurz vor ihrem Erscheinen; manchmal auch eine Gleichung des Chaos, die plötzlich aufgeht und alle Bäume, Moose und Flechten in ihren Rechenschritten erfaßt; das Licht brennt tief in mißgestaltete Felsen und vom Blitz geborstene Baumstümpfe ein, während ein Landschaftsbild plötzlich scharf wird, lähmend voller Angst wie aus Gespenstergeschichten und voll erotischer Seligkeit – klick, und der Jäger weiß, daß alles, was er bisher gesehen hat, nur grau und verschwommen war.

Das Tier kann, wenn es geschaut wird, in verschiedenster Gestalt erscheinen. Palamydes sah es oft als riesigen Hirsch, nicht zu töten, als keltischen Alptraum eines Ebers oder auch als Raben in heftigem Regen. Manchmal stellte es sich auch als Ereignisfolge dar, als eine verknotete Zeitspanne, und ein andermal wieder als Überfluß in unermeßlicher Fülle, als sprudle gleich jenseits des nächsten Gebirgskamms die Quelle der Vorstellungsbilder und speie die ganze Welt der greifbaren Dinge aus, die Muster des Denkens, die Engel, lebendigen Geschöpfe und Urgewalten.

Das Wesen des Tiers liegt in der Art der Jagd begründet – den Jäger verwirrt die Andersartigkeit Glatisants, und doch verliert er jeden Sinn für den Unterschied oder die Entfernung zwischen Totem (Beute) und sich selbst: Jenseits dieser beiden aufeinanderprallenden Felsen ruht er sich aus, staunt und vergißt seine Absicht.

Einmal erschien ihm das Tier als ein Rudel Rehe; wie sie sich vor seinem dunklen Zentaurenumriß zerstreuten, verwandelten sie sich in Jünglinge und Mädchen, weiß gekleidet, die ihn mit ihrem Lachen voller Ironie wie mit einem Regen aus Goldmünzen überschütteten, deren Prägung und Aufschrift abgenutzt und nicht mehr zu entziffern ist; und einmal als Kind, auf einem Hirsch reitend, der an Goldketten, die in seine Geweihsprossen verwoben waren, leuchtende Opale und

Granate trug; vielleicht war auch Isolde Teil einer besonderen Apotheose – wenn man sagen kann, daß eine solche Besonderheit überhaupt Teil irgendeines Musters sein könnte: Isolde mit der weißen Stirn.

»Jetzt ist es tiefe Nacht«, sagte Palamydes, »und wir sind die Planeten dieses kleinen Sternfeuers.« Die drei Ritter schürten das Feuer und legten mehr Holz auf, streckten sich aus und tranken den letzten Schluck Wein. »Isolde ist ebenso verloren wie Eurydike«, sagte der Sarazene; »ihr Antlitz entschwindet stets vor meinen Augen in eine Unterwelt, die ich wie Gepäck, wie ein Organ meines Körpers mit mir herumtrage. Die Steine und Tiere singen für mich auf meiner Suche, dieweil ich lausche, der ich die Metamorphosen zu lesen verstehe und Proteus am Gestade Ägyptens beobachte.« Dann verlangte Palamydes von seinem Knappen mehr Wein, aber der Knabe schlief, sein Kopf * ruhte auf dem schwarz gelackten Sattel – und im Schein des Feuers entsannen sich die Ritter, daß des Knaben Haar von der eigentümlichen Farbe fast schwarzer Moschusrosen war, schwarzschimmernder Sammet. Palamydes leerte die Flasche in ihre Kelche, und die letzten Tropfen glühten bei den auflodernden Flammen.

»Heiden wie Merlin sprechen von einem großen Kessel, der sich nie erschöpft, sondern unablässig Speise und Trank spendet – genauso wird das Eine zum Mannigfachen. An bestimmten Kraftpunkten in Wäldern, Wüsten oder Höhlen tun sich plötzlich Spalten auf und schließen sich wieder, Schleusen des Seinsstroms in

---

* *Der Knappe hieß Saphir wie der Bruder des Palamydes.*

unsere Welt: Die Natur ist von einer so leidenschaftlichen Großzügigkeit, daß sie den unvorsichtigen Betrachter in einer Flut von Schaubarem ertränkt.

Bei den Persern ist ein Kelch bekannt, der Pokal von
* Dschemschid genannt wird – wer ihn besitzt, der erspäht im Wein alles, was sich in jenem Augenblick gerade in aller Welt ereignet. Dergestalt ist der Kelch wie ein Spiegel des Kessels, der seinerseits den ewig im Wandel begriffenen Augenblick der unaufhörlichen Schöpfung verkörpert. Die Magier lehren, daß das Auge des Kelches auch nach innen gewendet werden kann und dann statt des Mannigfachen und der Beugung in der Zeit das Eine sichtbar macht. Wenn der Lauf des aus dem Kessel Strömenden umgekehrt werden könnte, würde man vielleicht hindurchschreiten können ins Reich des Einen wie durch ein Tor oder hineinklettern können wie in einen Brunnen.

Der Gral, von dem ihr sprecht, spendet Nahrung, und er ist außerdem ein Kelch, von dem die Herrlichkeit des Einen ausstrahlt – ein Strudel, dessen Janushaupt auf zwei verschiedene Länder blickt. Ich glaube, der Gral ist ein christliches Ziel der Suche, wie Merlin behauptet hat, denn sein Strahl weist aus dieser Welt hinaus und empor. Doch wenn man durch diesen Riß im Gewebe hindurchtreten oder den Schleier fortreißen könnte, was würde man finden? Gibt es mehr als eine wahre Schöpfung?

Dschemschids Pokal wird im Diwan *des Dichters Hafis erwähnt, der bei esoterischen Zoroastriern (Parsen) als wichtigster Interpret ihrer Lehren gilt.*

Glatisant ist das Ziel eines Heiden auf der Suche, etwas, von dem Sarazenen besessen sind, denn er ist die Quintessenz aller Natur, der Inbegriff von allem, das berührt und geschmeckt werden kann. Das Tier ist die Welt, aber die Welt, wie ich sie auf meiner Wanderschaft erlebt habe, ein Wald voller Erinnerungen an Faune und Satyrn, Dryaden, Wassernymphen, Priapen und Silene, auf Panthern reitende Amoretten – die zu einem * *Lapis exilis* gewordene Welt, ein Balsam, der nichts als den Ort verwandelt, von dem aus der Jäger die Welt betrachtet – um sie dadurch über alles Wiedererkennen hinaus zu verändern. Das Quecksilber der Verwandlungsfähigkeit Glatisants muß durch den Schwefel einer weißglühenden Aufmerksamkeit gefestigt werden; in dem Augenblick, wo der Jäger vortritt, um an sein Ziel zu kommen, tritt er zugleich zurück und findet sich wieder im Walde, normal wie immer, still und allein, nur daß beide, Jäger und Landschaft, erfüllt sind von einer unsichtbaren Gegenwart, wie zwei Liebende in inniger Umarmung oder kurz davor, denen unbekannt, die so achtlos Nächte der Macht verschlafen.«

Jetzt klatschte Palamydes in die Hände, und der Schall hallte in den krummen Säulen des schwarz gähnenden Waldes wie Donnergetöse; die drei Ritter fuhren zusammen und schossen hoch wie Jagdvögel beim Gebell der Hetzhunde; Saphir war mit einem Ruck wach und starrte mit angestrengten Augen um sich. Palamydes reichte dem Knappen seinen eigenen halbvollen Becher

---

Lapis exilis *heißt der Gral bei Flegetanis, der sarazenischen Quelle für Wolframs* Parzival.

und lächelte. »Ich werde keinem schlafenden Ritter Genosse sein«, sagte er.

»In der Stunde vor dem Morgengrauen, wenn selbst die Erde gähnt und der Mond in eine schläfrige Verschwommenheit versunken ist, trinke ich nur Gewißheit, das Elixier der Wachsamkeit – und mache wie Merlin Prophezeiungen. Die Ziele der Suche, Gral und Tier, sind Spiegelbilder voneinander. Beim Blick in euer Glas habe ich ein neues Wesen in mich aufgenommen, habe ich den Duft eurer Energien in mich eingeatmet. Schaut nun in meins, und ihr werdet das Bild einer Karte darin sehen. Der Gral, den ihr in Montsalvache erringen werdet, ist nurmehr Teil eines älteren, größeren Grals – und das Blut eures Propheten war nicht das erste, das sich hineinergoß. Die Stadt Sarras liegt im * Fernsten Osten, im Jemen, wo einst Abtrünnige meines Glaubens den gestohlenen schwarzen Stein von Mekka verbargen und wo der letzte der im Exil weilenden fatimidischen Imame in eine Höhle aus Silber und Kristall entschwand, wie Merlin und wie dereinst auch Artus.

Der Jemen wird von Ibn al-Arabi und vom Verfasser der Chymischen Hochzeit Christiani Rosenkreutz *als Quelle des »orientalischen Wissens« bezeichnet. Der schwarze Stein der Kaaba in Mekka, ein Meteorit, wurde von ketzerischen Karmaten gestohlen und einige Jahre im Jemen versteckt. Der letzte Fatimide (der 22. Imam) Maula Sabi'l Ashhad al-Tayyib, der im Jemen im Exil lebte, verschwand 1132 spurlos und soll wie Artus (oder der »verborgene Imam« der orthodoxen Schiiten) am Ende der Zeiten wiedererscheinen.*

Und ich werde nach Norden ziehen und nach dem Tier suchen, wie das Tier nach mir sucht, nach Hyperborea, ins Land der ewigen pechschwarzen Finsternis – dort, am Pol, gleich einer einzigen schimmernden Perle in einer unermeßlich großen Scheibe aus Ebenholz, Onyx und Gagat, werde ich die von Engeln bewachte Quelle, den Brunnen finden. Dort werde ich baden und grüne Gewänder anziehen. Und dort wird ein neuer Zyklus von sieben beginnen. Und dort werde ich tanzen.«

LITERATURHINWEISE

Für diejenigen Leser, die dem Gral in Originaltexten sowie diversen Interpretationen auf der Spur bleiben wollen, nachstehend eine Literaturauswahl. Aufgeführt sind unter anderem zum Zeitpunkt des Erscheines dieses Buches erhältliche Fassungen, andernfalls sind die Originalveröffentlichungen angegeben.

TEXTAUSGABEN

Chrétien de Troyes: *Sämtl. erhalt. Werke, n. allen bek. Handschriften,* Hrsg. v. Forester, Edition Rodopi, Amsterdam 1965.

Chrétien de Troyes: *Perceval der Gralskönig*, Ogham, Stuttgart, 3. Aufl. 1983.

Thomas Malory: *Die Geschichten von König Artus und den Rittern seiner Tafelrunde,* Insel, Frankfurt 1977.

Perlesvaus (anonym), Ausgaben: *Perceval le Gallois,* Hg. Ch. Potvin, Mons 1866; *Le haut livre du Graal: Perlesvaus,* Hg. W. A. Nitze u. T. A. Jenkins, Chicago 1932–1937.

Peredur in: *The Mabinogion* (anonym), Penguin, Harmondsworth u. New York 1976; deutsch u. a.: *Die vier Zweige des Mabinogion,* Hrg. M. Buber, Insel, Frankfurt, 3. Aufl. 1966.

Robert de Boron: *Le Roman du Saint-Graal,* übers. u. eingel. v. Monica Schöler-Beinhauer, Fink, München 1981.

Wolfram von Eschenbach: *Parzival*, Studienausg., de Gruyter, Berlin 1965.
–: *Parzival*, in Prosa übertr. v. W. Stapel, Langen Müller, München/Wien 1986.

INTERPRETATIONEN

Geoffrey Ashe: *Avalonian Quest*, Methuen, London 1982.
Richard Cavendish: *King Arthur and The Grail*, Weidenfeld & Nicolson, London 1978.
Emma Jung u. Marie-Louise v. Franz: *Die Graalslegende in psychologischer Sicht*, Walter Vlg., Olten, 3. Aufl. 1983.
Gareth Knight: *Experience of the Inner Worlds*, Helios Books, Cheltenham 1975.
–: *Secret Traditions in the Arthurian Legends*, Aquarian Press, Wellinborough 1983.
John Matthews: *Der Gral. Die Suche nach dem Ewigen*, Insel Vlg., Frankfurt, o. J.
Karl O. Schmidt: *Dreistufenweg zum Gral*, Drei Eichen, München, 3. Aufl. 1980.
Charles William u. C. S. Lewis: *Arthurian Torso*, Oxford University Press 1948.

NACHDICHTUNGEN

Gillian Bradshaw: *Der Falke des Lichts*, M. v. Schröder, Düsseldorf 1982.
–: *Das Königreich des Sommers*, M. v. Schröder, Düsseldorf 1983.

–: *Die Krone von Camelot*, M. v. Schröder, Düsseldorf 1984.
Vera Chapman: *Der grüne Ritter*, Heyne, München 1984.
–: *König Artus Tochter*, Heyne, München 1984.
–: *Die Rückkehr des Lichts*, Heyne, München 1984.
Richard Monaco: *Layala oder Der Grals-Trunk*, Lübbe, Bergisch Gladbach, o. J.
–: *Lohengrin oder Der Grals-Krieg*, Lübbe, Bergisch Gladbach, o. J.
–: *Parzival oder Die Grals-Suche*, Lübbe, Bergisch Gladbach, o. J.
Rosemary Sutcliff: *Galahad. Wie die Ritter von der Tafelrunde den heiligen Gral zurückbringen*, Freies Geistesleben, Stuttgart, 2. Aufl. 1983.
–: *Lancelot und Ginevra. Der Tod von König Artus und das Ende der Tafelrunde*, Freies Geistesleben 1983.
–: *Merlin und Artus. Wie die Ritter von der Tafelrunde sich zusammenfinden*, Freies Geistesleben, 2. Aufl. 1983.
Charles Williams: *Taliessin Through Logres* u.: *The Region of the Summer Stars*, D. S. Brewer, Cambridge, N. J. 1982.
–: *War in Heaven*, Faber, London 1930 u. Wm. Erdmans 1978.

DIE AUTOREN

DOLORES ASHCROFT-NOWICKI ist Schulleiterin an der *Servants of the Light School of Occult Studies*, die sie mit dem verstorbenen W. E. Butler zusammen begründete. Sie hat in der ganzen Welt Vorträge über das Wesen des Okkulten gehalten und zahlreiche Bücher geschrieben, darunter *First Steps in Ritual* (1982), *The Shining Paths* (1983) und *Ritual Magic Workbook* (1986). Außerdem ist sie die Herausgeberin der gesammelten Essays von C. R. F. Seymour, die unter dem Titel *The Forgotten Mage* (1986) erschienen sind.

GEOFFREY ASHE ist durch seine eingehenden Studien der Artuslegende bekannt geworden. Seine neuesten Bücher zu diesem Thema sind *The Discovery of King Arthur* (Debrett, 1985), in dem die Person des historischen Artus neu untersucht wird, und *The Arthurian Encyclopedia* (Garland, 1986), bei dem er Mitherausgeber war. Von 1966 bis 1970 war er Sekretär des *Camelot Research Committee*, einer Forschungsgruppe, die auf der Suche nach dem authentischen Camelot das *Cadbury Castle* in Somerset, England, ausgrub. Er hat ferner die Bücher *The Virgin* (1976), *Camelot and the Vision of Albion* (1971) und *Kings and Queens of Early Britain* sowie *Avalonian Quest* (beide 1982) verfaßt.

BRIAN CLEEVE, 1921 in England geboren, diente im Krieg in der britischen Handelsmarine und ist danach durch seine Radiosendungen und Bücher bekannt geworden. 1956 erhielt er den Ph. D. der Universität von Irland. Er hat zwei Bücher über den mystischen Glauben geschrieben, *The House on the Rock* und *The Seven Mansions*, die beide 1980 erschienen sind.

HANNAH CLOSS ist 1905 in London geboren und 1953 in Bristol gestorben. Nach ihrer Ausbildung an der *Slade School* und dem Studium an der Universität Wien veröffentlichte sie etliche Bücher, darunter eine hervorragende Romantrilogie über die Albigenserkriege: *High are the Mountains, Deep are the Valleys* und *The Silent Tarn* (Reprint 1978). Ihre sehr tiefgründigen Essays über den Gral und die Katharer sind bisher unbeachtet geblieben; der hier wiedergegebene ist 1948 gedruckt worden.

Gareth Knight hat sich 30 Jahre lang eingehend mit der Magie beschäftigt. Er wurde in der von Dion Fortune gegründeten okkulten Schule ausgebildet und ist durch eine Reihe von einschlägigen Büchern bekannt geworden, in denen sich akademische Kenntnisse und praktische Erfahrungen paaren. Dazu gehören *A Practical Guide to Qabalistic Symbolism* (1965), *Experience of Inner Worlds* (1975), *The Secret Tradition in Arthurian Legend* (1983), *The Rose Cross and the Goddess* (1985) und *A Treasure House of Images* (1986). Außerdem hat er viele Zeitschriftenartikel geschrieben und ist ein gefragter Vortragsredner. Für seine Arbeit auf diesem Gebiet und seine Verdienste im Bereich der analytischen Psychologie hat er die Ehrendoktorwürde erhalten.

Lois Lang-Sims hat einen Großteil ihres Lebens im Umkreis der Canterbury-Kathedrale verbracht, wo sie eine Zeitlang Fremdenführerin war. Darüber hinaus hat sie weite Reisen nach Indien und Ägypten unternommen, die sowohl einen spirituellen wie einen physischen Zweck erfüllten. Diese hat sie in ihrer zweibändigen Autobiographie, *A Time to be Born* (1971) und *Flower in a Teacup* (1973) sehr eindrücklich geschildert. Sie ist ferner die Autorin eines bemerkenswerten Buches über mystische Theologie, das an Juliana von Norwich und Charles Williams orientiert ist und den Titel *The Christian Mystery* (1980) trägt.

Helen Luke wurde 1904 in England geboren. Sie studierte italienische Literatur an der Oxford-Universität und Jungsche Psychologie in London und Zürich. 1949 ging sie nach Los Angeles und war dort als Beraterin tätig. Später gründete sie die *Apple Farm Community*, in der sie heute noch lebt und arbeitet. Sie hat die Bücher *Dark Wood to White Rose: A Study of Meanings in Dante's Divine Comedy* (1975), *Woman, Earth and Spirit* (1981) und *The Inner Story* (1982) verfaßt.

Adam McLean ist der Begründer der Zeitschrift *The Hermetic Journal*, die sich mit der Alchemie und verwandten Themen befaßt. Er hat zahlreiche Artikel und das Buch *The Science of Alchemy* (1978) geschrieben. Zur Zeit ist er dabei, als Herausgeber und Verleger unter dem Titel *The Magnum Opus Hermetic Sourcebooks* seltene Werke zu veröffentlichen, die bisher nur als Manuskripte vorliegen.

Caitlín Matthews ist Schriftstellerin, Sängerin und Harfenistin. Sie hat das Buch *Mabon and the Mysteries of Britain* (1987) geschrieben, in dem es um die walisische Sagensammlung *Mabinogion* geht. In Arbeit ist ein weiterer Band, dessen Thema das Königtum und der Begriff der Göttin im *Mabinogion* ist. Caitlín Matthews hat mit John Matthews zusammen eine zweibändige Geschichte der westlichen Esoterik mit dem Titel *The Western Way* (1985/86) und den *Aquarian Guide to British Mythology* (1988) verfaßt. In Vorbereitung ist ferner ein Artus-Tarot, das sie gemeinsam 1989 veröffentlichen wollen.

John Matthews hat sich jahrelang mit der Gralssage befaßt und viele Vorträge darüber gehalten. Er ist Mitbegründer der Kunstzeitschrift *Labrys* und Autor bzw. Ko-Autor der Bücher *The Grail, Quest for the Eternal* (1981), *The Western Way* (1985, mit Caitlín Matthews), *The Grail Seeker's Companion* (1986, mit Marian Green) und *Warriors of Arthur* (1987, mit Bob Stewart), in dem es um den frühmittelalterlichen Artus und seine Gefolgschaft geht. In Vorbereitung ist eine Sammlung älterer Artus-Artikel und Essays solcher Gelehrter wie Jessie Weston und Walter Stein sowie unbekannter Quellen, die demnächst unter dem Titel *The Arthurian Reader* erscheinen soll.

R. J. Stewart ist Schriftsteller, Komponist und Musiker und als solcher auf die Gebiete Folklore, Mythologie und magische Traditionen spezialisiert. Zu seinen zahlreichen Veröffentlichungen gehören unter anderem *The Prophetic Vision of Merlin* (1985), *The Mystic Life of Merlin* (1986) sowie ein Tarot, das auf seinen Nachforschungen zur *Vita Merlini* (1988) beruht und von Miranda Gray illustriert wurde. Des weiteren hat er die Bücher *Music and the Elemental Psyche* (1986), *The Living Magical Arts* (1987) und eine Arbeit über die Urtraditionen der Volksmusik und der Volksmystik mit dem Titel *The Under-World Initiation* (1985) veröffentlicht. Außerdem hat er das *Book of Merlin* (1987) herausgegeben, einen Überblick über die Ergebnisse der alljährlich stattfindenden Merlin-Konferenz, deren Gründer und Vorsitzender er ist.

Peter Lamborn Wilson ist 1945 in der Nähe von Baltimore, Maryland (USA) geboren. Nach seinem Studium an der Columbia-Universität bereiste er den Mittleren Osten und entdeckte seine Neigung zu den Lehren der Sufis, denen er sich fortan verbunden fühlte. Bis zum Sturz des Schahs hat er die *Sophia Perennis* herausgegeben, die Zeitschrift der Kaiserlichen Iranischen Akademie. Neben seiner Tätigkeit als Übersetzer sowie in Funk und Fernsehen hat er unter anderem die folgenden Bücher verfaßt: *The Winter Calligraphy* (1975), *Divan* (1978), *Angels* (1980) und *Scandal* (1987), in dem es um islamische Häresie geht. Außerdem hat er Geschichten für diverse Science-Fiction-Magazine geschrieben. In Vorbereitung ist ein Roman mit dem Titel *Hunter's Moon*.